한길인문학문고 **13**

생각하는 사람

정치는 도덕적인가

라인홀드 니버의 초월적 국제정치사상

전재성 지음

한길인문학문고 **13**
생각하는 사람

한길사

정치는 도덕적인가

라인홀드 니버의 초월적 국제정치사상

지은이 · 전재성
펴낸이 · 김언호
펴낸곳 · (주)도서출판 한길사

등록 · 1976년 12월 24일 제74호
주소 · 413-756 경기도 파주시 문발동 파주북시티 520-11
　　　www.hangilsa.co.kr
　　　E-mail: hangilsa@hangilsa.co.kr
전화 · 031-955-2000~3　　팩스 · 031-955-2005

상무이사 · 박관순
총괄이사 · 곽명호 | 영업이사 · 이경호 | 경영기획이사 · 김관영
기획편집 · 박희진 안민재 임소정 김지연
전산 · 한향림 | 마케팅 · 박유진
관리 · 이중환 장비연 문주상 김선희

CTP 출력 및 인쇄 · 현문인쇄 | 제본 · 경일제책사

제1판 제1쇄 2012년 5월 31일

값 18,000원

ISBN 978-89-356-6235-7 03340

이 도서의 국립중앙도서관 출판시도서목록(CIP)은 e-CIP홈페이지(http://www.nl.go.kr/ecip)와
국가자료공동목록시스템(http://www.nl.go.kr/kolisnet)에서 이용하실 수 있습니다.
(CIP제어번호: CIP2012002322)

도덕적 국제정치를 위한 한 현실주의자의 모색

■ 들어가는 말

　국제정치학에서 현실주의는 끈질긴 화두이다. 문명이 발전해도, 아니 문명이 발전할수록 적나라해지는 국제정치의 현실, 그 속에서 꿈틀대는 인간의 이기적·권력지향적 본성을 끊임없이 일깨우기 때문이다. 진정한 정치적 현실주의자가 되려면 두 번의 깨달음이 필요하다.

　첫 번째는 선함에서 악함으로의 깨달음이다. 정치적 현실주의자는 개인의 삶에서 통용되는 도덕성이 정치세계에서, 집단과 집단의 관계에서는 작동하기를 멈춘다는 점을 깨닫는다. 개인들은 자신의 대표에게 이기심의 충족을 명하고 집단의 권력이 극대화되는 것을 용인한다. 동시에 그 과정이 도덕적이어야 한다고 주장함으로써 자기중심적 본성을 외면하고자 한다. 인간집단들이 부딪치는 장은 그것이 국내정치든 국제정치든 투쟁의 장이다. 국제정치가 독특한 것은 전쟁과 폭력, 강압과 술수가 더 두드러지기 때문이다. 만인의 만인에 대한 투쟁이 정치의 본질이고 그 전형이 국제정치라는 홉스의 말이 여전히 호소력이 있는 것은 국제정치의 핵심을 변화시키지 못한 우리의 탓이다.

현실주의가 초래하는 자기중심주의·냉소주의·도덕상대주의가 횡행할 때가 두 번째 깨달음이 필요한 지점이다. 악함에서 선함으로의 깨달음이다. 이상주의에 빠지지 않으면서 이상을 추구할 수 있는 방법을 묻고, 현실주의의 도덕적·규범적 기반에 대해 질문하게 된다. 여기서 현실주의 패러다임의 기본 갈래가 형성된다. 도덕과 규범의 질문을 학문 밖으로 밀어낸 20세기 과학주의적 현실주의, 도덕적 기반을 고민하되 세속적인 신중함과 온건함의 프루던스(prudence)로 점진적 해결을 도모하는 철학적인 현실주의, 절대적 도덕을 기준으로 인간세상의 본질을 초월하고자 하면서 세속의 현상을 고민하는 초월 지향의 현실주의가 그들이다. 구미 국제정치학에서는 월츠(Kenneth Waltz), 모겐소(Hans Joachim Morgenthau), 니버(Reinhold Niebuhr)가 각각을 대표한다.

초월 지향 현실주의를 대표하는 니버는 다음과 같은 질문을 고민했다. 현실주의자가 냉소주의에 빠지지 않을 수 있는 방법은 무엇인가? 현실주의자이면서 동시에 종교를, 더 구체적으로는 예수의 사랑을 실천하는 기독교인일 수 있는가? 권력정치의 세계에서 인간의 본성과 실존을 초월하는 일과 세속을 개혁하는 일이 병행될 수 있는가? 초월을 위해 세속의 방법을 사용하는 것은 정당한가? 종교적으로 정당화될 수 있는 살인과 전쟁이 존재할 수 있는가?

니버는 두 차례의 세계대전과 냉전을 거치면서 기독교 이상주의자·평화주의자에서 마르크스주의적 현실주의자로 탈바꿈했다가 결국 기독교 현실주의라는 종합을 이루어낸다. 목사이자 정치가였고 학자이자 실천가였던 니버의 사상은 신학에서 철학·정치학·국제정치학에 이르는 넓은 스펙트럼을 보여준다. 세속의 초월을 위해 십자가에 못 박히는 도덕적 전범이 되는 것을 넘어 폭력과 전쟁이 난무하는 세상 속으로 뛰어들어간 기독교 현실주의자의 삶은 과연 성공적이었는가, 그리고 이를 뒷받침하는 사상은 과연 현재에 어떠한 의미를 가지는가 하는 것이 이 책이 묻는 질문이다.

이 책은 서론을 포함하여 총 일곱 개의 장으로 구성되어 있다. 제2장과 제3장은 니버의 신학을 다룬다. 여기에는 인간본성론, 원죄론과 초월론, 그리고 예수의 사랑윤리 등의 주제가 핵심이다. 이 가운데 제2장은 인간본성론에 관한 사상을 설명하고 제3장은 니버의 신학이 가지는 특징, 초월을 지향하는 인간이 최종적으로 추구하는 목표와 예수의 윤리의 의미를 살펴본다. 제4장은 니버의 정치사상과 국내정치를 다룬 장으로, 정치의 본질에 대한 사고와 신학과의 연계성, 미국의 계급사회적 특성, 그리고 자유주의·공산주의·민주주의에 대한 사상을 설명한다. 제5장과 제6장은 니버의 국제정치사상을 다룬 장으로, 고전현실주의자로서 가지는 사상적 특징, 모겐소·카(Edward Hallett Carr) 등 다른 고전현실주의자들과의 공통점과 차이점, 이상주의와 평화주의에 대한 비판, 그리고 전쟁과 폭력에 대한 사상 등을 다룬다. 제6장은 동시대의 현안들을 기독교 현실주의 관점에서 논평한 내용들을 살펴보면서 니버의 국제정치론을 분석한다. 니버는 전간기(戰間期, inter-war period)에서 1960년 전후에 이르기까지 전쟁과 외교의 문제를 다루었다. 특히 제2차 세계대전 이후에는 미국의 외교정책에 대한 많은 비평을 남기고 있어 이들을 분석하면서 냉전기 비전을 다룬다. 마지막으로 제7장은 니버 연구가 동아시아와 한국의 국제정치학에 주는 함의를 살펴본다. 니버의 사상은 국제정치분석이론과 국제정치규범이론에 많은 시사점을 주고 있으며, 한국외교의 구체적인 추진방향에 대해서도 여러 가지 고려할 점들을 제시해주고 있다.

국제정치 연구가 개인의 실존적 문제탐구와 다르지 않음을 보여주는 사상가는 많지 않다. 미국 유학시절 니버 연구의 계기를 마련해주신 노스웨스턴대학교 마이클 로리오(Michael Loriaux) 교수님께 감사드린다. 학문적 동료이자 스승이 되어주시는 서울대학교 정치외교학부 외교학전공의 모든 교수님, 특히 하영선 선생님께 감사드린다. 저술작업을 격려해주신 손열 교수님, 이혜정 교수님, 구갑우 교수님, 이수형 박사께도 감사드린다. 이 책은 안식년을 맞아 일본에서 체류하면서 저술한 것이다. 일본국제교류기금의 재정지원과 게이오대학교 소에야 요시히데(添谷芳秀) 교수님의 도움과 도쿄 생활 중에 토론과 격려로 힘을 주신 김기정 교수님, 이승주 교수님, 그리고 물심양면으로 지원해주신 동아시아 연구원의 이숙종 원장님, 김하정 팀장님을 비롯한 연구원들께 감사드린다. 자료 정리를 도와준 김성진 군과 서울대학교 대학원

'종교와 국제정치' 세미나 참가 학생들께도 감사한다. 책을 만드는 과정에서 많은 도움을 주신 한길사 여러 분들께도 감사드린다. 누구보다 무한한 사랑을 보여주시는 부모님께 감사의 말씀을 드린다.

2012년 5월
전재성

제1장 서론 | 새롭게 조명받는 니버와 고전현실주의

"기존의 국가 중심 국제정치에서 국가를 비롯한
비국가행위자들의 영향력이 증가된 세계정치로의 이행은
국제정치를 이루는 단위와 조직원리에 대한 근본적인 물음을
불러일으켰다. 고전현실주의는 인간의 본성에 대한 고찰에서
출발하여 인간집단 간의 정치적 관계를 핵심 주제로
삼고 있다는 점에서 신현실주의가 파고들지 않았던
문제들을 조망하는 데 유용한 것으로 여겨지게 되었다.
21세기 새로운 현실주의 요소들이 필요해지는 현재,
고전현실주의의 논의들이 새롭게 주목의 대상이 된 것이다."

21세기 니버 연구의 필요성

이 책은 미국의 신학자이자 정치사상가이며, 국제정치학자로서 고전현실주의의 토대를 놓은 라인홀드 니버(Reinhold Niebuhr, 1892~1971)의 국제정치이론과 사상을 다룬다.[1] 기독교 현실주의로 알려진 니버의 국제정치론이 21세기의 국제정치학, 그리고 한국과 동아시아의 국제정치학에 어떠한 의미를 가지는지를 살펴보는 것이 주목적이다.[2]

---

1) 2000년대 니버 연구의 재활성화에 대해서는 다음을 참조하라. Richard Harries and Stephen Platten 엮음, *Reinhold Niebuhr and Contemporary Politics*(Oxford: Oxford University Press, 2010); Daniel F. Rice 엮음, *Reinhold Niebuhr Revisited: Engagements with an American Original*(Grand Rapids, Michigan: William B. Eerdmans Publishing Company, 2009); Richard Crouter, *Reinhold Niebuhr: On Politics, Religion, and Christian Faith*(Oxford: Oxford University Press, 2010); Anatol Lieven and John Hulsman, *Ethical Realism: A Vision For America's Role in the World*(New York: Pantheon Books, 2006); Charles C. Brown, *Niebuhr and His Age: Reinhold Niebuhr's Prophetic Role for Today*(Harrisburg, PA: Trinity Press International, 2003); Eric D. Patterson, *The Christian Realists: Reassessing the Contributions of Niebuhr and His Contemporaries*(Washington, D.C.: University Press of America, 2003); Martin Halliwell, *Constant Dialogue: Reinhold Niebuhr and American Intellectual Experience* (Lanham, MD: Rowman & Littlefield Publishers, Inc., 2005).

2) 국내의 니버 연구는 주로 신학자들에 의해 축적되어왔다. 국내 단행본으로는 다음을 참조하라. 고범서, 『라인홀드 니버의 생애와 사상』(대화문화

니버는 국제정치학 분야에서 흔히 현실주의의 아버지로 알려져 있다. 케넌(G.F. Kennan)은 니버를 "현실주의자 모두의 아버지"(the father of us all)라 명명한 바 있고, 모겐소(Hans Joachim Morgenthau)는 "21세기 가장 위대한 정치철학자"라고 언급하였다. E.H. 카는 20세기 국제정치학의 초석을 놓았다고 평가되는 『20년간의 위기: 1919~1939』의 서문에서 니버의 『도

아카데미, 2007); 이장형, 『라인홀드 니버의 사회윤리 구상과 인간이해』(선학사, 2002); 이상원, 『라인홀드 니버: 정의를 추구한 현실주의 윤리학자』(살림, 2006); 남태욱, 『라인홀드 니버와 사회정의』(국제교육문화원, 2006); 박도현, 『정의로운 전쟁과 평화주의: 니버와 요더를 넘어선 제3의 길』(예영커뮤니케이션, 2010).

니버를 다룬 국내 논문으로는 다음을 참조하라. 고재식, 「Reinhold Niebuhr의 공산주의 이해에 대한 연구」, 『기독교사상』 10월호, 1985, 85~117쪽; 곽연수, 「Reinhold Niebuhr의 사회윤리이론에 관한 연구」, 『국민윤리연구』 제17집, 1984, 252~276쪽; 김영복, 「발터 라우센부쉬의 사회복음과 라인홀드 니버의 정치현실주의에 관한 비교적 고찰─죄와 구원의 교리를 중심으로」, 『대학과 선교』 제11집, 2006, 267~293쪽; 김종순, 「라인홀드 니버의 권리정치에 관한 연구」, 『신학과 세계』 제2집, 1976, 157~174쪽; 노정선, 「맑스주의와 기독교사상: 맑스주의와 니버의 기독교 윤리사상─분단신학에 대한 분석의 입장에서」, 숭실대학교 기독교사회연구소 엮음, 『맑스주의와 기독교사상─기독교와 한국사회 1』, 1991, 125~143쪽; 이우찬, 「라인홀드 니버의 그리스도의 사랑과 사회정의의 실현」, 『한국전문대학기독교교육학회 논문집』 제3집, 1999, 291~314쪽; 장종철, 「라인홀드 니버와 국제정치에서의 권력의 사용에 대한 소고」, 『신학과 세계』 제46집, 2003, 114~136쪽; 홍철, 「20세기 미국 근본주의 운동의 역사적 고찰: 미국 장로교를 중심으로」, 『역사신학논총』 제13집, 2007, 290~320쪽.

덕적 인간과 비도덕적 사회』로부터 큰 영향을 받았다고 말하고
있다.

니버는 1930년대 초부터 본격적인 저술활동을 시작, 1960년대
까지 국제정치에 대한 다양한 사상·이론·논평을 발표하면서
커다란 영향력을 발휘해왔다. 그는 국제정치학이 정립되던 시절
에 현실주의적 시각을 가지고 많은 학자들에게 영감을 주었다.
니버의 국제정치사상은 제2차 세계대전 이전 전간기 전쟁의 문제
와 제2차 세계대전 이후 세계질서의 형성, 그리고 냉전기 미국의
전략에 집중되어 있다. 니버 사후 한편으로는 시대적 배경이 변
화하여 그의 분석이 과거의 것으로 여겨지고, 다른 한편으로는
실증주의 국제정치이론이 발전하면서 고전현실주의이론의 영향
력이 약화되었다. 고전현실주의는 철학적·역사적 방법론을 위
주로 하고 있어서 과학성을 결여하며, 분석이론과 규범이론을 엄
격히 구별하지 못했다고 비판받았다. 다양한 재해석 논의가 진행
되어왔지만, 현실주의 패러다임 내에서 신현실주의의 정교한 이
론적 발전이 주류를 이루었고 고전현실주의의 재해석은 크게 주
목받지 못했다.

그러나 냉전이 종식되고 탈냉전기 새로운 국제정치현상들이
대두하면서 니버를 비롯한 고전현실주의가 새로 주목을 받게 되
었다. 기존의 국가 중심 국제정치에서 국가를 비롯한 비국가행위
자들의 영향력이 증가된 세계정치로 이행하면서, 거버넌스 또는
네트워크 현상이 두드러지게 된 것이다. 이러한 변화는 국제정치
를 이루는 단위와 조직원리에 대한 근본적인 물음을 불러일으켰

고, 이는 중세·근대·탈근대 등의 거시이행에 관한 연구로 이어지고 있다. 이는 다시 인간의 정치적 본성, 정치집단의 본질과 정치집단 간 관계의 성격, 그리고 조직원리에 대한 연구로 이어진다. 고전현실주의는 인간의 본성에 대한 고찰에서 출발하여 인간집단 간의 정치적 관계를 핵심 주제로 삼고 있다는 점에서 냉전기 국가 간 관계에 집중했던 신현실주의가 파고들지 않았던 문제들을 조망하는 데 유용한 것으로 여겨지게 되었다. 니버의 사상 역시 기독교 신학에 기초한 인간본성론에서 출발하여 정치사상과 국제정치로 연결되고 있으며, 21세기 국제정치분석이론을 재구성하는 데 많은 시사점을 주고 있다.

이와 더불어 국제정치규범이론의 필요성이 다시 대두했다. 국제정치학은 한편으로 현상을 개념과 가설로 분석하는 분석이론으로 구성되어 있다면, 다른 한편으로는 행위의 도덕성과 규범에 관한 규범이론으로 이루어져 있다고 할 수 있다. 제2차 세계대전 이후 주류 국제정치학은 실증주의 또는 자연과학주의 이론관에 기초하여 분석주체는 객체와 엄격히 구분되어야 하며, 주체의 도덕적 판단은 객체에 영향을 미치지 않아야 한다고 상정했다. 행위에 관한 도덕적 언명이나 추론은 국제정치이론에서 필수적인 부분이라고 인정하지 않는 경향이 강했다. 이에 대해 국제정치학이 사실 냉전기 강대국, 특히 미국의 정책을 뒷받침하는 "미국 사회과학"으로서의 학문이라는 배경에서 성립된 것이고, 실증주의 이론 밑에 깔린 보이지 않는 규범적 배경은 감추어져 있다는 비판이 제기되었다.[3]

미국이 세계 유일의 초강대국이 되면서 세계의 다양한 문제들에 개입해왔으나, 예상할 수 없을 정도로 많은 문제들이 새롭게 나타나고 이에 대한 대처가 점차 어려워짐에 따라 규범이론에 대한 관심이 다시 높아졌다. 테러, 인간 안보와 초국경적 문제, 민족분규와 내전, 내전의 국제전화, 경제적 세계화, 지구적 시민사회의 역할 및 종교의 중요성 증가, 제3세계 문제 등 새로운 문제들이 급증하고, 이에 대한 미국의 대응은 전 세계적으로 많은 비판을 불러왔다. 미국의 가치와 규범에 기초한 판단은 완전히 다른 가치관을 가진 국가들과 행위자들의 공격과 반대에 직면했다. 이러한 상황에서 국제정치의 문제들을 규범적으로 판단할 규범이론의 필요성이 증가한 것이다.

신현실주의가 냉전기 암묵적인 도덕적 동의를 바탕으로 별도의 반성과 비판 없이 발전할 수 있던 데 반해, 고전현실주의는 20세

---

3) Stanley Hoffman, "An American Social Science: International Relations", *Daedalus*, Vol. 106, No. 3, Summer 1977; R.M.A. Crawford and D.S. Jarvis 엮음, *International Relations-Still an American Social Science? Toward Diversity in International Thought* (Albany: State University of New York Press, 2001); Jörg Friedrichs, *European Approaches to International Relations Theory: A House with Many Mansions*(New York: Routledge, 2004); Chaesung Chun, "Why is there no non-Western International Relations Theory?: Reflections on and from Korea", Amitav Acharya and Barry Buzan 엮음, *Non-Western International Relations Theory: Perspectives on and beyond Asia*(New York: Routledge, 2009) 등 참조.

기 전반기 치열한 규범적 · 도덕적 논쟁 속에서 발전해왔다. 흔히 현실주의를 비도덕적 또는 도덕과 무관한(amoral/nonmoral) 이론적 패러다임이라고 규정하는 경우가 있으나, 사실 현실주의는 권력정치와 이익갈등 속에서 어떻게 이상과 도덕을 지켜나갈 수 있을지에 대한 치열한 실천적 고민을 깔고 있다. 그 과정에서 국제정치규범이론에 대한 사고가 발전해왔고, 21세기 새로운 현실주의 요소들이 필요해지는 현재, 고전현실주의의 논의들이 새롭게 주목의 대상이 된 것이다. 니버 역시 초월적이고 절대적인 종교적 이상을 세속에서 어떠한 형태로 실현할 수 있을지를 구체적인 국제정치 현안들 속에서 고민했으며 이를 국제정치 일반의 논의로 발전시켰다.

사상의 배경과 흐름

니버의 학문적 영향력은 그가 살았던 변화무쌍한 시대와 관련되어 있다. 그는 20대 후반에 제1차 세계대전을 겪고 1929년 경제위기를 맞이하였다. 목사로 출발한 니버가 디트로이트 목회시절 경험한 중요한 사건들이다. 이후 1930년대 파시즘과 나치즘의 부상, 미국의 제2차 세계대전 참전을 둘러싼 논쟁, 전후 국제정치질서 확립, 소련과의 냉전, 베트남전쟁이 일어나는 동안 뉴욕 유니언 신학교에서 교수로 재직하면서 이들을 분석하였다. 니버는 목사이자 교수였을 뿐 아니라 정당 활동가, 기독교단체 활동가, 인권운동가, 정부의 외교정책 조언자 등 다양한 역할을 수

행했다.[4]

니버가 현실주의 국제정치 사상가이자 이론가로 알려진 데에
는 이러한 과정에서 자유주의 · 평화주의 · 합리주의 등으로 대변
되는 이상주의 국제정치관을 신랄하게 비판했던 배경이 있다. 그
는 인간의 이성에 기대거나, 시장의 힘에 의존하거나, 또는 설득
과 공감 등 종교적 영향력에 호소하는 다양한 조류를 이상주의로
설정하고 비판했다. 인간집단들이 정치적 관계에서 힘과 이익,
강제력을 사용하는 현실을 계속해서 강조했다.

니버의 국제정치사상을 올바르게 평가하기 위해서는 이상주의
에 대한 공격뿐 아니라 신학 · 철학 · 정치학 · 국제정치학 등 다
양한 분야에 걸친 생각들을 총체적으로 살펴볼 필요가 있다. 니
버는 21권의 저서, 2,600여 편의 논문, 편집서에 실린 126편의 단

---

4) 니버의 일생을 다룬 전기로는 다음과 같은 것들이 있다. Richard
Wightman Fox, *Reinhold Niebuhr: A Biography*(New York:
Pantheon Book, 1985); Ronald H. Stone, *Professor Reinhold Niebuhr:
A Mentor to the Twentieth Century*(Louisville, Kentucky: Westminster/
John Knox Press, 1992); Charls C. Brown, *Niebuhr and His Age:
Reinhold Niebuhr's Prophetic Role in the Twentieth Century*
(Philadelphia: Trinity Press International, 1992); June Bingham,
*Courage to Change: An Introduction to the Life and Thought of
Reinhold Niebuhr*(New York: Charles Scribner's Sons, 1961). 그리고
니버의 "Intellectual Autobiography of Reinhold Niebuhr", Charles W.
Kegley 엮음, *Reinhold Niebuhr: His Religious, Social, and Political
Thought*(New York: Macmillan, 1956)도 참조.

편(chapter) 등 방대한 저술활동을 통해 인간의 본성에 대한 신학적·철학적 주제부터 정치학·국제정치학 주제까지 두루 탐구했다.[5] 다양한 분야의 학제적 연구를 수행했다는 점에서 다른 국제정치학자들, 특히 제2차 세계대전 이후의 국제정치학자들과는 많은 차이가 있다. 니버는 1932년 출간된 『도덕적 인간과 비도덕적 사회』(*Moral Man and Immoral Society*)로 명성을 얻기 시작

---

5) 니버의 단편 모음집으로는 다음을 참조하라. Harry R. David and Robert C. Good 엮음, *Reinhold Niebuhr on Politics: His Political Philosophy and its Application to Our Age as Expressed in His Writings*(New York: Charles Scribner's Sons, 1960); Ernst W. Lefever 엮음, *The World Crisis and American Responsibility*(New York: Association Press, 1958); D.B. Robertson 엮음, *Essays in Applied Christianity* (New York: Meridian Books, 1959); Ronald H. Stone 엮음, *Faith and Politics: A Commentary on Religious, Social and Political Thoughts in a Technological Age*(New York: George Braziller, 1968); D.B. Robertson 엮음, *Love and Justice: Selections from the Shorter Writings of Reinhold Niebuhr*(Philadelphia: Westminster Press, 1957); Ursula M. Niebuhr 엮음, *Justice and Mercy: Prayers and Sermons by Reinhold Niebuhr*(New York: Harper & Row, 1974); William G. Chrystal 엮음, *Young Reinhold Niebuhr: His Early Writings, 1911~1931*(St. Louis: Eden Publishing House, 1977); Charles C. Brown 엮음, *A Rein hold Niebuhr Reader* (Philadelphia: Trinity Press International, 1992); Larry Rasmunssen, *Reinhold Niebuhr: Theologian of Public Life*(Minneapolis: Fortress Press, 1991); Robert McAfee, Brown 엮음, *The Essential Reinhold Niebuhr: Selected Essays and Addresses*(New Haven: Yale University Press, 1986).

했다. 이 책은 경제공황 직후 미국이 당면한 계급갈등과 민주주의의 문제, 그리고 부분적으로 국제정치 사안들을 신학적 관점에서 다루었다는 점에서 많은 관심을 끌었다. 그러나 이 책을 출간한 이후 신학적 관점을 좀더 보강해야겠다는 생각을 하고 1935년 『기독교 윤리의 해석』(*An Interpretation of Christian Ethics*)을 발표한다. 더불어 미국인으로는 다섯 번째로 1939년 4월부터 영국의 '기포드 강의'를 하게 되고, 그 결과가 1941년과 1943년에 『인간의 본성과 운명』(*The Nature and Destiny of Man*)이라는 두 권짜리 책으로 출간된다. 이 두 권의 책으로 니버는 20세기 전반 미국 신학사에서 중심 인물로 자리 잡게 된다.

니버는 신정통주의와 자유주의 신학 사이에서 균형을 잡고자 했다. 20세기 이전부터 발전해온 미국의 정통주의 신학이 1920년대부터 점차 근대과학과 새로운 성경해석으로부터 도전받으면서 신정통주의로 새롭게 자리 잡아가는 한편, 근대과학 · 합리주의와의 조화를 모색한 자유주의 신학이 대두하여 상호대립하고 있었다. 그는 정통주의의 보수적 성경해석과 축자주의를 비판하는 동시에 자유주의의 합리주의도 함께 비판했다. 초월적 차원과 역사적 · 내재적 차원의 긴밀한 상호관계를 논함으로써 정통주의를 비판하고, 기독교가 논하는 인간의 원죄설에 기반하여 자유주의의 합리주의적 낙관론을 경계했다.

니버의 신학에서 무엇보다 두드러지는 것은 초월 개념과 원죄 개념이라고 볼 수 있다. 니버는 인간이 자신의 삶의 의미를 일관되게 이해하고 이를 절대성 또는 영원의 개념과 연관시키려는 욕망과 능력을 가진 독특한 존재라고 정의한다. 현재까지 인간의 인식체계에서 종교와 철학이 이러한 기능을 했는데, 역사와 내재성을 뛰어넘어 의미의 절대적 근거를 찾는 노력은 종교에서 더 활발했다고 본다. 니버는 인간이 육체적 욕망과 역사적·사회적 제약에 구속되는 존재이지만 동시에 무한한 자유를 가지고 삶의 의미를 재정립하고 주어진 육체적·역사적 제한을 넘어서는 초월적 존재라고도 본다. 인간의 노력은 절대성에 대한 인식 아래 역사 속에서 이를 실현하려는 목적으로 이어지고, 이러한 열린 가능성이 계시종교로서 기독교를 특징짓는다.

초월을 방해하는 가장 큰 요소는 인간의 원죄이다. 원죄의 핵심은 신이 아니라 자신을 사랑하는 데 에너지를 쏟는 것이다. 결국 주체와 자아의 문제이다. 인간은 신과 이웃에 대한 절대적 사랑 속에서 삶의 궁극적 의미를 찾는다는 것이 예수의 메시지라고 니버는 본다. 그러나 절대적 사랑은 역설에 기반하고 있으며, 인간의 자기애와 자기중심성은 이러한 역설을 달성하기에 많은 한계를 가진다. 인간은 자신을 버림으로써 절대성을 얻고, 대가를 바라지 않는 순수한 사랑을 함으로써 신의 사랑과 타인의 사랑도 기대할 수 있다는 역설을 받아들여야 한다. 역설의 수용은 주체와 자아를 놓아버림으로써만 가능하다. 이 과정에서 인간은 쉽사리 자신의 힘을 강화하는 쪽으로 방향을 바꾼다. 역설의 핵심을 인식하지 못하고 초월을 향한 욕망을 강화하면서 타인과 사회에 대한 권력을 증가시키려고 하는 것이다.

계시적 기독교의 관점에서 인간의 본성을 정의하고 이를 해결하는 방법으로 예수의 절대적 사랑을 강조하는 것은 단순히 역사와 유리되어 존재하는 신의 은총을 갈구하기 때문만은 아니다. 니버는 인간이 기본적으로 사회적 존재이며 구원은 인간의 역사 속에서의 노력에 대한 평가 위에서 이루어진다고 보고, 이러한 사실을 알지 못하고 원죄를 반복하는 인간들에게 계시자의 역할을 하고자 노력했다. 따라서 니버의 신학은 정치학과 국제정치학에서 분석적 토대로 작용함과 동시에 규범적 기초를 제공하는 기반이다. 그는 인간의 본성과 여기에서 비롯된 인간집단의 본성, 그리고 그 경향이 역사적으로 발전되어온 과정을 밝힘으로써 현재의 국제정치가 어떻게 진행되고 있는지를 연속적으로 파악하고자 했다. 이러한 관점은 국제정치의 분석단위를 최소한으로 한정하여 이론의 간결성을 추구하는 실증주의 이론과 근본적인 차이를 지닌다. 니버는 각 차원 고유의 특징과 각 차원들 간의 연결성을 모두 이론화하여 국제정치를 이해하는 것이 옳다고 보았다.

니버는 기독교 인간관을 통해 인간이 개인의 삶과 사회의 삶에서 추구해야 할 근본적 목표로서 초월을, 이를 이룰 수 있는 유일하고 절대적인 방법으로 예수의 사랑을 상정한다. 문제는 이러한 규범적 목표를 달성하기에 인간 개인이나 집단이 궁극적으로 부족하다는 것이다. 그럼에도 불구하고 절대적 목적과 상대적 현실 간의 연결을 추구하는 것이 인간의 역설이라고 보았다. 예수의 사랑을 "불가능한 가능성"(impossible possibility)이라고 명명한 것도 같은 맥락이다. 니버는 초월을 향한 사랑이 인간의 역사에서 정의의 모습으로 나타난다고 본다. 불완전하고 상대적이지만 이웃에 대한 사랑을 정의의 이름으로 추구해야 한다는 것이다. 정의는 평등·질서·평화·자유 등의 가치로 이루어진다. 결국 사회윤리에서 절대적 기준점으로 삼기 위해 자신의 기독교 신학을 발전시킨 것이다.

가장 절대적인 윤리규범을 가지면서 동시에 국제정치에서 현실주의자가 된다는 것은 얼핏 이해가 되지 않을 수 있다. 국제정치학에서 많은 학자들이 현실주의를 도덕적 편의주의, 윤리학적 결과주의, 또는 도덕과는 무관한 정치사상으로 규정해왔기 때문이다. 현실주의에 대한 이러한 오해는 한편으로는 전간기에 발전한 이상주의를 비판하면서 현실주의가 자리 잡게 된 시대적 배경에서 비롯된 것이기도 하고, 다른 한편으로는 영미학계에서 합리주의나 자유주의가 팽배했기 때문에 이에 대한 현실주의의 비판적 측면이 상대적으로 부각되었기 때문이기도 하다. 특히 카가 『20년간의 위기』를 저술하여 이상향주의(utopianism)를 비판한 것은 현실주의의 방향을 규정하는 데에 많은 영향력을 발휘했다. 카는 이상향주의가 희망적 사고를 벗어나지 못하고 규범과 현실을 섞어서 사고한다는 점에서 비판의 대상이 된다고 보았지만, 지나친 현실주의 역시 경계했다. 현실주의는 현실에 대해 과학적 사고를 하지만 지나친 현실주의는 냉소주의로 흐를 수 있기 때문이다. 카도 국제정치에서 가치와 규범의 가능성을 인정하고 스스로 냉소주의적 현실주의자가 되는 것을 경계했다고 유추할 수 있다.

니버와 모겐소 같은 독일계 고전현실주의자들은 이미 정치와 국제정치에서 현실주의적 기반을 가지고 있었기 때문에 이상주의를 비판한 측면도 강하지만, 지나친 현실주의를 피하고 현실주의의 도덕적 기반을 제공하는 데 많은 노력을 기울였다. 모겐소는 인간의 이성이 근본적인 한계를 가지고 있다고 보고 가치와 유리된 주객 분리의 관찰과 실천이 불가능하다고 생각한다. 따라서 정치적 실천이란 과학적 지식과 가치를 어떻게 결합하는가의 실천지(prudence)에 따라 결정된다고 간주한다. 니버도 고전현실주의자들의 규범에 대한 관심을 공유한다. 모겐소와 카의 논의가 세속적 규범론에 기반한다면 니버는 신학적 규범론에 기초하고 있다. 니버가 신학 연구를 통해 달성한 것은 인간의 동기와 행위를 평가하는 윤리적 절대주의 또는 동기주의 수립이다. 인간의 동기가 절대적 사랑을 지향하는가, 이를 세속에서 상대적 정의로 실현하려는 의지가 있는가가 인간의 정치적 행위를 판단하는 기준이 되는 것이다. 이러한 점에서 좁게는 니버, 넓게는 고전현실주의자들이 윤리적 결과주의(consequentialism)에만 기반하고 있다는 평가는 정확하지 않다. 더욱이 고전현실주의에 공통된 이성 비판에 비추어볼 때, 합리성에 기반한 공리주의적 결과주의와는 상당한 거리가 있다.

니버는 『도덕적 인간과 비도덕적 사회』, 『기독교와 권력정치』(*Christianity and Power Politics*, 1940), 『빛의 자식들과 어둠의 자식들』(*The Children of Light and the Children of Darkness*, 1944), 『미국 역사의 아이러니』(*The Irony of American History*,

1952), 『기독교 현실주의와 정치적 문제들』(*Christian realism and Political problems*, 1953), 『국가와 제국의 구조』(*The Structure of Nations and Empires*, 1959) 등을 비롯한 많은 저술을 통해 정치학과 국제정치학의 문제들을 다루었다. 니버의 정치학·국제정치학과 관련해서 가장 많이 논의된 주제는 현실주의이론이다. 그는 국내정치와 국제정치에서 모두 권력과 이익의 요소를 강조했다. 인간의 본성이 원죄를 벗어날 수 없고 이러한 죄성은 인간집단 간 관계에서 더욱 강화되기 때문에 국내정치를 이루는 집단 간, 그리고 국제정치를 이루는 국가 간 관계는 더욱 권력과 이익에 의해 좌우된다는 것이다. 또한 인간의 이성에 의해 권력과 이익갈등을 해결할 수 있다고 믿는 사회공학적(social engineering) 견해를 신랄하게 비판했다. 근대주의·합리주의·과학주의·자유주의 등 모든 세속적 이론이 이성에 대한 과도한 기대를 표명했다. 그러나 니버는 인간의 이성이 분명 많은 힘을 발휘하지만 정치집단 간 갈등을 해결하는 데에는 이성과 교육의 힘으로 해결될 수 없는 권력과 이익의 요소가 있다는 점을 강조했다. 종교이론에서도 집단 간 관계를 사랑과 용서, 설득과 화해에 기반한 비폭력과 무저항으로 해결하려는 움직임에 대해 역시 비판적 입장을 취했다. 인간의 원죄성을 무시하고 평화적 해결을 도모하는 것은 오히려 인간의 본질에 대한 기독교적 성찰이 부족한 견해라고 생각한 것이다.

니버의 현실주의를 이루는 인간본성론과 정치집단 간 관계론이 이상주의 비판에 중요한 것은 사실이다. 그러나 이와 더불어 강조되어야 할 점은 현실주의의 분석적 시각을 유지하면서도 어떻게 규범적 관심을 잃지 않는가 하는 것이다. 그는 자신의 신학에서 사랑과 정의를 주요 주제로 다루었듯이 정치와 국제정치에서도 초월과 사랑이 어떻게 실현될 수 있는지에 대한 고민을 늦추지 않았다. 또한 국내정치에서 민주주의가 가장 바람직한 체제라는 견해를 표명한다. 그러나 민주주의가 다양한 집단 간의 이익을 합리적으로 조절하기 때문에 바람직하다는 다원주의적 해석을 거부한다. 그보다 갈등하는 이익을 세력균형에 의해 상호 견제하기 때문에 독재를 피하고 질서를 유지할 수 있다는 것이 논지이다. 민주주의는 이익의 조화라기보다는 "관리된 세력균형"(managed anarchy)인 것이다. 그러나 세력균형 속에서도 자신의 이익만이 중요하다는 과도한 현실주의를 추구하면 결코 정치발전이 가능하지 않다는 점을 강조한다. 모든 인간이 원죄를 가지고 있기 때문에 자신의 권력과 이익만을 주장하는 것 또한 자기애·자기중심성이라는 죄를 강화하는 일이라는 인식을 가지고 정의를 추구해야 한다는 것이다. 예수의 사랑을 세속의 정치세계에서 완전히 실현할 수는 없지만, 상대적 의미에서라도 정의를 추구하는 것은 기독교적 관점에서 인간의 의무이다. 세속정치에 처해 있지만 상대적 정의를 포기하고, 삶의 의미의 기초인 초월을 망각하면 역사와 정치는 구원으로부터 멀어지기 때문이다.

국제정치론에서도 니버는 이성에 대한 신뢰 또는 기독교적 화해에 대한 믿음에 기초한 이상주의적 낙관론을 비판한다. 여기에는 전간기 이상주의, 유화론자, 기독교 평화주의자 등이 모두 포함된다. 니버는 인간의 본성과 그로부터 비롯된 정치집단에 대한 정확한 분석를 결여했기 때문에 이상주의가 생겨났다고 본다. 그럼에도 불구하고 초월과 국제정치를 연결시키는 끈을 놓지 않고 상대적 정의를 완전히 외면한 부정의한 체제를 거부한다. 그는 제2차 세계대전 이전 파시즘과 나치즘에 대한 철저한 배격을 토대로 미국의 전쟁참여를 주장한다. 힘을 가진 국가가 정의로운 외교정책을 외면하는 것은 의무를 저버리는 행동이기 때문이다. 또한 공산주의 세력에 대해서도 비판을 가한다. 계급적 관점에서 역사를 분석하고 자본주의를 비판하는 데는 분명히 옳은 측면이 있지만, 자신의 이념이 보편적 이념이라고 생각하는 것은 과도하기 때문이다. 공산주의 역시 인간의 정치적 본성을 외면한 이상주의의 한 형태이고, 결국 내부적 비판과 견제 기제를 결여한 독재로 흘러갔다고 비판한다.

초월적 관점에서 국제정치를 다룬 논의의 핵심은 전쟁의 승전국과 패권국에 대한 논평에서 두드러진다. 니버는 파시즘·나치즘·공산주의에 정의롭게 대응하는 일도 중요하지만, 전쟁에서 승리했더라도 자신의 문제점을 깨닫는 일이 더욱 중요하다고 본다. 제2차 세계대전이 종전되는 과정에서 승전국들 역시 자국의 이익과 세력확장 때문에 또 다른 죄를 저지르고 있다는 사실을 인식해야 한다고 주장한다. 아무리 선한 행동이라도 초월적 관점에서 보면 반드시 악한 부분을 포함하고 있으며, 최선을 확신하고 추진한 전략이 결국 악한 결과를 가져온다는 아이러니가 그의 국제정치관의 중요한 요소이다. 냉전을 수행하면서 소련을 비판한 미국에 대해서도 마찬가지다. 미국이 자유민주주의를 실현하고 있기 때문에 소련에 대해 도덕적 우위를 가지고 있으며, 따라서 미국의 외교정책은 항상 옳다는 자기확신 또는 독선(self-righteousness)이야말로 인간의 죄성을 드러내는 것이다. 세속에서 옳음은 상대적인 것이며 궁극적 선함이란 존재하지 않는다. 실제 세력과 도덕 면에서 우위에 있는 국가라 하더라도 자국의 문제점을 반성하는 자세를 견지해야 우위를 유지할 수 있다는 것이다.

니버의 정치학과 국제정치학은 권력과 이익의 중요성을 논하고 정치세계에서 강제력의 불가피성을 제시한다. 목적을 위해서 폭력을 사용하는 일은 불가피하며, 그 도덕적 가치는 사후적으로 결과에 따라 평가해야 한다고 본다. 결국 윤리적 결과주의의 입장이다. 그러나 그는 앞에서 살펴본 바와 같이 신학적 관점에서 인간의 근본 동기에 대해 철저한 윤리적 원칙주의와 동기주의를 견지하고, 이를 현실에서의 판단기준으로 삼기 때문에 원칙주의와 결과주의를 병행하려고 한다. 그 스스로 이를 윤리적 이중주의라고 명명한 바 있다.[6]

기독교 신학에 기대어 인간 본성과 정치·국제정치를 다룬 니버의 논의는 특정 교의에 기반한 한정된 것인가? 초월에 대한 논의가 근대의 합리주의적 세계관에 비추어볼 때 규범론으로서 유

---

6) Niebuhr, *Moral Man and Immoral Society*(New York: Charles Scribner's Sons, 1932), 270~271쪽.

용한가? 니버는 기독교 교리에 의해 이론을 전개하면서도 초월과 역사성이 병행한다는 계시종교적 관점을 유지한다. 초월성을 외재적·내재적으로 구분한다면 내재적 초월성에 해당하는 부분이다. 외재적 초월성이 역사와 초월적 준거 간의 뚜렷한 구분에 기초한다면 내재적 초월성은 역사 속에서의 초월적 관점을 확보하고자 한다. 니버는 인간이 삶의 의미를 합리성에서 찾는 데 한계를 가질 수밖에 없으므로 이를 넘어선 초월적 기초를 놓으려고 하지만, 인간의 정신작용으로 이해 불가능한 영역이 아닌 이해 가능한 영역 안에 이를 두고자 노력한다. 완전히 이해할 수는 없지만 추구하지 않을 수도 없는 역설과 아이러니의 개념을 사용하는 것도 이 때문이다.

이러한 점에서 니버의 문제의식을 주체의 문제로 놓고 근대성에 대한 그의 비판을 탈근대이론과 비교하는 것도 하나의 이해방법이다.[7] 니버는 20세기 초 이미 근대의 합리주의·계몽주의적 기획이 한계에 도달했다고 보며 그 극단적 표현이 파시즘이라고 생각하였다. 더 나아가 근대 합리주의 자체가 종교의 한 형태라고 보았다.[8] 근대의 세속주의 또는 합리주의는 기존의 종교 없이

7) John Patrick Diggins, "Power and Suspicion: The Perspectives of Reinhold Niebuhr", *Ethics & International Affairs*, Vol. 6, No. 1, 1992, 141~161쪽 참조.
8) 테일러(Mark Taylor)는 종교(religion)와 종교성(religiosity)을 구별하고 근대 합리주의가 종교는 아니지만 종교적인 체계라고 본다. 또한 토머스는 세계화의 영향으로 지구가 하나의 문화권을 형성해가는데, 그 문화권

도 삶의 일관된 의미를 제공할 수 있으며, 초월적 관점 없이도 역사 자체가 진보하며 결국 구원을 제시할 수 있다고 한다. 그러나 니버는 이러한 세속주의가 사실은 "감추어진 종교"(covert religion)라고 보며, 역사는 창조적일 수는 있어도 구원을 줄 수는 없다는 사실을 강조한다(History is creative but not redemptive).[9] 탈근대론에 비추어 보면 이성의 보편주의적 주장과 주체 중심의 논의가 사실은 하나의 특수한 논의이기 때문에, 니버의 논의는 근대성 비판이라는 점에서 탈근대적 성격을 가지고 있다고 볼 수 있다.

삶의 의미에서부터 국제정치의 규범론에 이르는 논의의 근거를 종교에서 찾으려는 경향은 최근의 탈세속화 논의와도 일맥상통한다. 서구 중심의 근대화론·합리주의가 삶의 의미를 제공하

의 핵심은 이성중심주의라고 보았다. 토머스는 더 나아가 이성중심주의가 다른 종교와 맞먹는 종교적 본질을 가진다고 본다. 종교가 성스러운 것·신화·예식·보편적 원칙을 가진 문화적 질서라고 할 때, 이성중심주의도 그러한 역할을 한다는 것이다. 개인의 합리성과 합리적 행위를 성스럽고 최고 가치인 것으로 보고, 불평등·압박 등에 반대하는 개인의 자유, 자유를 실현하는 민주주의의 선거와 같은 정치과정, 자연에 대한 도전을 통한 인간의 복지증진 등과 같은 일련의 구성요소들이 종교적 역할을 한다고 본 것이다. George M. Thomas, "The Cultural and Religious Character of World Society", Peter Beyer and Lori Beaman 엮음, *Religion, Globalization and Culture*(Leiden: Brill, 2007) 참조.

9) Niebuhr, *The Children of Light and the Children of Darkness*(New York: Charles Scribner's Sons, 1944), 131~132쪽.

는 데 성공하지 못하고 결국 비서구의 지역들이 전근대의 문명과 종교에서 의미를 찾으려 하는 경향은 지구화 시대에 뚜렷이 나타나고 있다. 이러한 경향은 테러라는 구체적이고 폭력적인 현상을 통해 더욱 두드러지기도 한다. 서구 중심의 근대 합리주의가 점차 상대화되면 다양한 차원에서 내재성 · 내재적 초월성 · 외재적 초월성에 대한 논의가 발전하고, 이 과정에서 과학과 종교, 다양한 종교 간 편차는 새로운 논의의 지평에 오르게 될 것이다.[10]

---

10) 로버트슨은 세속화라는 명제가 서양의 근대적 관념에서 비롯된 매우 특수한 명제라고 주장한다. 근대 서양 이외의 지역과 시대에서 세속화라는 개념을 사용할 때는 조심해야 한다는 것이다. 서양 이외의 지역에서는 근대화가 이루어지는 과정에서 종교의 역할이 부정되고 세속화되는 경우가 필연적으로 생겨나지 않았다. 그는 오히려 다양한 종교의 역할과 근대화는 병행할 수 있다고 본다. 21세기 중동지역의 이슬람 근본주의 역시 근대화와 동시에 일어나는 하나의 과정으로 볼 수도 있다는 주장이다. 근본주의와 근대화 과정을 대치시키는 것은 편협한 사고라는 것이다. Roland Robertson, "Global Millennialism: A Postmortem on Secularization", Peter Beyer and Lori Beaman 엮음, *Religion, Globalization and Culture*(Leiden: Brill, 2007) 참조.

제2장 초월을 추구하는 인간
니버의 인간본성론

"니버의 인간관은 근본적으로 근대성과의 긴장 또는
대립으로 정의될 수 있다. 인간 본성의 핵심은 '초월'이다.
인간은 자신과 자신의 세계를 초월하려는 욕망을 가진
존재이다. 자신의 삶을 바깥에서 관찰할 수 있는 지적 능력을
가지고 있는 유일한 존재이며, 따라서 삶의 의미를
추구하고 허무를 극복하려는 강한 정신적 욕구를 가지고 있다.
이러한 가치지향적 정의를 통해 개인은 물론
인류 전체가 나아가야 할 바를 제시하고자 한다."

신학자로서의 성장과정

라인홀드 니버는 목사의 아들로 태어나 목사의 길을 걸었다.[1] 어릴 적부터 아버지에게서 받은 각별한 애정과 기독교 교육은 목사로서 평생을 살아가는 데 귀중한 재산이 되었다. 아버지 구스타프 니버(Gustav Niebuhr)는 1881년 18세의 나이로 독일에서 미국으로 건너와 목사직을 평생의 업으로 택하게 된 사람이다. 부농이었던 프리드리히 니버의 셋째 아들이었던 구스타프는 아버지로부터 독립하기 위해 젊은 나이에 미국으로 건너와 일리노이 주 고등학교 과정인 김나지움을 졸업한다. 목사의 길을 걷게 된 결정적 계기는 프리포트의 살렘복음교회(Salem Evangelical Church)에서 1883년 어느 일요일에 들은 한 강론이었다고 전해진다. 원래 루터교의 일종인 프러시아연합교회(Prussian Union Church)의 신자이긴 했지만 특별히 신앙심이 깊거나 목회자가 있던 집안의 자손은 아니었던 구스타프가 목사의 길을 걷게 된 것은 라인홀드 니버의 일생을 결정한 중요한 사건이 된다.

---

1) 니버의 전기 가운데 특히 다음을 참조하라. Richard Wightman Fox, *Reinhold Niebuhr: A Biography*(New York: Pantheon Book, 1985); Charles C. Brown, *Niebuhr and His age: Reinhold Niebuhr's Prophetic Role and Legacy*(Harrisburg, Pennsylvania: Trinity Press International, 2002); Niebuhr, "Intellectual Autobiography", Charles W. Kegley 엮음, *Reinhold Niebuhr: His Religious, Social, and Political Thought*(New York: The Pilgrim Press, 1984).

구스타프는 곧 독일복음교구(German Evangelical Synod)의 신학교에 입학하게 되고 여기서 신학을 배운다. 1890년 통계를 보면, 이 복음교구는 18만 7,000명의 신자와 680명의 목사를 가진 평범한 교파였다. 대부분이 독일계였고, 일리노이·오하이오·미주리 지역에 뿌리를 두고 있었다. 1906년경에는 29만 3,000명의 신자가 있었다고 기록되어 있고 972명의 목사가 있었던 것으로 알려져 있다. 대략 교회당 302명의 신자가 있었던 셈이다. 이 교구는 다른 19세기 독일계 교파나 미국의 개신교 교파와 달리 지적인 교리를 중시하기보다는 직접 예수를 체험하는 신앙을 중시했다. 도그마적인 신학 교리보다는 영성과 신앙심을 중시하는 경향을 띠고 있었던 것이다. 독일복음교구는 과도한 합리주의에 대한 경계심을 가지고 있었던 동시에 '자유주의적' 교회의 특성을 가지고 있었다. 그렇기에 다른 교파나 미국문화에 대해서도 개방적이고 실용적인 태도를 유지했다.

1885년 22세의 나이로 성직에 임명된 구스타프는 샌프란시스코 교회에서 목회활동을 하는 동안 선교사였던 에드워드 호스토(Edward Hosto)의 딸 리디아(Lydia)를 만나 결혼한다. 둘은 첫째 훌다(Hulda), 둘째 월터(Walter)에 이어, 1892년 6월 21일 셋째 라인홀드(Karl Paul Reinhold)를 출산한다. 이어 1894년 9월, 막내이자 후에 역시 저명한 신학자가 되는 라인홀드의 동생 헬무트 리처드(Helmut Richard)를 낳게 된다.

구스타프의 목회활동은 처음에는 안정되지 않아, 니버가 10살이 되기 전까지 전국 각지를 순회하는 순회목사로 일했다. 이 기간 동안 니버는 아버지를 거의 보지 못해 아버지의 영향을 많이 받지 못했으나, 1902년 구스타프가 일리노이 주 링컨 세인트존의 교구목사로 부임하면서 안정된 부자관계를 가지게 된다. 링컨은 옥수수 농사를 주로 하는 비옥한 고장으로, 1900년경 약 9,000명 정도의 인구가 살고 있었고 이 가운데 3분의 2는 독일계 이민이었다. 니버가 살았던 로건 카운티 역시 독일계 이민 거주지역이었고, 독일어가 주 언어였다. 새로운 교구에서 구스타프는 교회뿐 아니라 부속학교와 병원까지 관장하게 되었고, 매우 의욕적이고 특별한 에너지를 가진 목사로 자리 잡았다.

구스타프는 얼마 지나지 않아 링컨에서 저명한 지역인사가 된다. 그 지역 네 명의 독일계 목사 가운데 가장 활동적인 목사로 자리를 굳힌 그는 균형 잡힌 신학적 입장을 견지했다. 구스타프의 신학은 자유주의적이면서 동시에 복음주의적인 양면을 가지고 있었다. 자유주의적 성향으로 인해 사회문제에 대해 적극적으로 발언하고, 성서의 문구 하나하나와 독트린에 구애받지 않는 근대적 모습을 보였다. 각 교파 간의 다툼도 극복해나가려는 의지를 가지고 있었다. 그러나 동시에 복음주의적 성향을 강조하여 예수의 신성을 부정하고 신약의 기적을 평가절하하는 경향에 대해서는 반대했다. 예수의 신성과 성서의 초자연성을 종교의 중심으로 삼아야 한다고 생각하면서도 근본주의적으로 성서의 축자적 해석으로 나아가는 데까지는 찬성하지 않았다. 그는 학자는 아니었지만 독일신학의 전통에 대한 상당한 지식을 갖추고 있었고, 특히 하르나크(Adolf von Harnack), 매콜리(A.B. Macaulay) 등의 신학자에도 정통했다.

구스타프는 음주 금지와 같은 당시의 사회문제에 대해서도 적극적으로 참여하는 노력을 보여주었다. 그러나 그의 사회운동은 과격한 경향이나 사회주의적 경향을 띠지는 않았다. 미국 연방정부의 역할, 자본주의 시장경제를 인정하는 한에서의 점진적인 사회개혁을 주장했다. 또한 여성문제에 대해서는 보수적인 생각을 가지고 있어, 장녀 훌다에게 대학교육을 시키는 것을 반대하기도 했다.

아버지 구스타프의 안정되고 사회적으로 인정받는 지위, 자유주의와 복음주의 간의 적절한 조화를 강조한 균형 잡힌 신학적 태도, 그리고 독일계 사회의 강한 결속력 등은 니버의 성장에 많은 영향을 미치게 된다. 링컨으로 이사할 당시 니버는 10살이었지만, 구스타프는 그 시절부터 이미 니버를 자신의 후계자로 생각하고 많은 사랑과 정성을 기울인 것으로 알려져 있다. 니버의 형 월터는 구스타프와 달리 사업가적 기질을 가지고 있고, 독일식 분위기보다는 미국식 자유분방한 스타일을 띠고 있어, 결국 아버지의 뜻과는 달리 사업에 투신하게 된다. 아버지의 뜻에 가장 부합했던 자식이 라인홀드 니버였다. 니버는 아버지를 지극히 존경했고, 구스타프 역시 그에 대해 편애에 가까운 사랑을 보였다. 구스타프는 니버가 어렸을 때부터 교구의 일을 들려주고 상의했으며, 니버는 일찍부터 목사가 될 결심을 하여 이후 한 번도 그 길을 의심한 적이 없었다. 그는 아버지와 같이 매우 근면하고 책임감이 있었으며 주위 사람들을 즐겁게 하는 다양한 장점을 가진 인물로 성장한다.

독일 공동체의 전통과 기독교 교육 속에서 성장한 니버는 링컨 고등학교를 최우등으로 졸업한다. 그는 1906년 견진성사를 받고, 1907년 15세의 나이에 엘름허스트 대학(Elmhurst Colleage)으로 떠나게 되는데, 여기서 이든 신학교(Eden seminary) 입학을 준비하게 된다. 엘름허스트는 시카고에서 서쪽 15마일 거리에 위치한 대학으로 형식은 대학이었지만 사실상 고등학교 수준의 교육기관이었다. 1910년 졸업할 때까지 니버는 공부와 학생활동 모두에서 두각을 나타냈지만, 엘름허스트의 교육은 그의 기대에 미치지 못했다.

1910년 9월 니버는 미주리 주 웰스턴 소재 이든 신학교에 입학한다. 이 학교는 1885년 아버지 구스타프가 졸업한 학교이다. 이든 시절 니버는 스승이었던 프레스(Samuel Press) 교수에게서 많은 영향을 받는다. 니버는 성장하면서 독일계 지역사회의 특색을 고스란히 가지고 있었고 영어보다는 독일어를 주 언어로 사용하고 있었다. 그러나 이든 신학교를 다니면서 미국화의 필요성을 질실히 느낀다. 비단 영어를 제1언어로 사용한다는 의미를 넘어 독일계 미국인으로서, 미국인으로서 살 필요성을 느낀 것이다. 니버는 독일어를 능가하는 영어구사능력을 갖추는 동시에 미국 내 독일인이 아닌 독일계 미국인으로서 새로운 정체성을 갖는 데 주력한다. 이는 이후 제1·2차 세계대전 중 미국이 독일과 전쟁을 벌이는 상황에서 니버가 미국인으로서 정치적 정체성을 확고히 하는 데 중요한 배경으로 작용한다. 또한 그는 자유로운 사고방식의 중요성을 체험하고 더 넓은 무대에서의 활동에 전념하면서 이든 최고의 학생으로 부상한다. 같은 시기 아버지의 갑작스러운 죽음은 많은 정신적·재정적 어려움을 주지만 결과적으로 정신적 방황과 자유의 공간을 얻는 효과를 낳게 된다. 1913년 니버는 이든 신학교를 졸업하고 뉴욕의 예일 신학교에 입학한다.

본격적인 신학적 번뇌는 예일 시절에 시작된다. 뉴욕에서 니버는 동부의 유복한 학생들 사이에서 중부 출신의 영어가 서툰 독일계 미국인으로 스스로를 느끼게 되었다. 더욱이 이든의 학사학위는 예일에서 학사학위로 인정받지 못하는 반쪽짜리 학위였다. 니버가 예일에 입학할 수 있었던 데는 예일 신학교가 19세기 정통신학에 집착하여 후반 불어닥친 자유주의 신학을 제대로 흡수하지 못해 어려움을 겪으면서 학생 수 감소와 전반적인 약세를 극복하기 위해 느슨한 기준으로 학생 수를 채우려 한 정책이 한몫을 했다. 그는 이러한 입학정책의 수혜자였다고 할 수 있다.

뉴욕의 다양하고 신선한 신학적 분위기는 훌륭한 성장의 기회를 제공했다. 자유주의 신학을 연구하고 있던 매킨토시(Douglas Clyde Macintosh) 교수의 수업을 주로 들은 니버는 자유주의 신학의 중요성을 절감한다. 이는 그가 젊은 시절 종교의 초자연성보다 이성에 기반한 신앙의 합리화를 중시하는 경향을 강하게 흡수했음을 말해준다. 니버는 이후 신학자의 길을 걸으면서 자유주의 비판을 자신의 신학에서 중요한 부분으로 삼지만 기본적으로는 자유주의자였다는 평가를 듣기도 하는데, 이는 이러한 성장배경과 관련이 있다고 할 수 있다. 니버의 자유주의 신학관은 아버지 구스타프나 자신이 속해 있던 중부의 교구와는 근본적으로 다르다는 점에서 예일의 영향력이 신학자로서 니버가 성장하는 데 매우 중요한 요소로 작용했음을 알 수 있다.

1915년 예일 신학교를 졸업한 니버는 본격적인 직업목사의 길로 들어선다. 1928년까지 디트로이트 베델복음교회(Bethel Evangelical Church) 목사로 재직하는데, 이 시기 변모를 이룬 핵심은 사회에 대한 강렬한 참여의식이다. 니버는 자동차 산업의 중심 도시인 디트로이트에서 노동자·흑인 등 약자들과 함께 생활하면서 사회운동에 많은 관심을 가지게 된다. 저술가·사상가로서의 명성을 가져다준 『도덕적 인간과 비도덕적 사회』(1932)는 신학과 사회참여 의식을 조화시키려 한 노력의 결실이다. 뒤에서 살펴보겠지만 이 책은 강한 반향을 얻는 동시에 니버 신학의 부족한 점을 드러내기도 했다. 니버의 동생이자 역시 신학자로 성장한 리처드는 이 저작이 더 단단한 신학적 기반을 필요로 함을 간접적으로 언급했다고 알려져 있다.

이 책이 출간될 당시 니버는 뉴욕 신학교 기독교 윤리 분야 교수직을 제의받아 디트로이트에서 뉴욕으로 옮겨가게 된다. 본격적인 신학연구의 필요성을 느낀 그는 『도덕적 인간과 비도덕적 사회』에서 표출된 기독교 좌파 또는 마르크시스트 입장을 탈각하고 점차 본격적인 신학자의 모습을 보여준다. 이러한 과정에는 동생 리처드의 신학적 충고가 자극이 되었고, 다른 한편으로는 1933년부터 니버와 함께 교수직을 수행하게 된 틸리히(Paul

Tillich)와 박사후 과정으로 뉴욕에 와 있던 신학자 본회퍼 (Dietrich Bonhoeffer) 등의 영향이 있었던 것으로 알려져 있다.[2] 1930년대 중반에 출간한 『시대의 종말에 대한 성찰』(*Reflections on the End of an Era*, 1934), 『기독교 윤리의 해석』(1935) 등은 이전의 입장과 확연히 구별되는 심화된 신학적 시각을 보여주고 있다. 이후 니버는 앞에서 언급했듯 1939년 4월부터 영국의 저명한 기포드 강의 시리즈를 맡게 되고, 그 결과가 1941년과 1943년에 『인간의 본성과 운명』이라는 두 권짜리 책으로 출간되는데, 이 책이야말로 니버 신학의 다각적 모습을 종합적으로 보여준 저작이라고 할 수 있다.

참여지식인으로의 변모

니버는 신학교 졸업 이후 목회와 신학연구라는 목사 고유의 임무를 수행하면서 사회참여의 끈을 늦추지 않았다. 각종 위원회에 참여하고, 시민사회 단체를 이끌고, 잡지의 발행인으로서 집필활동을 하고, 국무부 등 정부부처의 정책 조언자로 활동하는 등 자신의 신학적 견해를 현실에 투영하고자 끊임없이 노력했다. 이러한 노력은 인간 삶의 의미가 역사와 사회 속에서 사랑의 윤리를 실천함으로써만 발견될 수 있고, 자신을 넘어서고자 하는 주체의 초월욕구는 역사 속에서만 실현될 수 있다는 신학적 입장을 스

2) Richard Wightman Fox, 앞의 책, 146쪽 참조.

스로 실천에 옮긴 것이라 볼 수 있다. 니버의 사회참여와 저술 활동은 1920년대 디트로이트 시절과 1930년대 이후 뉴욕 시절로 대별된다. 디트로이트 시절에는 미국사회의 계급관계·인종문제·국내정치에 집중하는 모습을 보인다면, 뉴욕으로 옮긴 이후에는 국내정치에 대한 관심을 지속하면서도 그보다 미국 외교정책에 집중한다. 이는 1929년 경제대공황을 거치면서 제2차 세계대전과 냉전이 시작되던 환경이 많은 영향을 미친 결과로 보인다.

니버는 석사학위를 받은 후 박사과정에 들어오라는 권유가 있었음에도 불구하고 예일 신학교를 졸업하고 고향으로 돌아가 교구의 명에 따라 디트로이트로 부임했다. 박사과정에 들어가지 않은 이유는 여러 가지로 추측해볼 수 있다. 이든 출신이라는 불리함, 재정적 문제 등도 걸림돌로 작용했을 것이다. 그러나 가장 중요한 이유는 니버 스스로 실천과 행동의 중요성, 그리고 학문보다 목사의 길을 중시했기 때문이라고 볼 수 있다.

니버는 당시 산업화, 특히 자동차 산업의 발전으로 급격한 변화를 겪고 있던 노동자들의 도시인 디트로이트에서 많은 것을 보고, 사회문제를 해결하기 위해 다양한 노력을 기울인다. 진보정당과 사회주의 정당에 직접 참여하기도 하고, 다양한 기독교 단체의 지도자 역할을 맡아 노동자 권익보호, 인종문제 해결, 경제공황 극복, 민주주의 옹호 등 다양한 목적을 위해 활동했다. 자신의 교회에 다니던 신자들이 대부분 노동자들이었던 현실에서, 니버는 계급 간 불평등을 비판하고 마르크스주의 시각에서 미국사회를 비판하는 좌파 참여지식인의 성향을 가지게 된다. 자본가들의 탐욕과 위선, 자유주의 시장논리가 주장하는 이익조화설 뒤에 숨어 있는 착취, 민주주의가 감싸고 있는 계급적 이익 등을 체험하고 이를 해결하려는 의지를 신학과 접합시키고자 한다. 디트로이트 시절 전반기에는 엄청난 부를 가진 헨리 포드가 노동자들을 위한 각종 사회복지정책을 추구하는 데 감복했으나, 시간이 지나면서 이러한 정책들이 사실은 이윤을 극대화하기 위한 자본의 교묘한 방법이었다는 사실을 목도하고 본격적인 비판에 나서기도 하였다.[3]

노동과 더불어 니버의 관심을 끈 또 다른 문제는 인종문제였다. 니버는 1925년 가을 이후 인종문제, 특히 흑인 노동자 계층의 문제에 깊은 관심을 가지게 된다. 디트로이트 목사연합(Detroit Pastors' Union)과 디트로이트 교회연합의 산업위원회(Industrial Relations Commissions of Detroit Council of Churches) 대표를 맡고, 인종간위원회 의장직을 수행하기도 하였다.[4] 기독사회

---

3) 니버가 디트로이트 마지막 시기에 쓴 두 편의 논평에서 헨리 포드에 대한 적나라한 비판을 볼 수 있다. Niebuhr, "How Philanthropic is Henry Ford?", *The Christian Century*, December 9, 1926; "Ford's Five-Day Week Shrinks", *The Christian Century*, June 9, 1927 참조.

4) 1920년대 디트로이트는 미국의 네 번째 대도시이자 산업의 중심지였다. 인구는 1925년 125만으로 증가하였고, 성장률은 25퍼센트였다. 클리블랜드가 17퍼센트, 시카고가 11퍼센트였던 것에 비교하면 빠른 성장세다. 베델 교회는 니버가 재직한 이후 6년 만에 세 배의 신자 수 증가를 보였다. 특이한 점은 니버가 자유주의 성향의 모든 교파를 폭넓게 받아들여 비단 독

질서연합회(the Fellowship for a Christian Social Order)와 화해연합회(the Fellowship of Reconciliation)에도 적극 참가했다. 니버는 자신의 이익과 특권을 지키기 위한 이기주의가 어떻게 인종을 단위로 상정하여 진행되는지 목격하고, 인종주의가 얼마나 뿌리 깊게 인간을 타락시키는지에 대해서 지속적으로 공격한다. 『문명은 종교를 필요로 하는가?』(*Does Civilization need a Religion?*)에는 1925~26년에 걸쳐 저널 『*Century*』에 실렸던 인종문제에 관한 글들이 포함되어 있다. 계급과 인종 모두가 인간의 자기애라는 권력욕이 확장된 또 하나의 거대한 자아라는 것이 니버의 흥미로운 지적이다.

1928년 니버는 디트로이트를 떠나 뉴욕 유니언 신학교에 기독교 윤리 담당 교수로 옮겨가 이후 그곳에서 평생 재직하면서 다양한 미국 국내정치활동에 참가하게 된다. 1932년 뉴욕 모닝턴 하이츠 지역의회 사회당 후보로 출마했다가 낙선하기도 하고, 1932년과 1936년 선거에서는 사회당의 노먼 토머스(Norman Thomas)를 지지하는 등 활발한 정치활동을 전개했다. 니버는 1930년대 중반까지는 사회주의적 성향을 견지하고 있었다. 디

일 복음주의 교파뿐 아니라 다양한 신자들을 모았다는 것이다. 뿐만 아니라 1924년 당시 신자 가운데 3분의 1은 기독교 신자가 아니었던 성인들을 모아 신자로 만든 것이다. 베델 교회는 그 자체로 니버 신앙의 거울이 된 것이다. 동시에 니버의 베델 교회는 독일성을 탈피하고 영어를 사용해 교파를 넘어서는 중산층의 교회로 탈바꿈하면서 번성하게 된다. Richard Wightman Fox, 앞의 책, 62쪽.

트로이트 시절 체화한 생각들이 지속되기도 하였고, 1929년 8월 동생 리처드와 함께 소비에트 연방과 베를린을 방문한 경험도 사회주의에 대한 긍정적 시각을 강화시켰다. 니버는 "후세를 위해 자신을 희생하는 러시아인들"을 보고 당시 소련의 발전상에 대해 우호적인 견해를 가지게 되었다. 그러나 1930년대 중반이 지나면서 사회주의적 성향을 점차 탈각하고 민주당을 지지하는 입장을 강화하게 되어, 1940년과 1944년에는 루스벨트를 지지한다. 이후 미국사회의 경제적 모순과 계급갈등을 비판하면서도 마르크스주의와 소련 정치현실의 문제점에 대해서 비판의 강도를 높여간다.

앞에서 언급했듯 디트로이트의 경험을 집대성하여 저술한『도덕적 인간과 비도덕적 사회』는 그의 신학과 정치사상을 연결하는 기점이 되는 저작이자, 국내정치에 대한 생각을 집대성한 작품이다. 또한 마르크스주의적 성향을 보여준 대표적인 저술이기도 하다. 그는 이후『빛의 자식들과 어둠의 자식들』을 발간하면서 국내정치와 민주주의에 대한 생각을 한층 더 완결된 형태로 제시한다.『도덕적 인간과 비도덕적 사회』출판 이후 니버는 앞에서 살펴본 바와 같이 신학적 시각을 강화할 필요성을 느껴 점차 사회참여를 줄이고 신학연구에 몰두한다. 더불어 이탈리아의 파시즘과 독일의 나치즘이 본격적으로 발흥하는 상황 속에서 국제문제에 대한 관심을 강화하고 이후 제2차 세계대전을 맞이하는데, 국제문제에 관해서는 다음 장에서 자세히 서술하기로 한다.

니버의 사회활동 가운데 빼놓을 수 없는 것이 방대한 현안 분석 글들이다. 니버는 디트로이트 시절부터 구체적인 사회·정치 현안에 대한 기고를 시작했고, 이후 자신이 직접 저널을 창간하여 정기적으로 다양한 현안에 관한 논평을 썼다. 그는 1940년 『개혁종교』(*Radical Religion*)에 이어 『기독교와 사회』(*Christianity and Society*)를 창간한 이후 1941년 『위기의 기독교』(*Christianity in Crisis*)라는 저널도 창간하여 많은 글들을 남겼다.

국제정치사상의 발전과정

니버는 1946년 잡지 『라이프』의 표지를 장식한 데 이어, 1948년에는 『타임』의 표지인물로 선정된다. 영향력이 정점에 달한 시기이다. 니버는 신학과 정치사상 분야에서 명성을 쌓아가면서 국제정치에 대한 연구와 비평을 계속했고, 제2차 세계대전이 끝나고 냉전구도가 형성될 즈음 미국 외교정책에 영향을 미치는 중요한 인물로 부상한다. 1952년 2월 심각한 건강문제가 발생한 이후 1971년 79세의 나이로 별세할 때까지 영향력은 점차 감소해갔지만 미국의 주요 외교사안에 대한 발언은 여전히 영향력을 가지고 있었다.

보통의 성장과정이 그러하듯 젊은 시절 니버는 전체적으로 이상주의 정치관을 가지고 있었다. 예일 신학교에 재학하던 시절 제1차 세계대전이 발발하는데, 그때 남긴 전쟁과 애국심에 대한 글은 이러한 성향을 보여준다. 니버는 애국심이야말로 개인의 자기희생이 실현되는 이념으로 가장 숭고한 이타주의의 실례라고 보았다. 이러한 힘들이 합쳐져 국가를 초월하여 국제적 집단을 만드는 것이 이상적 길이라고 간주한다. 그리고 국가들 간의 협력이 사실상 어려울 경우, 초국가적 네트워크로서 교회에 희망을 건다. 젊은이다운 이상주의라 할 수 있다. 1916년 쓴 「조국애」(Love of Country)[5]라는 글 역시 비슷한 맥락이다. "조국애는 숭고한 인간정신의 표현이며, 관용에 기반해야 한다. 관용이란 자신의 조국이 실수를 하더라도 이를 사랑의 정신으로 감싸면서 희생하는 것이다. 조국이란 단순한 물리적 실체가 아니고 조국이 실현하는 정신이자 영혼이다. 미국의 경우 민주주의가 미국의 가치이다."

앞에서 언급했듯 제1차 세계대전이 진행되는 동안 니버는 전쟁에서 미국의 도덕적 우위, 개인의 희생 필요성 등을 강조했고, 윌슨의 이상주의에 동조했다. 그러나 전쟁이 진행되고 20대 후반에 접어들면서 더 복잡한 생각들을 전개하기 시작한다. 우선 그는 가족적·사회적 토양이 된 독일성을 넘어 독일계 미국인으로서의 정체성을 확고히 했고, 본격적으로 현실주의적 국제정치관을 가지게 된다. 개인이 아무리 숭고한 애국심을 가지고 있어도, 독일 군국주의처럼 국가가 보편적 가치관을 담지하지 못할 때, 결국 애국심은 빛이 바랜다. 개인 차원의 숭고한 희생도, 국가들 간의 협력도, 이미 국가에 의해 포섭된 교회도 희망이 될 수 없음을 깨닫고 좀더 현실적인 국제정치관을 발전시킬 필요를

---

5) Richard Wightman Fox, 앞의 책 참조.

느낀다.

1918년 11월 전쟁 종식 이후 영국과 미국이 급격히 보수화되는 한편, 파리평화회의에서 윌슨의 이상주의가 유럽 정치인들의 교묘한 현실주의에 의해 윤색된 일 또한 니버의 현실주의를 강화시킨다. 니버는 자유주의 국제정치관에 대한 실망감을 느끼고 전간기 국제질서를 이룩한 이상주의 문제를 해결하기 위해 자신이 연구해온 신학과 정치사상을 접합시켜나간다.

국제정치에 대한 본격적 사고는 대략 1930년대 중반부터 시작된다. 『도덕적 인간과 비도덕적 사회』가 출간된 1932년경에도 국제정치에 대한 논의가 보이지만, 이때는 미국사회와 자본주의권의 자유주의 정치경제에 대한 비판이 사고의 중심을 차지하고 있었다. 이후 신학 연구를 하는 동시에 국제정치사건에 대한 논평을 활발하게 발표하면서 국제정치에 대한 생각을 본격적으로 다듬기 시작한다. 그리고 병으로 활동이 어려워지는 1960년 전후까지 국제정치에 대한 활발한 논평을 계속한다.

니버의 국제정치분석은 제2차 세계대전을 기점으로 나뉘는데, 전자가 전쟁 기간이라면 후자는 외교의 기간이라고 할 수 있다. 전간기 국제정치연구는 이론적 틀이 있다기보다 일어나는 사건들에 대한 분석이 주종을 이루고 있다. 니버를 비롯한 국제정치학자들은 전간기에 제1차 세계대전의 원인, 베르사유조약에 대한 평가, 1925년의 로카르노조약 분석, 국제연맹의 역할 분석, 군축 및 다자조약 분석, 경제대공황의 영향, 그리고 1930년대 파시즘·나치즘으로 인해 급변하는 상황분석과 대처방안 등을 집중적으로 다루었다. 니버 역시 이러한 사건들에 대한 많은 글을 남기고 있으며 그의 국제정치사상은 신학적·추상적 논의와 더불어 이 구체적인 논평들을 통해 파악될 수 있다. 앞 장에서 살펴본 현실주의의 기초 개념 및 주장, 평화주의 비판, 전쟁에 대한 논의, 그리고 외교의 방향 등 역시 사건 논평을 분석할 때 비로소 구체적으로 밝혀진다.

후자의 기간인 제2차 세계대전 이후에도 니버는 새로운 세계질서 수립과 미국의 전후처리, 소련과의 관계 설정, 냉전수행 방법, 제3세계 정책 등에 대해 광범위한 논평을 남기고 있다. 전쟁의 시기가 끝나고 외교의 시기에 접어들면서 미국이 어떠한 지도력을 발휘해야 하는가를 놓고 니버는 기독교 현실주의 관점을 구체화하고 있다. 이들 분석은 모겐소나 케넌, 그리고 이후 키신저 등 이른바 고전현실주의자라고 명명되는 다른 분석가들과 흥미로운 공통점 및 차이점을 보인다. 이들은 단순히 사건분석에 그치지 않고 정책에 대한 제언과 이들 정책을 뒷받침하는 도덕적 주장을 함께하고 있는데, 이는 이후 실증주의 학자들의 분석과 가장 큰 차이점이라고 하겠다.

전후 니버의 사상에서 가장 두드러진 점 가운데 하나는 미국 외교정책에 대한 신랄한 비판이다. 세계 유일의 초강대국이 된 미국이 자신의 도덕적 정당성을 지나치게 확신하는 일을 경계하면서, 자기중심주의가 빠질 수 있는 함정을 끊임없이 상기시킨다. 특히 기독교 시각에서 인간의 원죄성과 국제정치의 도덕적 취약함을 강조하며 신중하게 냉전을 수행할 것을 주문하고 있다.

인간본성론과 국제정치이론

니버의 기독교 현실주의 국제정치론, 신학과 정치학, 국제정치학의 접합을 탐구하기 위해서 가장 먼저 거쳐야 하는 관문은 신학, 그중에서도 특히 인간의 본성에 대한 성찰이다. 니버는 인간이 어떠한 존재인가를 기독교 신학의 관점에서 정의하고자 했고, 이를 정치현실·국제정치현실을 통해 확인하고, 수정하고, 다시 정의하고자 했다. 인간의 본성은 정의하기가 매우 어렵고, 여전히 많은 논란이 진행되고 있는 개념이다. 그러나 동시에 인간이 어떠한 존재인가를 알지 못하고, 인간이 만드는 사회집단이 어떠한지 알지 못하고, 그리하여 본성에 대한 나름대로의 정의를 내리지 않은 채 사회과학을 해나간다는 것 역시 매우 어려운 일이다. 본성이란 말 그대로 인간이 본래적으로 가지고 있는 성질이어서, 후천적으로 변화될지언정 인간존재에 깊이 각인되어 있다고 할 수 있다. 또한 개인과 사회·문화에 따라 차별적으로 존재하는 것이 아니라, 인간인 이상 모두에게 공히 내재되어 있는 성질이라 할 수 있다.

니버의 국제정치론은 신학적으로 정초된 인간론에서 시작된다. 인간의 본성에 대한 고찰과 정의가 내려진 연후에 정치와 국제정치에 대한 논의가 가능하기 때문이다. 물론 니버 사상체계가 발전하는 경로를 보면, 인간에 대한 고찰이 사회와 정치·국제정치에 대한 고찰과 병행하고 때로는 상호작용하는 모습을 볼 수 있다. 그러나 분석적 순서로 보면 인간론이 가장 밑바닥에 깔려 있다는 점을 부정할 수 없다. 니버뿐 아니라 국제정치학에서 고전현실주의자라고 불리는 이론가들은 모두 인간 본성에 대해 나름대로의 시각을 가지고 있고, 인간본성론의 필요성을 논하고 있다. 모겐소의 경우 인간이 얼마나 권력과 이익에 민감하고 이를 추구하는 데 예외가 있기 어려운가를 보이려 노력했다. 카 역시 인간이 이상과 합리성에 따라 움직일 수 있다는 희망적 사고를 비판하고 인간이 권력과 이익에 의해 움직일 수밖에 없음을 강조했다. 인간의 본성으로부터 인간의 역사가 전개되고, 사회와 정치세계의 본질이 만들어지며, 역사적으로 장구히 구성된 인간집단 간 관계의 하나로 국제정치가 펼쳐진다고 본 것이다.

국제정치를 분석하기 위해 인간의 본성에 대한 정의를 나름대로 전제해야 함은 불가피한 사실처럼 보인다. 그러나 앞에서 언급했듯 본성이라는 것이 확인되기 어렵고 추상적이며 너무나 일반적이어서, 구체적인 국제정치현상에 설명변수 또는 독립변수가 될 수 있는가에 대해 논란의 여지가 있어왔다. 사실 현대 국제정치학이론이 일종의 암묵적 금기로 삼는 것 가운데 하나가 인간 본성에 대한 논의에 기초해서 국제정치현상을 설명하는 것이다. 인간의 본성이 원래 악하다거나, 권력지향적이라거나, 이익추구적이라는 등의 논의는 워낙 일반적이어서 구체적인 국제정치현상을 설명하는 데 큰 도움이 되지 않는다는 생각이 자리 잡고 있다. 이러한 생각은 인간의 본성에 관한 논의가 추상적이고 부정확할 뿐 아니라 너무나 일반적인 변수이기 때문에 국제정치현상에 대해 설명력을 가질 수 없다는 결론으로 이어진다.

이러한 논의를 대표적으로 보여주는 학자는 신현실주의 · 구조주의적 현실주의를 창시한 미국의 국제정치학자 케네스 월츠(Kenneth N. Waltz)이다. 월츠는 잘 알려진 바와 같이 그의 저서 『인간 · 국가 · 전쟁』에서 전쟁의 원인을 세 가지 차원으로 나누어 설명한다.[6] 인간의 본성, 국가의 성격, 국제정치의 구조적 특성이 그 세 가지이고, 각각의 차원은 첫 번째, 두 번째, 세 번째 이미지론으로 불린다. 월츠는 어떠한 차원에 초점을 맞추어 설명하는 것이 전쟁의 원인 또는 더 일반적으로 국제정치현상을 설명하는 데 가장 도움이 되는지, 즉 어떠한 원인이 가장 중요한(primary) 원인인지 묻고 있다.[7]

월츠는 인간의 본성에 대한 논의가 전쟁의 원인을 밝히고 앞으로의 전쟁을 막는 데 도움이 되지 않는다고 본다. 이에 대한 두 가지 근거를 찾을 수 있는데, 첫째는 인간의 본성이란 시간과 공간, 환경을 막론하고 모든 인간에게서 공히 발견되는 특질이기 때문에 특정한 국제정치현상을 설명하는 독립변수가 될 수 없다는 것이다. 예를 들면, 인간은 자신의 권력과 이익을 추구하는 본성을 가지고 있으며 이를 극대화하기 위해 전쟁을 수행한다는 설명은 왜 한국전쟁이 특정한 시기에 특정한 형태로 일어났는지 설명할 수 없다. 둘째, 인간은 본성을 가지고 태어나기도 하지만 자

---

6) Kenneth N. Waltz, *Man, the State and War: A Theoretical Analysis* (New York: Columbia University Press, 1959), 제2장, 제3장 참조.
7) 같은 책, 16쪽.

라면서 사회환경에 따라 만들어지는 부분도 있기 때문에 본성을 단정적으로 말하기 어렵다는 것이다.

결국 월츠는 인간본성론이 전쟁의 원인을 찾고 전쟁을 막으며 평화를 위한 처방을 내리는 데 그리 도움이 되지 않는다고 본다. 원인에 대한 분석이 정확해야 대응과 처방도 정확할 수 있는데 인간 본성에 근거한 설명은 그렇지 않다는 것이다. 그는 두 번째 이미지인 국가의 성격변수도 도움이 안 된다고 보고, 결국 국제정치구조라는 세 번째 이미지를 자신의 주된 분석단위로 삼는다. 이후 저작인 『국제정치이론』에서는 인간 본성의 문제를 본격적으로 언급하지도 않으며, 첫 번째와 두 번째 이미지의 설명을 환원론으로 묶어 비판한다.[8]

월츠의 구조주의적 신현실주의가 가지는 장단점에 관해서는 『국제정치이론』 출간 이후 30여 년간 다양한 각도에서 무수한 논의가 이루어져왔다. 이론의 간결성, 분석 개념의 정교성, 그리고 검증 가능한 가설과 실증적 이론체계 등 많은 장점에도 불구하고 문제점들도 지적된다. 대략 열거해본다면, 월츠가 국제정치구조를 중시하여 국제정치현상을 설명하지만 막상 냉전의 몰락과 같은 국제정치구조의 변화 자체를 설명하고 예측하지 못했다는 점, 국제정치를 전체로 놓고 일반적 흐름을 설명하지만 개별 국가의 행위 또는 외교정책을 설명하지 않기 때문에 이론적 한계를 가진

---

8) Kenneth N. Waltz, *Theory of International Politics*(Reading MA: Addison-Wesley, 1979) 참조.

다는 점, 국제정치구조의 단위가 되는 국가를 이미 주어진 존재로 상정하고 설명을 시작하여 존재론적 개체주의에 한정됨으로써 국가가 형성되는 과정 또는 국가와 구조 간의 상호구성관계를 보지 못한다는 점, 국제정치구조를 기정사실화하여 국제정치현상의 유지라는 규범을 사실상 바닥에 깔고 있어 결국 문제해결이론에 그친다는 점, 국가 이외 행위자들의 역할을 경시한다는 점, 권력현상을 중시한다는 것은 남성성을 위주로 하는 이론이기 때문에 구조주의적 현실주의뿐 아니라 현실주의 패러다임 자체가 젠더적 문제를 가진 이론이 된다는 점 등을 들 수 있다. 대안으로는 자유주의·구성주의·신고전현실주의·탈근대국제정치이론·비판이론·페미니즘이론 등이 논의되었다.

니버와 월츠 또는 고전현실주의와 신현실주의를 대비해서 볼 때, 정작 문제가 되는 것은 인간의 본성에 관한 논의가 정말로 부적절한가, 또는 분석적·규범적 관점에서 인간·국가·국제정치구조의 삼분법이 과연 적실한가이다. 분석적 관점에서 월츠가 국제정치구조를 가장 중요한 변수로 강조한 것은 일면 타당성이 있다. 인간의 본성과 다양한 정치체제의 복잡한 상호작용 속에서 국제정치구조가 형성되고, 다시 그 구조의 세력배분구조로 국가들이 행동의 제약을 받으니 설명변수로서 기능하는 것은 타당하다. 특히 단기간의 국제정치현상을 설명할 때, 게임의 환경으로 주어진 세력배분구조가 국가들의 행위를 크게 좌우한다는 것은 이론적으로 매력적인 설명방식이다. 월츠는 국제정치의 조직원리로서 무정부상태라는 원칙을 단순화해서 설정하고 있으며, 국가들은 기능적으로 미분화된 동질적 집단이라는 점 또한 강조한다. 국가는 모두 자기완결적 조직으로서 무정부상태 속에서 생존을 위해, 때로는 팽창을 위해 투쟁한다는 것이다.

월츠의 이론관은 '간결성'(parsimony)이라는 단어에 집약되어 있다. 가장 적은 수의 독립변수로 가장 많은 수의 종속변수를 설명하면 좋은 이론이라는 것이다. 이러한 이론관은 주어진 현상을 효과적으로 설명하는 데 많은 공헌을 한 것이 사실이다. 특히 냉전기 국제정치를 설명하는 데 적절한 시각이었다.

월츠의 이론은 신고전경제학의 시장론과 일맥상통하는 바가 있다. 경제단위는 이익극대화를 추구하는 합리적 행위자로서, 완전한 자유경쟁 속의 경제행위는 각 행위자들의 경제능력에 따라 결정되기 때문이다. 행위자들의 본성, 시장의 본질, 외부 간섭이 없는 완전자유경쟁이라는 시장의 상황 등이 전제된다. 국제정치가 만약 권력이라는 통화를 사용하는 합리적 이기주의자로서의 국가들 간 완전경쟁의 장이라면 월츠의 설정은 매우 타당하다.

이러한 논의는 인간의 본성과 국가의 성격에 대한 특정한 가정을 전제로 하고 있다. 인간은 권력과 이익을 추구하는 존재로서 이타적·비합리적 행위를 하지 않는다. 국가 역시 생존, 때로는 확장을 위해 행동하며 이 과정에서 세력균형이나 이익극대화와 같은 행동을 추구한다.[9] 어떠한 인간과 국가라도 이러한 기본 법

---

9) 국가가 생존을 가장 중요한 목적으로 삼는다는 명제 또한 인간과 인간정치집단의 본성에 대한 큰 전제이다. 인간의 생존본능을 전제하지 않고 인

칙에서 벗어나지 않는다는 가정이 숨어 있기 때문에 인간과 국가
는 이론에 문제를 일으키지 않는다.

인간 · 국가 · 국제정치구조의 삼분법 역시 세 단위의 행위자들
간의 관계에 대한 특정한 가정을 전제하고 있다. 근대 국제정치
세계에서 세 개의 단위가 가장 중요하다는 선험적 판단과 이들
간의 관계 역시 근대적으로 설정된 것이다. 만약 근대라는 시대
적 배경에서 벗어나 국제정치현상을 생각해본다면 인간이 형성
할 수 있는 중요한 행위자들은 국가를 넘어설 수 있을 것이며, 이
들 간의 구조 역시 주권을 소유한 국가들 이외의 단위들이 무정
부상태가 아닌 다른 원리로 조직할 수 있을 것이다.

탈냉전기와 21세기에 들어서면서 국제정치의 근본적 변화에
대해 많은 논의가 전개되고 있다. 국가 이외 행위자들의 중요성
이 증가하고, 거버넌스 또는 네트워크적 조직원리가 등장함에 따
라 세계정치의 탈근대 이행에 관한 관심도 증가한다. 이러한 상
황에서 근대국가를 분석단위로 삼고, 무정부상태적 조직원리를
강조하는 신현실주의는 더 거시적인 이행을 다루기에는 한계를
가지는 것이 사실이다. 근대 국제정치 속에서의 세력배분구조 이
행이 아닌 국제정치적 근대 자체의 이행을 다루려면 국제정치이

간집단의 생존본능을 전제하기 어려운 것은 물론이고, 생존을 넘어선 팽
창과 지배를 국가의 본질로 삼을 것인가는 더 어려운 문제이다. 방어적
현실주의와 공격적 현실주의의 논쟁이 국가의 본질과 인간의 본성에 대
한 논의 없이 답을 내리기 어려운 점도 같은 문제에서 파생된 것이다.

론에 대한 더 근본적인 또는 메타적인 시각이 필요한데, 이를 위해서는 인간의 정치적 본성, 인간집단들의 층위와 집단 간 관계에 대한 새로운 성찰이 필요해진다.

월츠가 상정한 종속변수의 범위는 전형적인 근대 주권국가 간 관계로 한정되어 있다. 예를 들어 근대 국제관계가 15세기부터 유럽에서 형성되기 시작했다고 할 때, 왜 주권국가가 가장 중요한 단위로 자리 잡게 되었는지, 왜 중세의 위계적 조직원리가 근대 무정부상태 조직원리로 변화하였는지, 왜 기능적으로 명백히 분화되어 있던 정치단위가 비교적 동질적인 주권국가로 변화하였는지 설명하기 어렵다. 이를 위해서는 더 거시적인 역사사회학적 접근이 필요하고, 그러자면 정치집단의 형성과 발전에 관한 근본적인 추적이 필요하다. 주권국가가 여전히 많은 영향력을 가지고 있지만, 개인·시민사회·이익집단·기업·미디어·국제기구 등이 함께 지구정치를 규정하는 현상을 월츠 이론의 독립변수로 설명하는 데는 한계가 있으며 분석단위를 새롭게 재구성할 필요성이 강조된다고 하겠다.

또한 거시적 이행 이외에 구미의 국제정치를 넘어선 지역을 바라볼 때도 월츠의 이론은 근본적인 성찰이 요구된다. 구미 이외 지역에서 국가들은 과연 온전한 주권을 소유하고 있는가? 강대국과 약소국 간 관계에서 약소국은 기능적으로 미분화된 자기완결적인 단위를 이루고 있는가? 무정부상태 조직원리가 과연 비서구지역의 국제정치를 규정하는 가장 중요한 원칙인가? 그렇다면 비서구지역을 포함한 지구적 차원의 국제정치이론으로서 월츠의 이론, 그리고 이에 기반한 서구의 신현실주의 이론들이 현실을 어느 정도 설명할 수 있는가? 예컨대 동북아시아 국제정치를 보더라도, 한국과 중국은 온전한 주권국가를 완성하지 못한 채 분단국가로 존재하고, 일본 역시 근대 이행기의 제국주의 전력 때문에 다른 국가들의 동의를 고려하며 보통국가로 재정립하는 데 어려움을 겪고 있다. 주권국가의 본질이 각자의 주권적 권리에 대한 상호인정에서 출발한다고 볼 때, 타국가의 근대적 주권성을 인정하지 못하는 동북아시아의 현실은 월츠 이론을 그대로 적용하기에 많은 변이를 낳고 있는 것이 사실이다.

만약 월츠 이론의 한계를 근본적으로 수정하고자 한다면, 어떠한 방식이 가능한가? 거시이행의 통찰력과 비서구의 변이성을 함께 고려한다면 어디에서 출발해야 하는가? 서구의 전형적인 국제정치적 근대가 비서구의 변이적 근대성과 함께 고려되어 전체적 시각을 제시하려 한다면 어디가 출발점이 되어야 하는가? 특히 동북아시아와 같이 여전히 근대적 이행과정의 그림자가 드리워져 있고 21세기 지구 거버넌스의 미래가 지역의 근대성에 삼투되어 있는 경우, 서구의 근대를 전형적 대상으로 한 월츠의 이론은 보완을 필요로 한다.

답은 환원주의의 오명을 쓰고 주변화되었던 다른 모든 변수를 함께 고려하며 이론적 기초를 재검토하는 것이다. 역사적 변화과정을 강조하는 역사사회학적 접근법은 중세에서 근대로의 국제정치 이행, 그리고 근대에서 탈근대로의 이행을 연구할 때 다시 인간의 본성, 개인의 역할, 정치집단의 성격, 권력변수 이외의 정체성과 문화변수 등을 고려할 것을 제안한다.[10] 이론의 간결성을 유보하고 이른바 과학적 인과론이 아닌 역사추적과 이해의 방법을 택함으로써 설명이 더 온전해질 수 있다면, 이론이란 무엇인가 하는 메타이론적 가정부터 재검토해야 할 것이다.

월츠의 이론과 신현실주의, 넓게는 20세기 실증주의 계열의 신이론(neo-theory)들은 분석과 규범, 설명과 가치의 엄격한 구별을 중시한다. 이론의 목적은 설명, 그것도 인과적 설명이며 설명과 규범, 존재와 당위는 결코 섞일 수 없다는 메타이론적 전제를 두고 있다. 설명과 존재의 논리가 아무리 전개되어도 당위의 결론이 유추될 수 없다는 것이 실증주의 이론관의 전제이다. 국제정치분석이론 또는 국제정치설명이론과 국제정치규범이론은 엄격히 구별된다. 국제정치규범이론이 현재의 국제정치가 나아가야 할 방향을 제시하고 규범적 처방을 내리는 이론이라고 할 때, 이는 당위명제를 뒷받침하는 논리적 근거를 제시하는 규범이론·도덕이론·윤리이론의 영역이라고 보는 것이다. 영국의 철학자 데이비드 흄은 내일 세상이 멸망한다고 할 때 나의 손가락 하나를 희생해서 세상을 구할 수 있다는 분석적 명제로부터 결코 손가락을 희생해야 한다는 당위적 명제가 논리적으로 유추될 수 없다고 하며 이러한 구분의 논리를 보여준 바 있다.[11]

---

10) 전재성, 「유럽의 국제정치적 근대 출현에 관한 이론적 연구」, 『국제정치논총』 제49집 5호, 2009, 7~31쪽 참조.

11) David Hume, *A treatise of human nature*(Oxford: Clarendon Press,

신현실주의가 실증주의 이론관에 기초하여 분석과 규범을 분리하는 데 반해 고전현실주의는 분석과 규범이 분리될 수 없다고 본다. 니버 · 모겐소 · 카 등 고전현실주의자들은 인간 이성의 한계를 논의의 중심에 놓는다.[12] 이성은 관점 · 감정 · 이익 등 비이성적 요소들에 봉사하기 때문에 합리적 논의나 이론화는 기저의 가치에 좌우될 수밖에 없다는 것이다. 따라서 이론의 규범적 피규정성, 즉 이론가의 규범적 관점에 따라 이론이 변화될 수밖에 없는 문제를 해결하기 위해서는 이론가의 규범을 함께 다루는 방법밖에 없다. 결국 이론의 궁극적 판단은 현실에 대한 설명력만으로 이루어질 수 없고, 이론의 가치적 편향성에 대한 문제를 함께 고려해야 한다는 견해이다. 이는 이론에 대한 상대주의적 또는 회의주의적 견해로 연결되며, 이를 해결하기 위해서는 별도의 노력이 필요하다. 니버의 경우는 후에 자세히 다루어질 것이다. 고전현실주의는 이론이란 가치중립적이라는 명제, 사회에 대한 탐구가 사회과학이 될 수 있다는 전제 자체가 특정한 규범적 시각을 반영하는 가치적 언명이라고 본다. 가치중립적이라는 전제 역시 가치를 담고 있는 언명이기 때문이다.[13]

1978), 469~470쪽 참조.

12) 전재성, 「E.H. 카의 비판적 현실주의 국제정치이론」, 『한국정치학회보』 제33집 3호, 1999, 391~408쪽; 「한스 모겐소(Hans Morgenthau)의 고전적 현실주의 국제정치이론: 메타이론적 검토와 실천지(prudence)의 의미」, 『국제 · 지역연구』 제8권 2호, 1999, 57~79쪽 참조.

13) 이와 관련하여 테일러는 근대인의 과학에 대한 신뢰 역시 종교적 현상이

실증주의 이론관에 따르면 올바른 설명은 예측을 가능하게 한다. 설명을 가능하게 한 변수를 현재와 과거에서 찾아 미래에 대입하면 미래의 종속변수가 예측되기 때문이다. 미래에 대한 설명이 주어졌을 때 이를 어떻게 조작하여 원하는 목적을 달성하는가는 별도의 문제이다. 그러나 이론이 설명이라는 목적 아래서 간결성의 원칙에 따라 독립변수를 제한하는 것이 적실하다 할지라도, 규범적 처방을 내리는 데에 같은 간결성의 논리를 적용할 수 있는가는 생각해볼 문제이다. 월츠는 『국제정치이론』에서 규범이론에 대한 별도의 명확한 입장을 표명하고 있지는 않다. 다만 전쟁원인 분석을 위해 어떤 차원의 변수에 집중할 것인가 하는 질문을 제기하면서 분석적으로 국제정치구조가 가장 중요한 변수라고 논의할 뿐이다. 따라서 처방에서도 국제정치구조를 개선하는 데 중점을 두어야 한다는 유추가 가능하다.

이러한 논의는 얼핏 보기에 적절한 것 같지만, 분석적 편의를 위해 도입한 간결성의 원칙이 현실을 변혁하기 위한 처방의 영역에도 적용된다는 것을 전제하지 않는다면 옳지 않다. 실천의 영역에서는 한 차원의 변혁을 다른 차원과 별도로 추구하기가 대단히 어렵다. 국제정치구조를 변혁하려면 국가와 인간의 영역을 다루지 않을 수 없다. 현실을 변혁하는 데서는 분석적 목적과 독립변수의 범위를 제한하는 일과 같은 실용성·부분성이 허락되기

라고 본다. Mark C. Taylor, *After God*(Chicago: The University of Chicago Press, 2007) 참조.

매우 어렵다는 것이다. 전쟁을 예로 들더라도 국제정치구조를 변혁해도 국가단위 또는 인간단위의 문제들이 남아 있다면 전쟁이 발발할 수밖에 없다. 현실이 간결하게 하나의 독립변수만으로 변혁되지 않기 때문이다. 규범적 처방을 위해서는 모든 차원의 변수들을 함께 다루고 각각의 상대적 중요성을 인식하며 이들에 공동 대처해야 한다. 인간·국가·국제정치구조의 삼분법이 적용되지 않는 것이다.[14)

근대적 인간관 비판과 인간의 초월적 본성

니버의 국제정치론은 인간 본성에 대한 성찰에서부터 아주 구체적인 국제정치현안에 이르기까지 최대한 일관성을 유지하려 했다는 점에서 주목할 만하다. 국제정치에 대한 분석과 당위의 문제를 항상 연관시켜 사고하려는 태도를 견지했다는 점에서도 배울 바가 많다. 니버는 신학자로 성장하였기 때문에 인간의 문제와 국제정치의 문제, 그리고 현실의 분석과 실천의 문제를 항상 함께 고민했다.

---

14) 고전현실주의를 포함한 현실주의에 대한 다양한 관점으로는 Michael J. Smith, *The Realist Tradition from Weber to Kissinger*(Baton Rouge, LA: University of Louisiana Press, 1986); Joel Rosenthal, *Righteous Realists*(Baton Rouge, LA: University of Louisiana Press, 1991); Alastair Murray, *Reconstructing Realism*(Edinburgh: University of Keele Press, 1996) 참조.

니버의 인간본성론은 독특한 기독교 신학에서 비롯된다. 니버는 인간의 본성에 관해 많은 명제들을 제시했고, 연구자들 역시 다양한 관점에서 이에 접근한다. 현실주의 국제정치이론이라는 관점에서 볼 때, 니버가 핵심적으로 제시한 인간본성론은 인간의 권력추구욕과 이익추구욕이다. 그러나 신학에서부터 국제정치론을 전체적으로 조망할 때, 그가 생각한 인간 본성의 핵심은 '초월'이다. 인간은 자신과 자신의 세계를 초월하려는 욕망을 가진 존재이다. 자신의 삶을 자신의 바깥에서 관찰할 수 있는 지적 능력을 가지고 있는 유일한 존재이며, 따라서 삶의 의미를 추구하고 허무를 극복하려는 강한 정신적 욕구를 가지고 있다.

물론 니버가 초월 이외의 다양한 인간의 모습을 인정하지 않은 것은 아니다. 인간은 육체적 욕구를 가진 동물적 존재이며, 개인으로 살 수 없는 사회적 존재이기도 하다. 감정과 충동을 따르지만, 냉정한 이성을 가지고 사물을 분별하며 행동을 제어할 수 있는 존재이기도 하다. 니버의 인간본성론에 접근할 때 유념해야 할 것은 인간의 본성이라고 일컬을 수 있는 속성이 여러 가지라는 점이며, 더욱 중요한 것은 이러한 다양한 본성의 핵심을 무엇으로 보아야 할 것인가이다.

니버의 인간본성론에서 인간 본성의 개념은 분석적인 동시에 규범적이다. 즉 현상을 설명하기 위한 변수로서 설정된 개념이기도 하지만, 내부적으로 강한 실천지향성을 가진 것이다. 니버는 인간의 본성 개념을 사회와 국제정치의 변화를 설명하기 위해 사용한다. 인간이 초월을 추구하면서 자신의 권력과 이익을 극대화하는 길을 선택할 때 국내정치가 어떠한 충돌 양상을 보이며 계급관계가 대립하는지, 그리고 도덕적 개인이 인간집단을 이루어 비도덕적 집단행위를 하게 될 때 국제정치가 어떻게 권력정치의 모습을 띠게 되는지 인간 본성에서부터 국제정치까지 분석적 일관성을 보이고자 한다.

동시에 주목해야 할 점은 인간의 본성을 초월지향이라고 정의함으로써 개인은 물론, 인류 전체가 나아가야 할 바를 제시하고자 한다는 것이다. 많은 인간의 속성 중에서 초월을 본성으로 사고한 것은 그 자체가 가치지향적인 접근법이다. 니버는 기독교의 관점에서 가장 적실한 인간 본성에 관한 견해와 인류가 나아가야 할 바를 찾고 있다.[15]

이러한 접근법은 실증주의적 관점에서 인간본성론을 정교화하려는 노력과 배치된다. 실증주의는 인간 본성에 대한 지식을 축

---

15) 기독교 신학이 특정 종교의 견해라는 점을 넘어서 보편적인 견해로 정립될 수 있을지, 니버가 분석적 목적을 위해 설정한 인간 본성에 대한 견해가 니버 자신의 가치지향성을 넘어서 보편적인 관점을 획득할 수 있을지는 흥미로운 주제이다. 이 책은 니버가 설정한 인간의 초월지향성이 비단 기독교의 관점만이 아니며, 니버 역시 기독교를 특정 종교의 관점에서라기보다는 인간의 종교성 일반에서 접근하려 한 바가 있다고 본다. 니버는 자신의 견해 역시 하나의 관점에 불과하다는 점을 완전히는 아니더라도 어렴풋이 인정하고 있었다고 보인다. 니버는 기독교 교파들 간 갈등을 다루면서 각 교파가 자신의 견해가 가장 옳다고 주장하는 것이 가장 비기독교적이라고 비판한 바 있다. 이러한 견해는 스스로에게도 적용되는 것이다.

적하여 규범적 선택이라는 어려운 문제를 회피 또는 자동적으로 해결할 수 있다고 보기 때문이다. 인간 본성에 대한 지식을 단순히 분석적 관점에서만 본다면, 다양한 인간사회 관찰에서 귀납적으로 얻을 수도 있고 개인의 내부를 성찰하는 내성법에 의해서 철학적·연역적으로 얻을 수도 있다. 인간은 사회적으로 구성되는 존재이기 때문에 인간과 사회 간의 상호규정성을 연구하는 것도 인간 본성 연구에서 중요한 부분이다.

국제정치학에서는 인간의 본성이 무엇인지, 각 단위의 사회들, 가족·사회·국가·지역·지구 단위의 사회들이 인간 본성과 어떻게 상호작용하는지, 사회가 어떤 경우에 인간을 제약하고 구성하는지 등에 주목한다.[16] 문제는 인간의 본성에 대한 논의가 이론가에 따라 다르게 가정되고 때로는 상호충돌하기 때문에 일관된 이론을 가지기가 어렵다는 점이다. 이론가의 관심과 가치관, 그리고 각 시대의 문화적·구조적 환경에 따라 어떤 경우에도 통용되는 본성론을 논하기는 어렵다. 진화생물학자들은 인간의 뇌가 생존을 위한 필요에 따라 진화되어왔기 때문에 스스로를 이해하는 자기이행의 능력을 갖추지 못했다는 비관론을 전개하기도

---

16) Annette Freyberg-Inan, *What Moves Man: The Realist Theory of International Relations and Its Judgement of Human Nature* (Albany: State University of New York Press, 2004); "Rational Paranoia and Enlightened Machismo: The Strange Psychological Foundations of Realism", *Journal of International Relations and Development* 9(3), 2006, 247~268쪽 등 참조.

한다.[17]

현대 국제정치학에서도 상황은 마찬가지여서 인간의 본성을 사회과학, 특히 경제학적 관점에서 정의하는 경향이 강하다. 현대 국제정치학은 인간을 이익과 권력을 추구하는 존재, 합리적 계산에 의해 이익과 권력을 극대화하기 위해 노력하는 존재, 타자와의 경쟁을 통해 지속적인 평형점을 거치고 이를 제도화하는 존재로 개념화하여왔다.[18] 앞에서 언급했듯 이론적 간결성, 인과관계라는 사회과학적 설명, 실증주의적 과학성을 위해 인간을 합리적 이기주의자로 정의하는 것이 현실의 한 부분을 설명하는 데 유용함은 사실이다. 그러나 인간의 문화적 측면을 강조하는 최근의 이론들은 맥락적으로 정의되는 인간의 본성, 이성이 아닌 정신적 속성, 예를 들어 감정이나 가치, 반복적 습관 등을 중요한 요소들로 부각시키기도 한다.[19]

---

17) Edward O. Wilson, *Consilience: The Unity of Knowledge*(New York: Alfred A. Knopf, Inc., 1998) 참조.
18) Rodney Bruce Hall, "Human Nature as Behaviour and Action in Economics and International Relations Theory", *Journal of International Relations and Development* 9-3, 2006, 269~287쪽 참조.
19) Richard Led Lebow, *A Cultural Theory of International Relations* (Cambridge: Cambridge University Press, 2009); Julie Reeves, *Culture and International Relations: Narratives, Natives, and Tourists*(New York: Routledge, 2004); Andrew A.G. Ross, "Coming in from the Cold: Constructivism and Emotions", *European Journal*

자연과학의 발전에 따라 인간을 좀더 과학적으로 정의하려는
움직임도 본성론에 많은 발전을 가져오고 있다. 최근에 웬트
(Alexander Wendt)가 양자물리학과 양자적 뇌 논의에 근거하여
개인의 의식과 사회 간의 상호구성성을 논의하고 있는 것이나,
진화생물학의 발전에 힘입어 인간을 자연과학적으로 이해하려는
논의들이 그 예이다. 특히 후자의 논의는 점차 사회과학 전반에
많은 반향을 불러일으켜 인간의 본성이 어떻게 진화되어왔는지,
다른 생물종과 인간이 어떻게 구별되는지 등에 관한 새로운 발견
을 알려주고 있다.[20] 윌슨(Edward O. Wilson)은 진화생물학 또

　　of International Relations, Vol. 12, No. 2, 2006, 197~222쪽; Ted
　　Hopf, "The logic of habit in International Relations", *European
　　Journal of International Relations*, Vol. 16, No. 4, 2010, 539~561쪽
　　등 참조.

20) Bradley A. Thayer, "Bringing in Darwin: Evolutionary Theory,
　　Realism, and International Politics", *International Security* 25.2, Fall
　　2000, 124~151쪽; *Darwin and International Relations: On the
　　Evolutionary Origins of War and Ethnic Conflict*(Lexington:
　　University of Kentucky Press, 2004); Duncan A. Bell, Paul K.
　　MacDonald, and Bradley A. Thayer, "Correspondence: Start the
　　Evolution Without Us", *International Security* 26.1, Summer 2001,
　　187~198쪽; Stephen Peter Rosen, *War and Human Nature*
　　(Princeton NJ: Princeton University Press, 2005); Raphael D.
　　Sagarin and Terence Taylor 엮음, *Natural Security: A Darwinian
　　Approach to a Dangerous World*(University of California Press,
　　2008) 등 참조.

는 사회생물학적 논의가 타 분야와의 상호관계 속에서 기반을 이루고 학문 간 통섭을 가능하게 하리라는 자연과학적 낙관론을 제시하기도 한다.[21] 이러한 낙관론은 자연과학이 아닌 다른 방법, 특히 종교적 방법으로 인간을 규정하는 방법에 강하게 반발하면서 종교와 과학 간의 논쟁을 불러일으키고 있다.[22]

니버의 인간관은 근본적으로 근대성과의 긴장 또는 대립으로 정의될 수 있다.[23] 르네상스 이후 서양은 인간의 이성을 최대의

---

21) Edward O. Wilson, 앞의 책; *Sociobiology*(Cambridge: Harvard University Press, 1975) 참조.

22) Richard Dawkins, *The Selfish Gene*(New York: Oxford University Press, 1989); Craig A. Boyd, "Was Thomas Aquinas a Sociobiologist? Thomistic Natural Law, Rational Goods, and Sociobiology", *Zygon: Journal of Religion and Science*, Vol. 39, No. 3, September 2004, 659~680쪽; Stephen Pope, *Human Evolution and Christian Ethics* (New York: Cambridge University Press, 2007); Holmes Rolston, *Genes, Genesis, and God: Values and Their Origins in Natural and Human History*(New York: Cambridge University Press, 1999) 등 참조.

23) '근대'(modern)라는 개념은 16세기에 들어와 비로소 지금과 같은 의미로 쓰이게 되었으며 처음에는 미술사조에 한정하여 쓰이기 시작했다. 세계사를 고대·중세·근대 삼분법으로 나누는 방식 아래서 근대라는 용어를 최초로 사용한 사람은 게오르크 호른(Georg Horn)으로서, 1666년이었다. 이후 크리스토프 켈라리우스(Christoph Cellarius)가 1696년 본격적으로 이 용어를 사용하기 시작했다. 이때 고대는 콘스탄티누스 대제까지, 중세는 동로마제국까지, 그리고 새로운 역사로서 근대는 16세기에 시작하는 것으로 인식되었다. '근대성'(modernity)이라는 개념은

가치로 삼는 세계관을 정립했다. 존재론적으로 세계는 이성을 가진 신의 작품이라 생각했고, 인간은 그러한 신의 이성을 담지하고 있는 유일한 존재였다. 인식론적으로 인간은 경험과 논리의 힘으로 세계의 운행을 이해할 수 있는 능력을 소유하고 있다고 믿었다. 가치론적으로 인간은 이성이 지시하는 바에 따라 살며 인간세계를 합리적으로 개혁하면 결국 완전한 세상을 이룰 수 있다고 가정했다. 인간 차원 이하의 물질과 화학·생물의 영역은 이성으로 설명되고, 응용과학으로 증명되었으며, 자연과학의 성과는 인간학·사회과학에 길을 제시해주는 듯 보였다.

니버의 사상이 형성되는 20세기 전반기는 근대 합리주의와 낙관주의가 최정점에 달함과 동시에 그 기반이 뿌리째 흔들리는 변혁의 시기였다. 제1차 세계대전이 종식된 이후, 미국은 세계 최초의 세계대전을 "모든 전쟁을 끝낸 전쟁" 또는 "민주주의를 위한 전쟁"이라고 부르며 자유주의에 의해 세계가 재조직되며 전쟁이 사라지고 영구평화가 자리 잡을 것이라는 희망을 피력했다. 윌슨의 제1차 세계대전 출사표인 '14개 조항'은 합리성과 자유주의 체계에 의해 미국 이외의 모든 국가와 국제사회가 민주주의와 이성으로 재조직될 수 있으며, 견고한 평화가 보장되리라는 비전을 담고 있었다. 1919년 베르사유조약 이후 19세기 유럽의 제국들은

베이컨과 데카르트 시대부터의 특징을 나타내는 개념으로 사용되었다. Michael Allen Gillespie, *The Theological Origins of Modernity* (Chicago: The University of Chicago, 2008), 4~5쪽 참조.

하나씩 해체되었다. 로마노프·호엔촐레른·합스부르크·오스만투르크 왕가가 모두 붕괴된 가운데 민주주의와 공산주의 정권이 들어섰다. 양자 모두 역사를 움직이는 이성의 힘을 믿고 전통을 부정하는 정치체제와 세계관을 실현했다.

국제정치학에서 이른바 이상주의 시대라고 부르는 1920년대는 지상에서 전쟁을 근본적으로 추방할 수 있는 합리적 기제들이 자리 잡으리라는 희망이 팽배했던 시기였다. 국제연맹과 같은 세계적 국제기구가 설립되고, 군축과 군비통제가 실현되었으며, 민주주의 국가들이 늘어남에 따라 민주국가 간 평화의 비전이 밝아졌다. 시장경제가 확산되어 시장을 매개로 한 부르주아 평화가 정착되는 듯싶었고, 급기야 모든 전쟁을 불법화하는 상징적인 부전조약인 켈로그-브리앙조약(1928)이 체결되었다. 집단안전보장체제와 군비통제, 부전조약 등에 기반해 국제사회가 새로운 시대를 열리라는 희망이 한껏 부풀었던 시대였던 것이다.

그러나 이러한 시대는 1929년 경제위기를 기점으로 비극으로 치달았다. 시장은 예상치 못하게 곤두박질쳤고 세계경제는 일순간 나락으로 떨어졌다. 경제위기를 해결하려는 국가들의 움직임은 합리성보다는 자국의 이익에 의해 좌우되어 각 국가들은 경쟁적으로 무역장벽을 높이고 시장을 닫았다. 민주주의의 새 길을 걷고 있던 독일·이탈리아·일본 등은 곧 군국주의로 돌아서서 민주적 토양 위에 독재의 싹을 틔웠다. 1930년대의 독재는 파시즘의 얼굴을 띠고 인종차별·대외팽창·전쟁·무기개발 등 온갖 비합리적 정책을 추진하였다. 더욱이 이러한 비합리적 정책은 인종론과 같은 유사과학, 지정학과 같은 침략적 학문의 틀 속에서 합리화되었고, 독재정책은 전 인민의 열렬한 동의 위에서 이루어졌다.

니버의 인간관은 근대 합리주의가 과연 인류의 미래를 이끌어 가기에 충분한 철학인가 하는 의문에서 출발했다고 할 수 있다. 인간이 합리적 동기에 의해 움직이며, 권력욕과 이기심을 자제할 수 있고, 사회 속에서 교육과 설득에 의해 갈등을 해결할 수 있다는 근대적 신뢰가 근본적으로 흔들리는 가운데서 새로운 인간관의 정립을 추구한 것이다. 21세기 초에 나타난 이른바 '니버 르네상스'도 이와 무관하지 않다. 냉전이 종식된 이후 민주주의와 시장경제, 그리고 국제제도를 축으로 한 신자유주의적 평화, 이상주의가 도래했다는 믿음이 번져나갔다. 10년간의 탈냉전 시기 동안 미국은 관여(engagement)와 확장(enlargement)의 정책으로 전 세계를 합리주의와 자유주의로 이끌 수 있다고 믿었다. 미국은 인류 역사상 어떠한 단일 정치집단이 소유한 것보다 더욱 막강한 물적·정치적 힘을 소유하게 되었고, 진정으로 지구를 하나로 통합할 새로운 제국의 후보처럼 여겨졌다. 그러나 2001년 9·11 테러 이후 미국은 심각한 안보위기를 겪더니, 곧 이라크 침공으로 인해 정당성의 위기에 부딪혀 결국 부시 행정부와 네오콘 세력은 크게 약화되었다. 2008년 경제위기 역시 미국 중심의 신자유주의 세계경제체제의 약점을 드러냈다. 80여 년 전 윌슨 대통령이 그러했듯이, 인간의 이성에 기대어 국제정치를 합리주의적으로 개혁하려는 노력은 비서구, 기독교 이외의 종교, 국가 이외의 행위자, 시장의 반발 속에 다시 고개를 숙였다. 니버 르네상스를 주창한 학자들의 논의는 인간의 비이성적 면모를 깊이 관찰하는 새로운 인간관과 국제정치관이 필요하다는 인식에 기초해 있다.

근대성의 문제는 니버가 살았던 현실 속에서뿐 아니라 신학계에서도 논쟁의 중심을 차지하고 있었다. 신학적으로 볼 때 니버 사상의 형성기는 자유주의 신학과 정통주의 또는 근본주의의 대립이 미국 신학계에서 격화되던 시기였고, 니버는 그 와중에 자신의 입장을 수립하기 위해 노력했다.[24] 미국은 1865년부터 1890년까지 '복음주의 제국'이라 일컬을 만큼 정통주의가 우세한 나라였으나, 점차 과학이 발달하고 산업혁명으로 인한 도시화가 진행되는 등 자본주의가 발달하는 변화를 겪는다. 이러한 조류는 한편으로 이른바 과학과 종교의 전쟁을 가져왔고, 다른 한편으로는 가난한 노동자들의 사회문제와 연관된 사회복음운동으로 이어졌다. 또한 유럽의 이민자 유입으로 가톨릭교도와 유대인들이 대거 들어와 기독교의 종교적 다원주의(religious pluralism) 시대가 되었다.

과학의 발달과 병행하여 18세기 중엽부터 성경 연구에 고고학·역사비평·자연과학 방법 등을 적용하는 고등비평이 독일에

----

24) Alister E. McGrath, *Christian Theology: An Introduction*(West Sussex: Wiley-Blackwell, 2011); 제임스 C. 리빙스턴, 김귀탁 옮김, 『현대기독교사상사 상·하』(은성, 1993) 참조.

서 들어오고, 1859년 다윈의 『종의 기원』이 출판되어 진화론이 사상계에 침투하면서 기존의 정통주의 신학은 심각한 도전에 부딪혔다. 미국 개신교 안에서 자유주의 또는 모더니즘이라고 불리는 신학이 득세하면서 슐라이어마허(Friedrich Schleiermacher)나 리츨(Albrecht Ritschl)의 사상이 영향력을 떨쳤다. 이 과정에서 19세기의 근본주의와 구별되는 새로운 근본주의 흐름이 생겨났다. 이는 1920년대 사회적 대변동을 반영한 것이었다. 메이첸(J. Gresham Machen) 등이 이끈 프린스턴 신학과 전천년주의에 기반한 근본주의는 19세기 복음주의 개신교의 계승, 부흥운동, 개신교 문화의 부식에 대한 처방, 모더니즘에 대한 반대와 적개, 개인적 도덕에 대한 강조 등을 구성요소로 가지고 있었다.[25] 근본주의자들은 모더니즘에 물든 자유주의 신학자들의 성서 해석 특히 독일의 고등비평을 배격하고 철저한 문자주의 해석인 축자영감설(逐字靈感說)에 의지했으며, 창조론에 반대되는 근대 지구학적 발견들과 생물학 진화이론들을 배격했다.[26] 이 과정에서 니버가 후에 1928년부터 1960년까지 봉직한 뉴욕의 유니언 신학교는 미합중국 장로교회의 사법권으로부터 탈퇴해 자체 독립을 선언하는 한편 자유주의 전통을 강하게 유지하게 된다.

니버는 신학적으로는 자유주의(또는 모더니즘) 대 근본주의

---

25) 홍철, 「20세기 미국 근본주의 운동의 역사적 고찰: 미국 장로교를 중심으로」, 『역사신학논총』 제13집, 2007, 290~320쪽 참조.
26) 문영석, 「미국 사회의 근본주의와 종교권력」, 『종교연구』 제54집, 2007, 149~175쪽, 특히 156쪽 참조.

(또는 신전통주의), 정치사상적으로는 자유주의 대 낭만주의(또는 파시즘·나치즘)과 자유주의 대 마르크스주의, 국제정치적으로는 이상주의 대 현실주의 논쟁 속에서 자신의 인간관과 정치관·국제정치관을 발전시키고 이를 기독교 현실주의로 정리하게된다.

합리주의·자유주의·낭만주의에 대한 견해

니버 인간관의 핵심은 이성 비판이다. 그는 인간의 삶에서 이성이 차지할 수 있는 정확한 위치를 설정하고 이성의 덕목과 한계를 지적하고자 했다. 인간의 본성을 이성 중심으로 정의하고 이에 기반하여 사회를 재건하며 종교적 구원을 추구하는 모더니즘·합리주의·이성중심주의가 무제한적인 신뢰의 대상이 되면 어떠한 문제점이 발생하는지 알리고자 했다. 인간은 이성을 가지고 있지만, 동시에 감정·육체적 욕망·생동성(vitality), 그리고 무엇보다 인간적 실존과 역사성을 넘어서려는 초월성·자유·종교성·의미추구 욕구를 가지고 있기 때문이다. 이 과정에서 이성은 인간의 다른 정신기능에 봉사하고 스스로의 독자성을 쉽사리 잃어버리기 때문에 인간의 본성을 이성 중심으로 정의하는 것을 비판했다.

그러나 니버는 동시에 이성 이외의 정신능력을 과다하게 강조하는 전통, 예컨대 낭만주의 흐름도 비판적으로 보았다. 합리주의로 특징지어지는 모더니즘이 한 극단이라면, 인간의 비이성적 측면, 즉 이기적 욕구·권력지향성·낭만성·충동만을 강조하는 과도한 현실주의·냉소주의·낭만주의도 다른 극단이라고 생각했기 때문이다. 정치적으로 합리주의는 자유민주주의나 마르크스주의의 형태를 띠는 반면, 합리주의를 비판하는 사상은 냉소적인 현실주의, 파시즘이나 나치즘으로 연결된다. 그는 양자 모두 근본적 결함을 가지고 있다고 보았다.

인간본성론에 대한 니버의 견해는 서양사상사에서 인간이 어떻게 표상되고 있는가를 연구함으로써 구체화된다. 니버는 인간본성론에 대한 서구 이론의 기원을 헬레니즘과 헤브라이즘으로 나누어 조망한다. 근대를 특징짓는 인간본성론은 양자의 조합으로 설명된다. 헬레니즘은 플라톤, 아리스토텔레스, 스토아학파를 거쳐 르네상스에서 부활하여 현대에 이른다. 헤브라이즘은 기독교 성경의 전통으로 중세 헬레니즘과 합치되었다가 종교개혁으로 부활한다. 양대 전통은 중세 때 토마스 아퀴나스에 의해 아우구스티누스와 아리스토텔레스 철학의 종합으로 조화되었다. 그러다가 르네상스를 거치면서 헬레니즘은 합리주의 철학으로 나뉘어 부활한다. 종교개혁은 양대 전통을 다시 한 번 조화시키려는 새로운 시도였다고 할 수 있다.[27]

니버는 서구 합리주의의 모든 근원을 플라톤에서 찾는다. 이성이 인간과 역사의 무질서한 질료에 형태를 주고 이들을 합리적으

---

27) Niebuhr, *The Nature and Destiny of Man* I(New York: Charles Scribner's Sons, 1941), 4~6쪽.

로 이끌기 때문이다. 인간의 정신은 이성과 동일시되고 창조성은 생동성을 질서에 맞게 길들이는 능력으로 인식된다.[28] 칸트와 헤겔의 관념주의적 합리주의에서 이성은 인간 실존의 모든 생동성을 길들이고, 창조와 계시에 관한 기독교적 관념도 이성적 형태로 바꾸어버린다.

합리주의는 인간의 본성에 대한 독특한 견해를 가지고 있다. 이러한 견해는 근대 속에서 살아가고 있는 인간들에게는 매우 당연한 듯 보일지 몰라도 그 자체가 매우 특수한 전제라는 사실에

---

28) 니버는 헬레니즘을 논하면서 그리스의 비극 전통과 회의주의 학파를 언급한다. 이들은 헬레니즘이 합리주의를 비판하거나 넘어서려는 노력으로 하나의 전통으로 환원될 수는 없음을 보여준다. 비극 전통에서 인간의 생명력과 창조력은 파괴에서 나온다고 여겨진다. 생명력과 창조력을 체현하는 영웅들은 실천지와 합리성을 넘어선 자기확신과 자부심 등을 행동의 원천으로 삼는다. 선과 악, 정신과 물질 사이의 갈등이 아니라 신들 사이의 갈등, 제우스와 디오니소스와 같은 상반된 에너지 간의 갈등에서 영웅의 행동이 비롯되며 이것이 비극의 본질이다. 니버는 자신의 인간적 한계를 부정하고 이를 초월하려는 노력, 조화와 안정을 부정하고 파괴를 통해 창조하려는 역설, 이것이 비극 전통의 핵심이라고 본다. 니버는 여기서 인생의 생명력과 이성의 원칙 사이에는 조화가 없거나 오직 비극적 조화만 있다는 점을 간파한다. 비극 전통은 그리스에서 기원하지만 오히려 기독교의 관점과 상당히 접근해 있다고 본다. 그리스 회의주의 학파 역시 합리성을 비판하고 인간의 이성에 기반한 행동의 한계를 논했지만 비극으로까지 나아가지는 않고 인간의 관습(convention)과 전통의 힘에 귀의한다. 니버가 강조하는 바는, 서구의 근대인들은 그리스 전통에서 합리주의 전통만을 받아들였지 비극 전통과 회의주의의 흐름을 무시하여 이성 일변도의 사상으로 나아가게 되었다는 점이다.

주목해야 한다. 니버가 보는 합리주의적 인간관은 어떠한 것인가? 합리주의 세계관에 따르면 인간은 이성을 가짐으로써 완전해질 수 있으며, 인간의 이성이야말로 다른 존재와 인간을 구별해 주는 특징이다. 이성은 인간이 신과 공유하는 속성이며, 더 나아가 인간은 이성을 사용하여 신과 동일하게 될 수 있다. 또한 이성을 가지고 있으므로 개인적 차원에서도 완전해질 수 있다.

인간이 다른 인간과 가장 바람직한 관계를 가질 수 있는 경우역시 두 사람의 이성이 만났을 때다. 인간이 다른 인간과 관계 맺는 방식을 가장 잘 이해할 수 있는 방법도 이성과 이성의 만남으로 이해하는 것이다. 이 과정에서 권력욕이나 이기심의 발로로 인간관계를 이해하거나, 이성이 이에 지배받는다는 생각은 하지 않는다. 실천의 관점에서 합리주의는 인간이 이성에 따라 행동할 수 있으며 또한 그렇게 하는 것이 바람직하다고 본다. 인식론적으로 인간은 인과관계로 현실을 파악할 수 있으며 이는 이성적 인식의 가장 중요한 핵심이다. 인간은 이성에 의해 미래를 예측할 수 있다. 인간의 정신·이성은 몸과 질적으로 구별되며 선한 것이고, 몸은 악한 것이라는 가정이 성립된다.

따라서 합리주의에 따르면 인간은 이성을 소유함으로써 모든 비이성적 측면을 용해시킬 수 있으며 전체적인 일관성을 가질 수 있다. 또한 이성으로 인하여 인간은 타자를 돌보고 인간들 사이의 도덕성을 정초할 수 있다. 이성을 소유함으로써 인간은 지성적이 되며 정의로울 수 있고, 특권에 저항하여 공평한 사회를 이룰 수 있다. 합리주의자들은 인간의 지성이 증가됨에 따라 사회적 부정의를 극복할 수 있다고 본다. 인간은 타자의 필요를 이해할 지성적 능력 결여로 이기적이 되기도 하고, 이기적 인간에 대해 자신을 변호할 지적 능력이 부족해 이기심의 피해자가 되기도 한다는 것이다. 결국 모든 사회문제는 지성 또는 이성의 결여나 오용에서 비롯되는 것으로, 합리주의자들은 사회의 부정의가 이성의 발전에 의해 제거될 수 있다고 본다.[29] 이성에 기초한 대단한 낙관주의이다.

합리주의가 가장 강력한 힘으로 자리 잡게 되는 때는 18세기 계몽주의를 거치면서이고, 계몽주의자들은 '이성의 시대'에 들어서면서 중세의 사회부정 전통과 미신 모두를 극복할 수 있는 힘을 얻게 되었다고 주장한다. 니버가 보기에 자신의 시대의 자유주의는 계몽주의의 직접적인 상속자이다. 자유주의는 인간이 더욱 고차원의 사회형태로 진보하고 있다는 역사관을 가지고 있으며, 이러한 진보가 진행됨에 따라 개인은 사회에 더욱 강력한 충성심을 가지게 된다고 본다. 자유주의가 인간역사의 완성을 주장하는 것은 아니지만, 역사의 지속적 과정이 완전성에 접근할 수 있다는 낙관적이고 목적론적인 역사관을 가지고 있다.[30] 역사의 진보를 가능케 하는 힘은 물론 인간의 이성이며, 근대 자유주의는 개인의 자유와 사회정의의 실현, 국제정치의 평화가 이러한

---

29) Niebuhr, *Moral Man and Immoral Society*(New York: Charles Scribner's Sons, 1932), 23쪽.

30) Niebuhr, "Two Forms of Utopianism", *Christianity and Society*, Vol. 12, Autumn 1947, 6쪽 참조.

이성에 근거해 이루어질 수 있다고 본다.[31]

자유주의의 내적 구성요소를 니버는 다음과 같은 여섯 가지로 요약한다. 첫째, 인간사회의 부정의는 무지 때문이며 교육과 더 높은 수준의 지성이 나타나리라는 점. 둘째, 문명은 점진적으로 더욱 도덕적으로 되어가고 있으며, 따라서 점진적 발전의 불가피성이나 효율성을 의심하는 시각에는 문제가 있다는 점. 셋째, 사회체제나 제도보다 개인이 사회정의를 실현하는 데 더욱 중요하다는 점. 넷째, 사랑·정의·선의·형제애 등에 대한 호소는 효과적이라는 점. 다섯째, 선한 본성은 행복을 가져다 줄 것이며, 이러한 사실을 깨닫게 되면 인간의 이기심과 욕심은 극복되리라는 점. 여섯째, 전쟁은 어리석은 짓이며 전쟁의 어리석음을 깨닫는 자보다도 더욱 어리석은 자들에 의해 전쟁이 발발된다는 점

---

31) 인간의 인식론적·존재론적 합리주의에 대한 비판은 니버뿐 아니라 카·모겐소 등에게서도 공통으로 나타나는 고전현실주의의 일관된 요소이다. 인간의 이성으로 자기이해는 물론 정치세계, 더 나아가 물리세계에 대한 완전한 이해에 도달하기 어렵다는 인식론적 회의주의와, 인간의 존재범주에서 이성은 다른 비이성적(a-rational) 요소들 가운데 하나에 불과하다는 존재론적 회의주의가 고전현실주의자에게 공통으로 나타나는 가정이다. 이는 인간을 합리적 이기주의자로 보는 신현실주의와 대비된다. Hans J. Morgenthau, *Politics among nations: the struggle for power and peace*(New York: A.A. Knopf, 1948); *Scientific man vs. power politics*(Chicago: The University of Chicago press, 1946); Edward Hallett Carr, *The Twenty Years' Crisis 1919~1939*(New York: Harper & Row, 1964〔1939〕)을 참조.

등이다. 결국 자유주의란 기본적으로 인간에 대한 믿음에 근거한 것이며, 인간의 본성을 교화할 수 있는 이성적 능력과 인간의 기본적인 선한 본성에 대한 믿음 등이 자유주의의 핵심 요소라고 파악한 것이다. "자유주의는 역사에 내재한 힘에 따른 단선적 발전을 믿으며, 인간역사의 완성을 위해서 인간의 이성을 초월하는 비이성이나 초월적 힘의 도움이 필요하다는 사실을 인정하지 않는다"라는 니버의 언명이 이러한 자유주의 역사관을 요약하여 표현하고 있다.[32]

니버는 이상에서 논한 합리주의 · 계몽주의 · 자유주의에 대해 총체적 비판을 가하면서 자신의 인간관 · 사회관 · 정치관 · 국제정치관 · 역사관을 정립해가는데, 그 핵심은 인간 이성에 대한 과신을 비판하는 일이다. 니버는 인간의 이성이 자동적으로 합당성(reasonableness)을 산출하거나 정치 정의를 가져올 수 없다고 생각한다. 이성은 언제나 개인적 또는 집단적인 생명력의 한 중심과 유기적으로 연결되어 있으며, 따라서 하나의 생명력과 다른 생명력의 관계에서 방어와 공격을 위한 무기로 사용되기도 하고, 상충하는 생명력을 조정하는 초월적 힘으로 작용하기도 한다. 이성은 비이성적인 영혼, 상상력, 또는 생명력으로부터 논리적으로 추론될 수 있는 것이 아니며, 단지 비이성의 근본적인 목적에 봉사할 뿐이다. 합리주의자들은 지성 또는 이성이 홀로 우리의 도

---

32) Niebuhr, "The Blindness of Liberalism", *Radical Religion*, Vol. 1, Autumn 1936, 4∼5쪽 참조.

덕적 · 정치적 문제들을 해결할 수 있다고 믿는데, 니버에 따르면 이는 잘못된 것이며, 지성은 이익에 의해 타락할 수밖에 없다.[33]

결국 이성이란 상반되는 명제들 간의 진리값을 결정하는 데 무력하며, 이성에만 의지해서는 참과 거짓을 구분하기 어렵다. 진리는 비이성의 작용에 의해 결정되기 마련이라는 것인데, 이상과 같은 이성 비판으로 니버는 고대 그리스의 회의주의, 기독교의 교부철학, 흄과 같은 근대적 회의론, 더 나아가 탈근대의 이성 비판론과 연결되는 접점을 가지게 된다.[34] 흄의 논의에서 단적으로 표현되었듯이 "이성은 감정의 노예" 역할을 할 뿐인데, 니버는 비이성의 근원적 요소로 생명력을 들고 있으며, 생명력은 영혼 · 상상력 · 자기이익과 같은 요소에 의해 추동된다고 보았다.[35]

이성이 인간존재의 한 부분에 불과하고, 그것도 주도적인 요소가 아니며 더 근원적인 이성 이외의 것들에 의해 좌우된다고 볼

---

33) Niebuhr, *The Self and the Dramas of History*(New York: Charles Scribner's Sons, 1955), 151, 125쪽 참조.

34) John Patrick Diggins, "Power and Suspicion: The Perspectives of Reinhold Niebuhr", *Ethics & International Affairs*, Vol. 6, No. 1, 1992, 141~161쪽 참조.

35) 합리주의 · 계몽주의에 대한 철학적 회의주의 입장은 고전적 현실주의 회의주의와 연결되고 있다. 이에 관해서는 David Hume, *A Treatise & Human Nature*(Oxford: Clarendon Press, 1978), 415쪽과 Michael Loriaux, "The Realists and Saint Augustine: Skepticism, Psychology and Moral Action in International Thought", *International Studies Quarterly* 36, 1992, 401~420쪽을 참조.

때, 인간은 과연 무엇으로 이루어져 있는가? 니버는 근대의 인간관에서 합리주의와 낭만주의가 충돌하는 지점에 주목한다. 합리주의가 이성적 관념에 의한 역사관이나 자연의 합리적 운행에 기반하고 있다고 본다면, 낭만주의는 자연의 생동감을 인간 창조성의 근원으로 간주하고, 자연의 통일성을 질서와 덕목의 근원으로 본다. 즉 낭만주의는 자연의 생동하는 충동과 원시적이고 유기적인 일체성, 이를 실현하는 인간의 공동체성에 기반하고 있다.

니버는 낭만주의와 공감대를 보여주는데, 인간을 에너지와 생명력·이성·상상력으로 조합된 '생명의 영혼'이라고 보았던 점에서 그러하다.[36) 니버는 지성의 중요성만을 강조하는 합리주의 인간관을 비판하며, 지성 역시 인간 본성 가운데 하나의 요소에 불과하며 다른 부분을 압도할 만큼 강력한 것은 아니라고 주장했다. "인간에 대한 성경의 견해에 따르면 인간의 이성과 지성은 인간이 부여받은 독특한 능력의 일부분에 불과하며, 이는 '신의 이미지'을 담고 인간 자유의 근본적 형태를 보여줄 뿐이다."[37)

니버는 오히려 인간의 이성이 다른 능력 전반을 압도하여 비정상적으로 발전할 때 사회에 닥칠 위험을 경고하고 있다. 그는 "우리의 상상력과 사회적 공감능력이 감당하기에는 너무나 큰 세계

---

36) Niebuhr, "The Spirit of Life", *Addresses and Proceedings, The National Education Association of the United States*(New York: NEA, 1930), 610쪽 참조.

37) Niebuhr, "Christianity and Humanism", *Messanger*, vol. 17, September 9, 1952, 7쪽.

를 지성이 창조하고 말았다"라고 보고 있으며, 결국 "보편적 갈등과 도덕적 능력 상실"을 초래하였다고 본다. 이러한 상황을 해결하기 위해 우리에게 필요한 것은 과학적 지식이 아닌 지혜이며, "혼란에 빠지고 당황한 근대인"이 "삶에서 새로운 통일성"과 "정열과 확신 및 위대한 전통에 대한 믿음"을 회복하기 위해서는 내성적인 상상력을 증대시킬 수 있는 교육이 불가결함을 주장하고 있다.[38]

18세기에 루소 등이 시작한 낭만주의 전통은 19세기 후반에 키르케고르와 니체를 관통하고, 결국 합리주의와 낭만주의가 충돌하면서 근대의 인간관이 해결할 수 없는 분열을 맞이한다는 것이 니버의 관찰이다. 니버는 낭만주의가 보여주는 인간의 다른 측면에 공감하지만, 합리주의와 낭만주의의 분열이 봉합되는 방식을 지적하면서 진정한 해결책이 여전히 미비함을 보이려고 한다. 니버는 분열이 봉합되는 네 가지 방식을 지적한다. 첫째, 20세기의 파시즘으로 이는 인간의 생동성만을 강조하여 파괴적 해결책을 제시한다. 둘째, 생동성이 역사 속에서 스스로 조화를 이룰 것이

---

38) 인간에 대한 합리주의적 해석을 넘어서려는 니버의 노력은 20세기 합리주의에 대한 다양한 도전과 비교될 수 있으며, 상호보완적이라고 볼 수 있다. 예를 들어 융의 분석심리학에서 말하는 개인의 분화(individuation), 진화생물학에서 논하는 통섭적 인간학, 윌버(Ken Wilber)의 홀아키적(holarchy) 세계관 등이 그러한 논의들이다. Ken Wilber, *A Theory of Everything: An Integral Vision for Business, Politics, Science and Spirituality*(Boston: Shambhala, 2001) 참조.

라는 그릇된 가정을 하는 자유주의이다. 셋째, 인간 이성의 부정직한 기만성과 인간의 생동성·파괴성을 인정하나 오직 혁명적으로 사회를 재조직해 문제를 해결하려고 한 마르크스주의이다. 니버는 계급갈등, 특히 노동계급의 생동성에 주목하지만 역사의 이성에 의해 문제가 해결되는 방식을 찾은 마르크스주의는 합리주의와 낭만주의의 갈등을 가장 잘 보여줄 뿐이라고 본다. 넷째, 프로이트의 심리학으로서 인간 충동의 파괴성에는 근본적인 해결책이 없고, 오직 부분적 해결책만이 있다고 보는 결론이다.[39] 이 모두는 합리주의와 낭만주의의 긴장을 해결하지 못하는 문제점을 안고 있다. 따라서 니버는 인간 본성에 대한 진정한 관점으로서 헤브라이즘과 기독교 신학의 중요성을 본격적으로 논하게 된다.

종교적 인간관의 필요성

니버는 인간이 삶의 의미를 일관되게 의식하고 정리해야 살아갈 수 있는 존재라고 본다. 인간은 다른 동물과 달리 스스로를 관찰할 수 있는 의식을 가지며 삶의 의미를 내성할 수 있는 인식능력을 가지고 있기 때문에 삶의 의미가 일관되게 정리되지 않으면 살아가기 힘들다. 인간은 상상력으로 인하여 완전한 사고의 자유를 가지고 있으며 자신이라는 개체와 영원 간의 관계를 상정하여

---

39) Niebuhr, 앞의 책, 1941, 53쪽 참조.

이를 조화시키려고 노력한다. 또한 집단과 시대로부터 벗어나 자유롭게 개인적으로 자신의 삶을 설계할 수 있다. 이것이 동물과 인간을 구별하는 특징이다. 인간은 다른 동물과는 달리 스스로 중심성을 가지고 있을 뿐 아니라 주위를 자기중심적으로 재조직할 수도 있는 유일한 존재이다. 이러한 능력이 자신을 초월하는 인간의 독특한 능력이다.[40] 여기서 니버가 인간 본성에 관해 묻는 핵심적인 질문은 인간이 어떠한 관점에서 자신을 초월하여 삶의 의미를 찾는가이다.[41]

———

40) 초월적(transcendental)이라는 단어는 중세 라틴어 'transcendentalia'에 해당하는 것으로, "최상의 유(類) 개념마저 뛰어넘는, 그래서 항상 이미 전제되어 있는, 그야말로 제1의 개념들"이라는 존재론적 의미로 사용되었다. 김석수, 「칸트의 초월철학과 범주의 역사성」, 『칸트연구』 제12집, 2003, 25~63쪽 가운데 37쪽.

41) Niebuhr, 앞의 책, 1941, 56쪽. 홀과 에임스는 초월성을 다음과 같이 정의한다. "원리 A에 의지해야만 B의 의미가 완전히 분석·설명될 수 있고 그 역은 성립할 수 없으면, 원리 A는 B에 대해 초월적이다." 서양철학에서 플라톤이 상정하는 이데아 또는 형상, 아리스토텔레스가 상정하는 부동의 원동자는 근본적 실체로서 모든 변화와 운동을 관장하지만 다른 요소들에 의해서는 규정되지 않는다. 이러한 논의에서는 독립불변의 초월자와 이로부터 산출되는 의존개체를 엄격히 구분하여 다양한 측면에서 이분구조를 나타낸다. David L. Hall and Roger T. Ames, *Thinking Through Confucius*(Albany: State University of New York, 1987), 13쪽 참조. 반면 칸트는 경험의 바깥에 나와서 경험이 성립되는 가능근거를 물어 경험을 정당하게 성립시키는 자신의 입장을 초월철학이라 하였다. 대상들을 다루는 것이 아니라 대상들 일반에 대한 우리의 선험적 개념들을 다루는 모든 인식을 초월적이라 한 것이다. 따라서 초

이성에 근거하여 세계와 삶을 바라보는 근대인은 삶의 의미를 찾고 초월적 관점을 견지할 수 있는가? 니버는 근대적 인간이 이성의 힘으로 자연을 이해하고 재조직하며 탐구하는 방식으로는 인간과 사회를 바라보고 삶의 의미를 찾는 노력이 결코 성공할 수 없다고 본다. 삶의 의미는 인간의 다양한 능력, 즉 이성을 넘어서는 상상력과 생동감, 감정과 의지를 모두 고려해볼 때 이성으로 파악·실현되기 어렵기 때문이다.

니버는 종교가 삶의 의미를 일관되게 보여주는 의미체계라고 본다. 종교는 신화·믿음·신앙·역설을 포함한 다양한 기제로 합리성과 무관한 삶의 요소들을 하나의 일관된 체계로 엮으려는 시도이다. 물론 종교를 통해 삶의 의미를 조직하는 데에는 다양한 방법이 있다. 인간사회에 내재되어 있는 의미를 찾을 수도 있고, 초월적 의미를 찾을 수도 있다.[42]

이러한 논의는 20세기 후반부터 제기된 이른바 '탈세속화' 명제와 관련하여 많은 시사점을 준다. 근대의 정치적 삶에서 종교

월철학은 과학 일반의 성립근거를 해명하는 메타과학의 역할, 즉 일반 형이상학의 역할을 수행하고 있다. 김석수, 같은 곳.

42) 종교가 초월적 관점에서 삶의 의미를 재구성한다고 할 때 유교와 같은 내재적 종교의 관점이 의문시된다. 홀과 에임스는 내재적 초월과 외재적 초월을 구분하여 유교가 내재적 의미를 추구할 뿐 아니라 내재적 초월성을 추구한다고 본다. 즉 세상 내적인 기제들을 통해 시간성을 넘어서는 의미체계를 추구할 수 있다는 것이다. 문병도, 「유가사상에 있어서 초월성과 내재성의 문제: 모종삼, 홀-에임스의 담론과 관련하여」, 『동양철학연구』 제39집, 2004, 379~413쪽 가운데 386~389쪽.

가 공적인 역할을 담당하지 않아야 한다는 이른바 세속주의 (secularism)는 일반적 담론으로 자리 잡고 있었다. 이는 다양한 종교들 또는 한 종교 내 분파들 간의 종교적 갈등이 세속적 정치 담론을 악화시키는 것을 막고자 한 의도에서 비롯되기도 했고, 다른 한편으로는 근대의 성공모델인 서구가 세속화를 중심으로 한 근대화를 수행했기 때문에 근대화가 곧 서구적 세속화를 의미한 데서 비롯된 것이기도 하였다.

그러나 20세기 중반 이후 근대성에 대한 현실적 · 철학적 비판이 심화되면서 종교의 역할이 다시 주목받게 되었다. 공통적인 원인으로 지적할 수 있는 것은 무엇보다 근대 과학적 세계관의 한계에 대한 자각이다. 베버(Max Weber)의 용어대로 근대가 합리화와 탈미몽화의 과정이었다면, 탈근대적 상황에서 세계는 다시 재미몽화(re-enchantment of the world)의 과정, 또는 리오타르의 말대로 거대담론(meta-narrative)의 해체과정을 겪고 있다는 것이다.[43] 근대화 · 계몽주의 · 이성중심주의의 극단적 발전이 이성의 능력에 대한 자체모순을 불러일으키면서 초이성에 대한 관심이 증가하였다. 앞에서 언급했듯 20세기 자연과학은 인간을 좀더 과학적으로 정의하는 동시에 이성의 한계를 지적했다. 물리학은 상대성원리 · 양자물리학 · 복잡계이론 · 초끈이론 등

---

43) 송재룡, 「종교사회학: 포스트모더니티와 종교: 포스트모던적 조건에서의 사회학적 종교 이해를 위한 일고찰」, 1997년 한국사회학회, 전기사회학회 발표논문: Jean-François Lyotard, *The Postmodern Condition* (Minnesota: University of Minnesota Press, 1984) 참조.

기존의 뉴턴적 고전역학 패러다임을 넘어서면서 이성의 한계에 대한 새로운 인식을 불러일으켰다. 생물학 분야의 진화생물학이론 역시 인간 이성의 한계를 논하면서, 종교의 본질과 역할에 대한 새로운 문제를 제기하였다.

죽음, 실존적 질문, 의미추구 등에 대해 과학이 만족스럽게 답해주지 못한다는 점에서 이러한 질문은 중요성을 더한다. 또한 사회생물학 등 기존의 자연과학이 신의 문제를 새롭게 문제화하고 종교의 근본에 대한 비판을 한층 격화시켰다는 점도 종교성의 부활을 역설적으로 증명해주기도 한다. 종교계는 이러한 과학의 공격에 대해 최대한 반격하고 있다. 종교는 죽음의 사업(death business)이라고 일컬어진다. 과학의 관점에서 죽음은 존재의 소멸을 의미할 수 있지만, 죽음 이후의 삶을 상정하는 종교는 내세가 현세에 영향을 미칠 수밖에 없다고 본다. 결국 인간 이성의 한계에 대한 논의는 종교의 역할에 대한 논의로 이어지면서, 21세기 과학계는 신의 존재, 종교의 본질, 신앙의 성격에 대한 치열한 논쟁을 벌이고 있다.

20세기 중후반부터 일군의 학자들은 종교의 공적 역할이 다시 증대되기 시작하는 현상에 주목하여왔고, 이러한 논의는 9·11 테러 이후 더욱 활성화되었다. 9·11 테러 이후 이슬람을 비롯한 종교의 영향력이 더욱 주목받았고, 이른바 '문명충돌론'이 논쟁의 대상이 되었기 때문이다.[44) 대표적으로 버거(Peter L. Berger)는 가톨릭 · 개신교 · 기독교 · 이슬람교 · 그리스정교 등 다양한 종교들이 전 세계적으로 공적 영역에서 중요성을 회복하고 있고,

종교를 믿는 사람들의 비율과 의례 참가행위 빈도도 늘어나고 있다는 점을 강조한 바 있다.[45] 카사노바(José Casanova)의 경우, 세계 각국의 정치무대에서 종교가 중요한 역할을 하기 시작한 전환점이 1980년대였다고 주장한다. 크게 네 가지 사건을 예로 드는데, 호메이니의 이란혁명, 폴란드의 솔리다리티 운동, 니카라과의 산디니스타 운동 및 라틴아메리카에서의 가톨릭 교회의 역할, 미국에서의 기독교 근본주의의 역할 등이다. 세계의 주요 지역인 북남미와 유럽, 이슬람권에서 종교의 중요성이 다시 회복되고 있다는 것이다.

　이론적으로 카사노바는 근대 세계에서 사적 영역에 머물러 주변화되어 있던 종교가 공적인 담론과 활동장에서 중요한 역할을 새롭게 담당하고 있음을 강조하며, 이를 종교의 탈사유화

―

44) 국제정치학에서 종교의 중요성에 대해 주목하는 일군의 연구들로는 Jonathan Fox and Shmuel Sandler, *Bringing Religion into International Relations*(New York: Palgrave, 2006); Fabio Petio and Pavlos Hatzopoulos 엮음, *Religion in International Relations*(New York: Palgrave, 2003); Ralph Pettman, *Reason, Culture, Religion: The Metaphysics of World Politics*(New York: Palgrave, 2004); David Westerlund 엮음, *Questioning the Secular State*(C Hurst & Co Publishers Ltd, 1995); Elizabeth Shakman Hurd, *The Politics of Secularism in International Relations*(Princeton: Princeton University Press, 2008) 등 참조.

45) 피터 L. 버거 엮음, 김덕영·송재룡 옮김, 『세속화냐 탈세속화냐』(대한기독교서회, 2002) 참조.

(deprivatization)라고 일컫고 있다. 그리고 종교가 공적 장에서 점차 많은 역할을 하는 시대가 도래함을 설명하며, 이제 종교들이 공적 종교(public religion)의 성격을 띠게 되었다고 보고 그 역할을 분석하고 있다.[46]

헌팅턴(Samuel P. Huntington)이 『문명의 충돌』에서 제시한 논의도 비슷한 맥락에서 주목할 만하다. 그는 냉전 종식 이후 세계가 다극화·다문명화되고 있으며, 국민국가 간 관계라는 국제관계에서 문명 간 관계라는 새로운 지구정치 패러다임으로 변화하고 있다고 주장했다. 문명단위의 중심성, 문명 간 충돌의 불가피성, 국민국가의 지속적 중심성과 현실주의의 유용성 등 세부 논점에 대한 논쟁점이 있음은 사실이나, 문명 간 관계로 지구정치를 논하는 일은 일정한 의미가 있다. 국민국가들의 이익과 권력, 이념 등에 의해 좌우되지 않는 문화와 문명의 변수가 중요해지고 있으며, 그 문명의 핵심에는 종교적 규범이 자리 잡고 있다.

문명을 나누는 가장 중요한 기준은 무엇인가? 언어·관습·제도·인종·가치관 등 다양한 요소들이 있지만, 핵심은 종교이다. 헌팅턴은 "종교는 문명을 규정하는 핵심적 특성"이며, "거대종교는 거대문명이 의지하는 토대"라고 본다. 베버가 말한 5대 세계종교 가운데 네 가지, 즉 기독교·이슬람교·힌두교·유교는 거

---

46) José Casanova, *Public Religions in the Modern World*(Chicago : University of Chicago Press, 1994) 참조.

대문명과 연결되어 있음이 사실이다.[47] 특히 헌팅턴은 20세기 후반부터 종교는 다시 중요성을 가지게 되는데, 이는 "세계 전역에서 불고 있는 종교의 부흥 바람" 때문이고 "문화적 차이를 더욱 강조하고 있다"라고 주장한다.[48]

종교적 요소가 서구에서 유독 두드러지게 나타나는 지역은 미국이다. 미국 내 기독교 근본주의가 국제정치를 보는 세계관은 부시 행정부 네오콘의 정책에서 뚜렷이 나타났다. 선과 악을 가르는 도덕주의적 국제정치관, 악의 세력에 대한 무력사용 의도, 정치적·외교적 타협보다 군사적 승리를 통해 전략적 목적을 달성하려고 하는 미국의 세계전략은 종교논리에 의해 정당화되기도 한다. 이러한 미국 내 종교부활은 이슬람 등 반미 세력에 대한 반발이기도 하지만 도덕적 타락에 대한 반응으로도 해석될 수 있다. 이전에 용납될 수 없었던 성적 행위들에 대한 용인, 십대 임신, 편부모 가족, 급등하는 이혼율, 높은 수준의 범죄, 마약 사용의 만연, 매체의 선정성과 폭력성, 복지혜택의 남용 등이 그러한 사례들이다.[49]

---

47) 새뮤얼 헌팅턴, 이희재 옮김, 『문명의 충돌』(김영사, 1997), 56쪽. 예외가 되는 종교는 불교이다. 스리랑카·미얀마·타이·라오스·캄보디아·티베트·몽골·쿠탄 등 불교문명권을 들 수 있지만, 대체적으로 불교는 발생지인 인도에서 문명권을 형성하지 못했고, 중국 등 동북아시아에서는 타 종교와 혼합되어 독자적 문명권을 만들어내는 데 한계를 보였다고 평가할 수 있다.
48) 같은 책, 28쪽.

종교의 부활현상은 제3세계, 특히 이슬람권에서도 두드러진다. 여기에는 근대화 과정에서 강조된 서구화 영향에 대한 반발이 크다고 볼 수 있다. 냉전이 종식되면서 강대국 간의 무력충돌과 공산주의 대 자본주의라는 이데올로기 전쟁이 사라진 것도 주목할 만하지만, 유럽 근대 국제질서에 대한 총체적인 비판이 제기된 것이 더 중요하다고 볼 수 있다. 동유럽의 보스니아·코소보 사태, 아프리카의 소말리아·르완다 사태, 아시아의 동티모르 사태 등 새로운 갈등요인들이 등장한 것이다. 한편으로 이들은 내전·인종전쟁·민족갈등의 모습을 띠고 있지만, 이러한 요인들이 표면화한 데는 근대 국제질서보다 상대적으로 근대 이전의 갈등요인들이 중요하게 작용하고 있음을 알 수 있다.

비서구 지역에서는 근대 편입시기에 해결되지 못한 민족·인종문제가 새롭게 불거지고, 그 와중에 종교가 중요한 요소로 등장하였다. 종교는 서구중심주의·근대화론에 반대하는 이념의 기초로 활용되고, 세계화에 대항하는 이념적 무기로 등장했으며, 미국 주도질서에 도전하는 동원의 논리로 나타났다. 냉전의 종식은 미국과 소련이라는 강대국 간 갈등의 소멸을 의미하기도 했지만, 냉전 논리가 사라진 이후, 근대 이전 해결되지 못하고 왜곡되었던 정치현실이 등장하는 전근대성의 부상(rise of premodernity)을 의미하기도 했다.

---

49) 새뮤얼 헌팅턴, 형선호 옮김, 『새뮤얼 헌팅턴의 미국』(김영사, 2004), 421쪽 참조.

제3세계 국가들에서 종교의 부활은 근대화의 실패에 대한 반응 가운데 하나이다. 근대화가 세속화 · 탈종교화 · 탈전통을 의미해 온 상황에서 경제발전 · 정치민주화 · 사회발전 · 선진국과의 평등 달성 등의 목표 성취에 실패하면서, '근대화＝세속화' 등식을 근본적으로 의심하게 된 점이 지적되어야 한다. 서구의 근대화 이론은 무엇보다 근대와 전통이 명확히 구별되리라는 점, 전통에서 근대로의 발전은 연속적이며 단선적인 과정이라는 점, 그리고 근대화가 진행되면 세속화 과정이 전개되리라는 점을 전제하고 있었다.[50]

여기서 주목되는 것은 급속한 근대화 과정에서 개인들이 겪는 정체성의 혼란이다. 개인들은 근대화 · 도시화 · 합리화의 과정에서 새로운 정체성을 획득하는 동시에 자신의 정체성에 대해 혼란을 일으킨다. 이 과정에서 종교는 강력한 답변을 제시하며, 종교 집단은 도시화로 상실된 공동체를 대신하는 사회적 울타리가 되어준다. 헌팅턴은 근대화 과정에서 나타난 이슬람 지역의 재이슬람화 역시 "의미를 잃은 무정형한 소외의 세계에서 정체성을 재

---

50) 재미있는 점은 이러한 근대화 비판이 근대화 자체에 의해 가능해진 부분이 있다는 것이다. 즉 근대화는 부분적 또는 성공적 정치민주화를 가져오고, 민주화를 통해 종교집단의 의사표현이 더 확장되고 자유로워지면서, 근대화를 통해 종교부활이 활성화되는 역설적 현상도 나타나고 있는 것이다. Scott M. Thomas, *The Global Resurgence of Religion and the Transformation of International Relations*(New York: Palgrave, 2005), 51~52쪽 참조.

건하려는 방식"이라고 간주한다.[51] 특히 원리주의 운동은 근대적 사회정치제도, 세속주의, 과학지향적 문화의 급속한 유입과 경제 발전과 함께 나타난 혼돈의 경험, 그리고 정체성, 의미, 안정된 사회구조의 상실에 대처하는 방식이라는 것이다.[52]

기독교 초월 전통의 가능성

니버는 1930년대부터 근대의 합리주의와 낭만주의를 넘어선 종교성이 필요함을 강조하고, 기독교 신학에 의한 초월의 필요성과 가능성을 논했다. 종교는 합리주의와 달리 심오함의 차원이 있다. 눈에 보이는 개별적 문제를 해결함에서도 가장 궁극적인 가치와 의미를 생각하게 하고, 무질서해 보이는 사실들 간에 일관된 의미를 발견하도록 한다. 즉각적인 가치의 문제를 다룰 뿐 아니라 선과 악의 문제, 궁극적인 희망의 문제를 의식하도록 한다. 인간의 삶이 결국 삶의 일관된 의미를 발견하는 것을 목적으로 한다고 할 때, 종교는 개별적인 사건들을 이러한 관점에서 보도록 한다.

니버는 기독교를 강조하지만 일반적으로 고등종교는 하등종교나 극단적인 근대성과 차이를 보인다. 하등종교도 삶의 일관된

---

51) 새뮤얼 헌팅턴, 형선호 옮김, 앞의 책, 125~126쪽 참조.
52) 전재성, 「종교의 부활과 근대 국제질서의 변환」, 김상배 엮음, 『소프트 파워와 21세기 권력: 네트워크 권력론의 모색』(한울, 2009) 참조.

의미를 찾지만 그 내용이 지극히 단순한 체계에 머문다. 지극히 근대적인 인간은 관찰 가능한 자연의 법칙, 삶에 유용한 협력의 가치를 발견하는 데에 만족하며 영적 안전의 문제라든지 혼란과 무의미를 해결할 필요성 등에는 관심을 기울이지 않는다. 고등종교는 개별적 문제들의 궁극적 차원을 생각하게 하는 철학적·도덕적 시각을 제시하고, 세상의 모든 문제를 일관되게 조망할 수 있도록 한다. 니버는 고등종교의 깊이와 넓이의 문제를 제기하면서, 중요한 것은 깊이라고 본다. 인간의 수만큼 다양한 인간의 문제를 일관되게 해석하는 체계를 성립시키려면 단순히 광범위한 시각만으로는 부족하며 인간의 삶과 신에 대한 깊은 성찰이 요구된다.

니버에게 인간은 종교의 도움을 받아 항상 개인으로서 삶을 마주하고, 초월을 지향하게 되는 존재이다. 즉 개체성(individuality)을 통한 초월이 가장 중요하며, 개체성은 초월의 기본 전제이자 유일한 방법이다. 따라서 자신이 사는 시대와 전체에 흡수되거나 초월과정 속에서 개체성을 상실할 때는 진정한 초월이 불가능하다는 것이 니버의 초월관이다. 개체성을 보존하면서 초월을 이야기할 수 있는 가장 유력한 전통을 논하는 과정에서 기독교의 가능성을 주장한다.

니버는 고대 그리스 사상, 중세 가톨릭 기독교 사상, 근대 르네상스와 종교개혁, 개신교 신학이론, 근대 자연주의, 근대 이전과 근대의 신비주의 사상, 근대 관념론·낭만주의를 차례로 검토하면서 개인에 대한 사상이 어떻게 변화하여왔는지를 논하고 있다. 그러면서 개인이 각기 다른 이유에서 다른 차원에 매몰되어 자유와 창의성, 그리고 개인적 초월의 계기를 상실해왔음을 논한다.

니버는 기독교 전통 속에서 개체성이 중시되어왔으며, 근대에 와서 그 중요성이 정립되고 있다는 점을 강조한다. 중세까지 기독교에서 개인은 사회경제적 한계 때문에 전체 사회에 예속되어 있었고, 교회의 매개라는 논리 때문에 신과의 직접적·개체적 대면이 허락되지 않았다. 니버는 자연법과 개체의 통일성을 주장한 그리스 철학도 온전한 기독교적 개체성의 발현에 방해가 되었다고 본다. 이후 르네상스와 종교개혁은 개체성을 강조하는 두 가지 사상적 원천이 된다.

개신교 신학에서 개인은 교회의 권위에 의존하지 않고 신과의 직접적 관계를 통해 초월과 구원을 추구한다. 니버는 개신교의 개체주의가 강한 반법제주의적 성격을 가진다고 본다. 개체 외부의 사회적 규범을 중시하지 않아서가 아니라, 무한한 무의미성의 위기에 처해 있는 개인에게 외부의 규범은 무력하기 때문이다. 따라서 합리적인 사회규범·자연법 등은 과거 가톨릭의 전통에서보다 훨씬 덜 중요한 지위를 차지하게 된다. 오직 신의 의지가 규범이며 예수의 삶은 그러한 의지의 발현이기 때문에, 인간은 자신의 실존의 복잡성 속에서 어떠한 권위주의적 규범에도 의존하지 않고 오직 신의 뜻을 찾아가는 개인적이고 무한한 책임을 질 뿐이다. 이를 지지한 것은 물론 자본주의라는 사회경제적 조건과 부르주아 문화라는 시대적 배경이다. 그러나 이러한 배경은 과거의 사회경제적 질곡에서 개인을 해방시키는 데는 공헌했지만 이후 생산과정에서 개체성을 말살하는 영향을 주었다.[53]

니버는 개체성의 온전한 기초를 무너뜨리는 자연주의와 신비주의의 개인관을 비판한다. 자연주의는 인간이 직접 체험할 수 있는 현세의 차원, 즉 자연과 사회를 개체의 삶이 의미를 가지는 유일한 장으로 본다.[54] 자연주의에서 개인은 기계론적 문명관에 사로잡혀 분화되지 않은 의식의 흐름 속에 흡수된다. 또한 전체 자연의 운행법칙과 이성 속에 매몰되어 개체성을 상실하고, 관념론에서는 추상적·보편적 관념 속에서 개인의식의 독자성을 잃게 된다. 니버는 이를 뒷받침하는 근대 자본주의와 부르주아 문화도 함께 비판하고 있다. 니체 등 낭만주의는 합리화된 세계관 속에서 개체성을 잃은 개인을 되살리는 건강한 반동을 일으켰지만, 즉시 개체적인 민족·국가의 공동체가 다시 강조되어 공동체 속에서 개체성을 잃는 새로운 문제점에 직면하게 되었다고 본다. 민족주의·공동체주의 속에서 개체성이 상실되었을 때 개체의 자유로운 초월은 불가능해진다.

자연주의에서 개인이 이성적으로 표상된 자연에 매몰되는 것은 자연과 인간의 차원을 명료하게 구별하지 못했기 때문이다. 자연주의로 대표되는 근대철학은 첫째, 자연과 인간의 존재론적 차이를 무시한다. 근대철학이 가정하는 바와 달리 인간의 삶과 사회적 세계는 자연세계처럼 인과관계를 따라 진행되지 않는다. 둘째, 근대철학에서는 경험과 이성적 사고를 통해 자연을

---

53) Niebuhr, 앞의 책, 1941, 60~61쪽.
54) 같은 책, 69~70쪽.

인식하는 인식론적 가정이 인간 이해의 기반이 되고 있다. 셋째, 근대철학은 인간의 악과 사회정치적 문제가 원인을 가지며 이를 해결하는 것이 사회의 발전을 위해 중요하다는 사고방식을 가지고 있다.

니버는 18세기 이래 인간사회의 문제를 분석한 다양한 철학적 갈래들을 분석하면서, 합리주의는 잘못된 종교이론을 비판하고, 자연주의와 낭만주의는 인위적인 인간의 이성을 비판하며, 마르크스주의는 경제제도의 문제점을 비판하는 등 비판의 원인을 사회적 원인에서 인과론적으로 유추하고 있음에 주목한다. 이러한 인과적 사고는 인간사회의 문제가 원인에 대한 치유를 통해 해결될 수 있다는 낙관주의를 깔고 있는 것이다.

반면 신비주의는 자아가 역사와 개체성을 부정하는 방법으로 초월할 수 있다고 본다. 관념론 역시 신비주의와 유사하게 추상적이고 보편적인 정신이라는 전체 속에서 개체의 특성을 해체시킨다. 신비주의에서 개인은 초월을 추구하다가 전체의 차원으로 흡수되어 사라진다. 그것이 초월이다. 니버는 이 예로 에크하르트(Meister Eckhardt)를 든다. "너는 마음으로부터 순수해야 한다. 그리고 피조성을 근절한 마음이야말로 순수한 마음이다." 인간은 피조물이기 때문에 자연과 전체의 일부분이며, 이를 극복할 때 개체성이라는 한계로부터 벗어나 전체와 일치될 수 있다는 것이다.

니버는 이처럼 개체성 소멸을 전제로 하는 초월관을 비판한다. 신비주의와 반대로 기독교에서는 개체성의 보존과 개체로서의 초월이 중요하다고 본다. 기독교에서 인간의 개체성은 그대로 보존되며 시대와 집단으로부터 독립하여 자유롭게 존재한다. 개체성이 자의성의 함정에 빠지지 않도록 하는 것은 신과의 관계이다. 개인의 구원은 신과의 직접 대면으로 이루어지기 때문에 개체성이 보존되면서도 신과의 관계가 유지된다. 개인 정신의 비밀을 온전히 알고 이를 심판할 수 있는 것은 오직 신의 지혜뿐이기 때문이다.[55]

니버가 비판하는 신비종교의 다른 한 갈래는 동양종교, 특히 불교이다.[56] 동양종교가 세속과 초월의 구분에서 초월성을 역사적 과정에서 "무관한 것"(irrelevant)으로 만듦으로써 돌파구를 찾는다고 본다. 처음에는 합리주의적 방법으로 생멸하는 현상 속에 존재하는 영원한 형태를 추구하지만 점차 신비적 명상을 통해 절대적인 것과 영원한 것의 마지막 비전을 찾아가게 된다. 결국 절대자는 현상과의 연결을 끊고 초월의 세계에 존재한다고 인식된다. 이러한 초월의 세계는 내면의 영혼의 세계로, 절대적으로

---

55) 같은 책, 57~58쪽.

56) 니버는 종교를 분류하면서 여러 가지 방법을 사용하는데, 신비종교를 다루는 과정에서는 신비(mystic)종교와 신화(mythical)종교의 구분법을 사용한다. 신비종교는 불교와 같은 동양종교로, 신화종교는 기독교로 대표된다. 전자가 개인의 매몰에 의한 초월을 추구한다면 후자는 초월과 역사의 긴장관계를 중시하며 신화적 사고의 도움을 받는다. Niebuhr, *An Interpretation of Christian Ethics*(New York: Harper and Brothers, 1935), 29쪽.

평온한 세계이다. "그리하여 인생의 의미와 이를 조직하는 중심의 궁극의 기원을 찾아 헤매다가 결국 인생의 의미 자체를 파괴하는 지경에 이른다."[57] 세속의 모든 사건은 절대자와의 관련 속에서만 의미를 가지는 것으로 파악되었지만, 결국 절대자가 모든 구체적 실존으로부터 멀어지면서 세속의 모든 사건도 의미를 잃게 된다고 보는 것이다.

이상의 논의를 종합해볼 때, 인간이 종교적 인식 속에서 삶의 일관성을 찾는 과정은 한편으로는 개체성을 보존하며, 다른 한편으로는 자신이 속한 사회와 시대와의 긴장관계를 유지하면서 그 속에 매몰되지 않고 초월하는 것이다. 달리 말하면 초월적인 것이 역사적인 것과 유기적 관계를 맺고 있는가, 그리하여 역사적인 모든 것에 중요성을 제시하고 있는가 하는 점과, 초월적인 것이 과연 역사의 모든 가치와 성취를 진정으로 초월할 수 있는가, 즉 도덕적 자기만족을 주는 역사적 성취와 근본적으로 다른가 하는 점에 주목해야 한다.

가장 이상적인 방법으로 니버가 제시하는 것은 기독교적 방법으로 제3장에서 설명될 것이다. 니버가 경계하는 것은 두 가지로, 자연주의 · 합리주의 · 자유주의 등 근대의 독특한 사유양식이 그 하나이고, 다른 하나는 자아의 상실을 도모하는 신비주의이다. 특히 서구에서는 세속과 초월의 긴장을 해소하는 방법으로 이상주의적 이원론이나 자연주의적 일원론의 길을 택하여왔다. 이상

57) 같은 책, 30쪽.

주의적 이원론은 그리스 철학과 같은 길로서, 세상을 현상과 이상의 세계로 이분하고 초자연적 영역을 궁극적인 목적으로 삼는 것이다. 이상주의적 이원론은 때로는 이원적 신비주의의 비관론으로 흐르기도 하고, 철학적 일원론의 낙관주의로 나타나기도 한다. 후자의 예로 플로티노스와 헤겔을 들 수 있는데, 헤겔의 경우 살아 움직이는 역사 속에서 절대자를 찾아 이를 실재의 총체와 일치시키는 방법을 택한 바 있다.[58]

반면 자연주의적 일원론은 세속과 역사를 인정하고 그 완전한 가능성을 주장함으로써 초월성을 파괴하는 것이다. 자유주의의 길은 앞에서 살펴본 바와 같다. 니버는 마르크스주의의 길 역시 자연주의를 비판하는 관점에서 비판하고 있다. 그는 특히 근대 자유주의가 한계를 드러냈을 때 마르크스주의가 서구문화에 침투했다고 본다. 근대 자유주의는 인간의 한계와 악의 문제를 교육으로 해결할 수 있으리라고 보았지만 결국 계급갈등을 비롯한 많은 사회문제를 해결하지 못하고 이를 합리화하는 철학으로 기능하고 말았다. 마르크스주의는 이에 대해 신랄한 비판을 가하면서 세속에서 이상향을 이룰 수 있는 논리적 체계를 제시했다. 니

---

58) 니버는 이상주의적 이원론이 어떤 경향을 띠든 본질적으로 귀족적 종교라고 비판한다. 세상의 짐을 지고 가는 이들은 세상에서 한발 물러나 명상할 수 있는 사치를 가지지 못하며 이들에게 이러한 귀족적 종교는 어울리지 않는다. 아름다움과 비극이 한데 어우러져 순수한 비관주의나 낙관주의를 품고 삶을 살아갈 여유도 없다. 니버는 오직 기독교만이 세상 속에서 살아가는 사람들을 위한 현실적인 길을 제시한다고 본다.

버는 마르크스주의가 그리스 계시종교의 한 형태라고 본다. 자유주의가 악의 문제를 외면한 데 반해 마르크스주의는 악의 문제를 다룰 뿐 아니라 변증법적인 역사의 발전을 논한다는 점에서 그리스 종교와 더 닮아 있다. 또한 마르크스주의는 인간역사의 묵시록적 종말을 논하면서 궁극적으로 완전히 새로운 사회가 도래한다는 계시적 측면을 가지고 있다. 프롤레타리아는 이러한 예측을 실현시키는 담지자이며, 세상을 구원하는 신의 활동은 역사의 논리로 대체되어 있다.

즉 마르크스주의의 문제는 이상향을 역사 속에서 실현시키고자 하는 자연주의의 환상으로 귀결된다. 마르크스주의가 달성하고자 한 역사의 목적이 실현되지 못한 채 특정 부문의 이익을 도모하는 데서 끝남으로써 도덕적 긴장감은 사라지고 도덕적 자기만족이 팽배해진다. 개인으로서 초월과 마주할 수 있는 여지가 말살된 것이다. 특히 공산주의 사회가 이룩된 경우, 묵시록 이전의 건강성은 묵시록 이후의 자기합리화로 이어진다. 소련의 예를 들면 레닌 시대의 신실함과 스탈린의 기만성이 대비를 이룬다. 역사의 궁극 목적을 향해 나아갈 때는 계시종교적 도덕의 긴장을 유지하지만, 일단 그릇된 이상향이 설립되면 이를 합리화하고 유지하기 위해 다른 도덕적 원천, 일례로 민족주의·애국주의와 같은 새로운 동력을 필요로 하게 된다는 것이다. 니버는 결국 자연주의적 이상주의는 원래의 목적을 달성하지 못한 채 영적 타락의 길로 빠진다고 보았다.[59]

결론적으로 니버는 인간사회의 각 차원을 꿰뚫는 인간 본성에 대한 시각이 중요함을 강조하며, 근대의 다양한 철학적·종교적 사조들이 진정한 인간본성론에 이르지 못하고 있음을 보여주려 했다. 특히 자연과학에 기초한 합리주의·자유주의 등의 시각이 인간 본성에 대한 그릇된 이해, 인간사회의 작동방식에 대한 단순한 이해를 보이며, 이에 기반한 그릇된 근대적 낙관주의를 표방하고 있음을 경고하고자 했다. 인간은 자연과 이성을 넘어서는 초월적 차원의 본성을 가지며, 이러한 초월적 차원은 인간에게 역사와 자연을 넘어서는 자유와 상상력을 준다. 종교는 인간이 이러한 상상력을 통해 삶의 일관된 의미를 발견하고 진정한 도덕적 행동을 하도록 이끄는 힘을 가진 의미체계이다. 그러나 니버는 동시에 잘못된 초월지향성과 종교성이야말로 가장 큰 해악을 미칠 수 있음을 경고하고 있다. 인간은 초월을 통해 자신의 유한성이 무한성으로 확장되리라는 독단적 판단을 할 수 있고, 자신의 본성이 한계지어져 있다는 점을 받아들이지 않으려 한다. 이러한 본성에 악의 근원이 있으며, 이를 원죄의 개념으로 기독교적 시각에서 바라보는 것이 니버 계시종교의 핵심이다.[60]

---

59) Niebuhr, 앞의 책, 1935, 27쪽.
60) 이러한 문제는 자유주의에서도 나타난다. 이성의 시대 초기에는 많은 계몽주의 학자들이 중세의 문제를 해결하기 위한 건강성을 가지고 있었지만, 이성의 시대가 성취하지 못한 평화와 이상의 이상향은 이후 도덕적 긴장감을 잃고 자기만족에 빠지게 되었다는 것이다. 니버는 전쟁이 사라진 세계를 주장한 윌슨의 이상주의를 대표적인 예로 들고 있다. Niebuhr, 앞의 책, 1941, 제4장 참조.

제3장 인간의 자기애와 예수의 사랑윤리
니버의 인간원죄론

"인간의 초월은 비타협적이고 완전한 자기부정적인 사랑의
윤리를 추구함으로써만 가능하다. 그러나 이는 하나의
가능성인 동시에 불가능한 목적이라는 역설이 존재한다.
인간이 현실에서 추구할 수 있는 것은 절대적 기준의
상대적 모습들뿐이다. 니버는 초월을 향한 절대적 목표가
인간의 실제 역사와 사회에서 어떻게 상대적 목표로
설정되어갈 수 있는지, 그 속에서 인간의 정치는
어떻게 발전해갈 수 있는지 고민하게 된다."

불가능한 가능성이라는 역설

근대가 안겨준 선물인 이성이 결국 삶의 의미를 제시해주지 못하고 스스로를 초월하려는 근본적 욕구를 해결해주지 못한다는 것을 깨달을 때, 인간은 종교의 의미체계에 의존하게 된다. 앞에서 언급했듯 니버는 신비주의 종교들은 주체를 절대성 또는 영원성에 매몰시켜 주체의 상실을 통해 초월 욕구를 해결함으로써 역시 올바른 해결을 제시하지 못한다고 경고했다.

니버가 찾는 길은 신화적으로 이해된 종교의 길이다. 인간이 개체성을 보존하면서도 초월을 추구하기 위해서는 절대성 또는 신과의 대면을 통해 유한성의 문제를 해결해야 한다. 문제는 신 또는 영원을 향한 올바른 초월의 길과, 이를 그릇된 방법으로 추구하는 자아·자기애의 길이 나뉘어 갈등한다는 점이다. 니버는 모든 인간은 예외 없이 주체의 확장, 자신의 권력 증대, 자기애의 심화, 주체의 제국주의적 확대를 통해 유한성을 해결하는 그릇된 길로 빠지게 된다고 본다. 주체의 제국주의는 개인적 삶의 주변과 사회와 국가, 국제정치에서 다차원적으로 나타난다.

니버는 이러한 잘못된 초월추구 방법을 끊임없이 경계하며 자기애가 아니라 신과 타자에 대한 사랑, 절대성에 대한 희생을 통해 주체를 바로잡는 것이 계시적 기독교 또는 계시종교의 핵심적 가르침이라고 주장한다. 자기애라는 원죄를 극복하고 주변에 대한 절대적 사랑으로 주체의 초월을 도모하는 것이 예수가 사랑이라는 윤리로 제시한 가르침이고, 기독교의 핵심이라는 것이다.

그러나 니버가 우리에게 전달하는 또 다른 메시지는 이것이 결코 성공할 수 없는 불가능한 목표라는 것이다. 주체가 가지는 절대적 자유라는 선물은 곧 감당하기 어려운 부담이기 때문에, 인간은 사랑으로 유한성의 문제를 해결하는 데 근본적인 한계를 가진다. 따라서 예수의 사랑은 "불가능한 가능성"(impossible possibility)이다. 인간은 초월을 인식할 능력은 있지만 완전히 이해하기는 어렵다. 목표를 상정할 수는 있지만 그 목표를 상정하는 주체가 있기 때문에 달성할 수 없는 역설, 주체를 극복하고자 하는 욕망이 욕망인 한 극복할 수 없는 역설, 니버는 그것을 강조한다. 주체가 끊어진 곳에서 진정으로 영원이 나타난다는 절대적 모순을 극복하는 방법은 신의 은총밖에 없다는 것이 기독교의 가르침이다.

그러나 니버는 역설에서 멈춘다. 역설을 끌어안고 투쟁하는 모습이 그가 도달한 가장 이상적인 인간상이다. 인간은 그 역설을 안고 사회와 역사 속에서 사랑을 실현하기 위해 불가능한 노력을 하며, 역사의 끝인 신의 구원을 기다릴 수밖에 없다고 묵시록적 결론을 내린다. 바로 이러한 점이 역사와 사회 속에서 구원을 추구하는 니버의 참여적 계시종교의 특징이자, 정통주의 기독교 신학이 그를 공격하는 주된 논점이기도 하다. 신의 은총을 더 적극적으로 논하지 않고 역설 속의 적나라한 인간상을 강조하기 때문이다.

원죄에 대한 견해

니버는 인간의 원죄를 설명하면서 여러 차례 「창세기」의 타락 신화를 인용한다. 신은 자신의 모습대로 인간을 창조했기 때문에 인간은 자기초월에 대한 개념과 이해를 가지고 있고, 그 개념을 바탕으로 스스로 무한하다고 상상하며 가장할 수 있다. 그러나 그 가능성이 실현되는 과정에서 자격 없이 무한성을 주장하면 엄청난 파국에 처할 수 있다는 사실 또한 무의식 깊은 곳으로부터 인식하고 있다.

「창세기」에서 신은 인간이 선악과를 따먹고 자신의 지위에 오르는 것을 경계하고 질투하는 모습으로 묘사된다. 니버는 「창세기」의 질투하는 신의 신화가 인간의 비극과 밀접히 연결되어 있다고 본다. 질투하는 신, 그리하여 인간의 반란을 응징하는 신은 인간의 두려움과 자기경계를 표현한 신화적 모티프라는 것이다. 창조와 타락의 신화는 단지 고대의 상상이 아니라 인간의 실재에 녹아 있는 비극을 표현하고 있다.

타락의 신화에서 인간의 육체나 물질은 그 자체로 악한 것으로 표상되지 않는다. 신의 명에 의해 생겨난 것도 아니고, 유한성의 불가피한 결과로서 생겨난 것도 아니다. 타락과 악은 인간이 저지른 행위에 의해 생겨났고, 책임은 인간에게 있다. 죄는 신에 대한 반란에서 비롯되었으며 유한한 인간이 스스로 무한하고자 시도한 데서 생겨났다.

니버는 인간의 행위에 실존적 자유와 선택의 가능성이 있다는 점을 중시한다. 선악과를 따먹은 행위는 원인—결과의 연속선상에 있는 과정이 아니라 인간의 실존적 선택이었으며, 바로 이 실존적 선택을 통해 자신의 유한성을 넘어 무한을 얻고자 노력한 것, 스스로 무한일 수 없으면서 이를 과도하게 욕망하여 행동한 것이 죄의 근원임을 더욱 강조한다. 이러한 점에서 니버는 사탄이 스스로의 유한성을 부정하여 무한적 존재를 욕망하고 신에 대한 반란을 시도한 천사 중의 하나라는 견해를 지지한다. 죄의 핵심은 스스로 무한할 수 없으면서 무한을 욕망하고 무한하다고 생각하는 일이다.

여기서 인간의 책임을 부분적으로 경감시키는 것은 유혹의 존재이다. 인간이 선악과를 따먹고 타락하기 전에 유혹자인 뱀이 존재했다는 점은 에덴이 완전하지 않았음을 말해주며, 악의 조건이 선행했음을 암시하고 있다. 유대신화에서 사탄은 신에 대한 거역자이자 신의 지배 아래 놓여 있다. 여기서 역설은 악이 단지 질서의 부재 이상이며, 질서에 의존하고 있다는 점이다. 악으로 인한 무질서는 질서가 미리 전제되어야 성립하는 개념이며, 무질서의 힘은 그 자체가 질서를 전제할 때 나타날 수 있기 때문이다. 악은 신이 창조하고 통제하는 세상 안에서만 가능한 존재이며 그 힘의 일부를 가지고 있을 때 효과를 발휘할 수 있다. 즉 악은 선의 부재가 아니라 선의 타락이다. 악은 선에 기생한다.

니버는 뱀의 유혹에 못 이겨 선악과를 따먹은 인간의 행위를 신이 예측하고 계획했는가 하는 문제를 제기한다. 인간의 행위를 원인과 결과의 연속선상에서 파악하는 근대 과학적 세계관에서 보면, 인간의 행위는 신의 계획이라는 원인에 의해 일어난 것이다. 니버는 칼뱅이 이러한 행위관을 가지고 있으며 인간의 타락이 신의 전지한 계획에 의해 일관되게 일어났다는 설명에 집착한다고 본다. 그러나 칼뱅과 달리 니버는 인간의 타락은 무한한 자유 속에서 인간이 선택한 것이었음을 강조한다.

이렇게 보면 인간의 죄란 결국 신에 대한 반란인데, 반란의 핵심은 자신이 무한하다고 가장하려는 인간의 마음이다. 이러한 마음은 자신을 우주의 중심에 두려는 자기중심성, 자신의 힘을 팽창하려는 제국주의, 자신의 이익을 다른 가치들에 주입하려는 욕구 등으로 연결된다. 인간 또는 인간집단의 의도가 더 정교해지고 발전할수록, 무한성·완전성을 가장하는 인간의 욕구와 죄는 더 커진다. 따라서 인간의 역사는 죄의 확대과정으로 이해할 수 있다. 예컨대 고대국가보다 근대국가가 더 제국주의적이며, 따라서 더 많은 죄가 있다. 근대국가는 더욱 야심차게 평화를 추구하고 자신의 평화를 세계에 강요하고자 한다. 따라서 제국과 보편적인 철학은 항상 같이 가게 마련이다. 스토아철학은 로마제국과, 프랑스대혁명의 기치는 나폴레옹 전쟁과 연결되는 것이 필연이다.

니버가 기독교의 원죄론을 논하면서 「창세기」 제2장과 제3장에서 에덴동산과 인간의 죄와 벌을 다룬 부분을 '신화'로 논하고 있다는 점은 주목할 만하다. 앞에서 살펴본 바와 같이 니버는 종교를 신비종교와 신화종교로 구분하면서, 기독교를 신화종교로 인식했다. 신화란 인간 삶의 의미를 구성하기 위한 이야기이자 상징체계이다. 역사적 사실이 아니라 인간이 삶의 문제를 해결하기 위해 항상 다시 '사는' 연속되는 이야기이다. 신화는 이성적으로 이해하는 인과관계 설명이 아니라 전체적으로 삶에 의미를 부여하는 상징적 장치이다.[1]

니버에 따르면 "종교적 신화는 실재의 궁극적 기반과 궁극적 목표를 지시한다."[2] 위대한 종교적 신화는 창조와 구원을 다루는데, 때때로 이는 과학적 사실과 배치된다. 종교는 의미를 전달하기 위해 역사적 사실과 다른 표현을 사용하고, 이는 과학적 진실에 위배되는 모습을 보이기도 한다. 과학적 발견의 의미를 일관되게 연결하기 위해서는 과학의 힘만으로 부족하기 때문이다.

여기서 철학은 신화와 종교를 연결하는 다리로서 도움을 줄 수 있다고 간주된다. 철학은 종교가 사용하는 신화와 상징을 이해 가능하고 연결 가능한 합리적 총체로 만든다. 그런 점에서 러셀이 말하는 감추어진 신학으로서의 형이상학과 상통한다. 신학은 하나의 종교 전통 속에서 다양하고 때로는 모순되기까지 하는 신화들로부터 일관되고 체계적인 관점을 세우기 위해 노력한다. 반면 철학은 한발 더 나아가 합리적인 일관성 위에서 이러한 논의

---

1) 이에 관해서는 카렌 암스트롱, 『신화의 역사』(문학동네, 2005) 참조. 신화와 신화적 상징은 인간 삶의 의미를 일관되게 제공하는 일종의 메타체계로서, 근대의 합리적 세계관 역시 하나의 신화적인 상징이라고 볼 수 있다.

2) Niebuhr, *An Interpretation of Christian Ethics*(New York: Harper and Brothers, 1935), 21쪽.

들을 신화적 색채 없이 배열하고자 노력한다. 종교적 신화로 설명되는 실재는 전달을 위해서 일정 부분 이성으로 설명되고 분석되어야 한다. 그러나 이성으로 설명할 때 파괴될 수밖에 없는 종교의 핵심적 요소, 유한과 무한 간의 갈등이 존재하는 것도 사실이다.

니버는 과학 자체가 종교적 신화와 도덕성을 파괴한다고 보지는 않는다. 과학은 그 자체로 의미가 있고 실재의 한 부분을 밝히는 데 도움을 주기 때문이다. 문제는 과학을 실재에 대한 온전한 해석으로 둔갑시킨 근대의 상업문명, 부르주아 계급의 세계관이다. 이들은 종교의 깊이에 대한 통찰을 외면함으로써 기독교가 추구하는 궁극적인 가치와 목적을 외면하고 세속에서의 이상사회 건설이 가능하고 또한 바람직하다고 주장하게 되었다. 니버는 민주주의와 국제연맹이 이러한 이상의 정치적 형태라고 본다. "기독교에서 말하는 사랑의 이상은 복잡한 상업문명에서 중요하고 불가결한 신중한 상호성의 덕목 정도가 되어버렸다."[3] 기독교에서 예수는 인간의 가능성인 동시에 인간의 한계, 인간의 시간성인 동시에 초월성을 상징하는데, 근대문명에서 예수는 갈릴리의 선한 사람, 인간적 덕목의 상징으로 주저앉은 것이다.

결국 과학을 넘어서는 신화로서의 기독교의 모습을 되살리는 일이 중요하다. 니버는 기독교가 합리주의나 신비종교의 영향도 받았지만 근본적으로 헤브라이의 신화적 종교의 영향을 받았다

---

3) 같은 책, 23쪽.

고 보았다. 신화는 과학 이전의 사고양태이기도 하지만, 초과학적이기도 하다. 신화는 과학이 다루는 실재의 횡적 관계를 넘어 현상과 본질을 넘나드는 종적 관계를 다룬다. 신화는 모순되어 보이는 실재의 구체적 사건들을 지워버리지 않은 채 이들 간의 일관된 의미의 세계를 보여줄 수 있는 유일한 수단이다. 개별 사건들을 존재의 근원과 연결시킴으로써 일관된 의미체계를 수립하는데, 이는 즉각적 인과관계를 보이는 과학적 사고와는 다르다.

신의 개념에 관해서도 마찬가지다. 니버는 「창세기」의 신의 존재를 통해 기독교가 말하는 삶의 일관된 의미체계를 설명한다. 기독교의 신은 무엇보다 창조주이다. 창조주는 우주의 모든 사물의 제일원인이 아니다. 창조주가 과학적 의미에서 모든 사물의 근원적 원인이라면, 다른 원인들 가운데 하나일 뿐이다.[4] 신이 창조주라는 인식은 합리적으로 파악되지 않는 이미지로서, 신은 세상과 유기적 관계를 맺고 있으면서도 세상으로부터 구별되는 존재이다. 세상이 신에 의해 창조되었다는 것은 세상이 일관된 의미의 영역임을 뜻하지만, 동시에 반드시 선하거나 신성함을 의

---

4) 과학적 인과관계로 세상을 본다면 인과관계의 연쇄를 시작한 제일원인이 있어야 하고 이는 자족적인 존재여야 하기 때문에, 과학적 세계관은 인과관계로만 설명될 수 없는 내적 모순에 부딪힌다. 근대성이 부딪히는 이러한 문제 때문에 근대성의 종교적 기원에 관한 논의가 전개된다. 이에 관해서는 Michael Allen Gillespie, *The Theological Origins of Modernity*(Chicago: The University of Chicago, 2008) 참조.

미하지는 않는다. 만약 신이 창조한 세상이 선하거나 신성하다는 결론을 섣불리 내리게 되면, 이는 신성주의 종교이지 계시종교가 될 수는 없다. 신은 세상을 창조했지만 동시에 세상을 심판하는 심판자라는 존재성을 가지고 있다. 인간은 신이 창조한 세상에 속해 있지만 악을 행함으로써 자신의 유한성과 자연의 잔인함에 대한 책임을 져야 하는 존재이다. 여기서 악은 신에게 귀속되거나 자연세계에 귀속되지 않고 인간의 책임, 인간의 원죄에 귀속된다.

신은 원죄로 가득 찬 세계를 심판하면서 구원하는 존재이다. 심판은 살아 있는 역사를 넘어선 영역에서 일어나는 것이 아니라, 역사의 "안에서", 역사의 "끝에서" 일어나는 역사 속의 사건이다. 심판을 부정하면 자연과 역사 자체를 신성시하는 신성주의에 빠지게 되는데, 이는 자유주의와 마르크스주의가 모두 빠진 함정이다. 신이 역사를 있는 그대로 심판할 것임을 일깨우고, 인간의 원죄를 상기시키며, 인간의 종교적 도덕성의 필요를 일깨우는 것이 계시종교의 가장 큰 특징이다. 계시종교는 세속으로부터 벗어난 초월의 가능성을 부정하고, 동시에 자연과 역사의 신성성을 상정하고 이에 자족하는 낙관주의도 비판한다. 이를 실현하는 것이 예수의 사랑이다. 인간의 사랑은 가능성이자 동시에 불가능성이기 때문에 도덕적 긴장감을 유지할 수밖에 없다. 인간이 육체를 가진 현실 속의 존재인 한 이기주의를 벗어나 예수와 같이 완전한 희생과 사랑에 도달할 수는 없기 때문이다.

이는 기독교에 대한 매우 독특한 시각이다. 또한 기독교가 특정 종교로서 역사에서 동떨어진 외재적 신의 구원을 기다리는 모습이 아니라 인간 스스로의 노력, 역사와 사회 속에서의 노력으로 구원을 추구해나가는 주체적인 종교로 표상되는 과정이기도 하다. 니버는 이러한 계시종교의 본질과 죄에 대한 시각을 정통주의 신학의 원죄관과 비교한다. 정통주의 신학은 신화를 역사적 사실로 해석하는 오류를 낳았는데, 이것이 모든 계시종교의 해석 과정에서 나타나는 오류라고 본다. 정통주의 신학은 에덴에서 인간의 타락 이후 "타락의 대물림"이 실제로 일어났다고 보고, 인간이 가지고 있는 다양한 욕망, 예를 들어 성적 욕망과 같은 문제가 원죄를 구성한다고 간주한다.[5] 만약 인간의 타락이 완전하고 세습적이라면 인간이 영혼의 자유를 가지고 책임 있게 선택할 수 있는 여지마저 없어지고 만다. 니버가 보기에 이와 같은 "완전한 타락"의 논리는 자기파괴적이다. 원죄는 대물림된 타락을 이야기하는 것이 아니라 인간 실존과 영혼에 불가피하게 존재하는 문제이며, 이는 역사적 사실이 아니라 신화적 설명이기 때문이다.

니버는 아우구스티누스를 비롯한 중세까지의 신학들이 이러한 문제에 직면하여 해결책을 발견하지 못하고, 결국 근대 합리주의의 비판에 무력했다고 본다. 인간의 이성과 욕망 간의 구분을 정확히 인식하지 못했기 때문이다. 인간의 욕망은 그 자체로 문제가 되는 것이 아니며, 인간의 악행 역시 육체를 가진 인간의 유한

---

5) Niebuhr, 앞의 책, 85~86쪽.

성에서 필연적으로 파생되는 것은 아니라는 사실을 정통주의 신학은 인식하지 못했다. 자연적으로 사는 인간이 완전한 질서를 이루지는 못하겠지만 개개인은 통상적으로 타인의 삶과 적절한 수준에서 협력하면서 살아간다. 문제는 욕망을 가진 인간이 스스로의 유한성을 넘어 자신을 존재의 근원이라고 여기고, 그리하여 무한성을 가장하고 상상하면서 일어나기 시작하는 것이다. 이러한 자기중심주의가 악의 근원임을 니버는 강조한다.

결국 초월을 향한 인간의 노력이 원죄로 귀결되는 과정을 신화로 표현한 것이 성경이며, 인간의 문제는 어떻게 원죄를 벗어날 수 있는가이다. 거듭 강조하듯 원죄란 인간이 피조성(creature-liness)을 망각하고, 자신을 역사와 자연의 주체로 그릇 이해하며, 이로 인하여 자기에 대한 사랑과 자신의 이익을 무엇보다도 앞세우는 속성에서 기인한다. 원죄를 가진 인간은 "근본적이고 무한한 자유를 갖고 태어났으며, 이는 건설적일 뿐 아니라 파괴적인 힘으로도 작용할 수 있다." 인간은 어떠한 힘에 의해서도 제약되지 않는 고로, 자신의 능력을 계발하여 어떠한 역사적·자연적 상황도 초월할 수 있는 완벽한 이상을 향해 나아갈 수 있다는 것이다. 그러나 이러한 노력은 하나님에 대한 반란을 꿈꾸게 하고, 이는 원죄의 근원을 구성한다.

원죄란 인간이 자신의 '피조성'을 받아들이기를 거부한다는 사실에 의해 이해될 수 있다. 또한 인간은 자신이 삶의 전체적 통일체 안의 한 부분에 불과하다는 사실을 받아들이길 거부한다. 인간은 자신이 자신 이상인 것처럼 가장한다. 또는 합리주의적이고 신비주의적인 이원론자들처럼, 자신의 원죄가 진정한 자아가 아닌 한 부분이나 육체적 필연성의 한 부분에만 내재해 있다고 주장한다. 기독교에 의하면 유한한 인간을 심판하는 것은 무한한 인간이 아니다. 원죄를 가진 인간을 심판하는 것은 영원하고 신성한 신이다. 또한 유한한 인간을 구원하는 일도 영원한 인간의 손에 달린 것이 아니다. 인간은 분리될 수 있는 존재가 아니어서 본질적 부분과 비본질적 부분을 나눌 수도 없다. 인간은 자신의 진정한 본질 속에서 모순된 존재이다. 인간의 본질은 자유로운 자기결정능력이며, 인간의 원죄는 이러한 자신의 자유를 잘못 사용하여 파괴를 야기시킨다는 사실이다.[6]

이렇게 원죄는 자기애가 그 핵심이기 때문에, 우리가 흔히 죄라고 생각하는 성적 욕망 · 식탐 · 사치 · 물욕 · 술 등은 오히려 이차적이다. 이러한 죄는 자기애라는 궁극적인 원죄에 비해 오히려 부수적이며 인간의 생물학적 한계를 극복하면 넘어설 수 있는 문제이기 때문이다. 주목할 점은 신에 대한 사랑이 아닌 피조물에 대한 사랑, 자신에 대한 사랑과 이러한 욕망이 결합될 때 근본적인 죄가 된다는 것이다. 자기애의 죄와 탐욕의 죄를 구분한다

---

6) Niebuhr, *The Nature and Destiny of Man* I(New York: Charles Scribner's Sons, 1941), 16~17쪽 참조.

면 전자가 훨씬 근본적이다. 일례로 니버는 인간의 성적 욕망이 그 자체로 죄라고 보지 않는다. 오히려 자신에 대한 사랑의 연장 선상에서 성적 욕망을 추구하고 상대방을 권력으로 굴복시키려 하거나, 신에 대한 사랑을 외면하고 자신을 망각하고자 하는 욕 망에서 상대방에게 탐닉하거나, 또는 이러한 혼란으로부터 벗어 나기 위해 무의식의 세계로 빠져드는 것이 죄의 핵심이 된다.[7]

계시종교에서 도덕적 악함은 인간의 유한성 때문에 생기는 것 이 아니다. 인간의 악한 의지와 선택에 의해 생기는 것이다. 계시 종교에서는 인간이 이성을 사용하고 욕망을 조절하여 더 나은 도 덕적 선택을 할 수 있다고 본다. 물론 인간의 선택으로 어찌할 수 없는 상황이 있을 수 있다. 그러나 계시종교는 항상 더 나은 선택 이 가능하다고 가정한다는 점에서 비타협적이다. 종교적 상상력 속에서 인간이 항상 죄를 질 수밖에 없음을 강조하고 있다고 보 아야 한다. 또한 이러한 종교적 죄책감의 일반적 인식이 세속에 서 인간이 항상 도덕적 책임감을 느끼도록 하는 원천이 되기도 한다.

인간의 전체 차원을 이해하려면 내부로부터 인간을 보아야 한 다. 그리고 이러한 내면적 관찰(introspection)은 항상 종교적 의 미를 수반한다. 이는 인간이 선과 악 가운데 어떠한 선택을 하는 가 하는 문제와 연결되어 있기 때문이다. 여기서 인간이 행할 수 있는 선택에 사실상 어떠한 한계도 없고 인간은 전적인 자유와

----

7) 같은 책, 239~240쪽.

책임을 가지고 있다고 보는 것이 계시종교의 인식이다. 계시종교는 시간 속에서 시간을 초월하려 하고 현실 속에서 이상을 추구하지만, 범신론처럼 시간성을 영원성으로 올려놓지 않으며 이원론처럼 시간성 속에서 영원성과 이상의 존재 가능성을 부정하지 않는다. 계시종교는 가장 완전한 선택이 가장 완전한 사랑의 윤리에서 비롯되며, 초월적 가능성은 현재에 존재할 수 있는 모든 선택을 넘어선다고 가정한다. 니버는 이러한 계시종교의 역동성을 가지고 있는 한 인간이 욕망을 낭만주의적으로 합리화하지 않으며, 그렇다고 열정이 사라진 메마른 내세를 추구하지도 않는다고 본다.

자유주의 신학과 신비주의 신학 비판

계시종교의 핵심을 파악하지 못할 때 나타나는 큰 문제점은 인간의 원죄에 대한 몰이해이다. 과학에 영향을 받은 근대화된 기독교와 자유주의 신학은 인간의 원죄가 무지에 의해 생겨났기 때문에 사랑에 대한 종교적 이상 설명, 사회적 인식을 제고하는 세속 교육 등에 의해 원죄가 해결될 수 있다고 본다. 물론 과학이 일정한 공헌을 한 부분은 인정해야 한다. 근대과학은 기독교 신학에서 비과학적이고 축자적인 해석을 몰아낸 공적이 있다. 초월적인 부분에서 비과학적인 부분을 제거했을 때 남은 초과학적(trans-scientific)인 부분이 중요하기 때문이다.[8] 그러나 과학은 실재에서 비과학적 미신을 제거하는 대신 실재의 표면에만 집중하는 우를 범했다. 자연과 역사의 표면에서 관찰 가능한 현실들 간의 인과관계를 분석하고, 나누고, 연결하는 작업만으로는 실재의 깊이를 가늠하지 못한다는 데 주목할 필요가 있다.

이러한 과학 중심의 관점은 인간존재 속에 내재된 죄, 악의 뿌리를 보지 못하게 한다. 인간의 행동을 설명할 때 과학은 항상 외면적 요인들을 대상으로 사후 분석을 하기 때문에 어떠한 선택이 내면적으로 이루어졌는지, 어떠한 악한 의지가 작용했는지 알 수가 없다. 다만 사후에 행동에 선행한 요인들을 가려내고 그것이 행동의 원인으로 작용했으리라고 볼 뿐이다.

악은 무의식의 차원에 내재되므로 의식적 통제로 극복하기 어렵다. 뿐만 아니라 이성은 오히려 이를 도덕적으로 합리화하는 기능을 한다. 근대문화는 기독교적이건 세속적이건 도덕적 · 사회적 상황을 만들어내는 모든 힘이 인간의 이성으로 밝혀질 뿐 아니라 통제될 수 있다는 믿음에 근거하고 있다.

근대 합리주의는 인간의 유한성이 문제가 되지 않으며 이성이 대부분의 문제를 해결할 수 있다고 가정한다. 인간 행동을 외적

---

8) Niebuhr, 앞의 책, 1935, 20쪽. 과학 이전 단계에서 초월성이 마술적 단계와 혼동되기 때문에 과학의 프리즘을 통해 진정 초월적인 부분을 걸러내야 한다는 이러한 니버의 견해는 윌버의 생각과 상통하는 부분이 있다. 윌버는 과학 이전과 이후를 구분하여 과학 이후의 초월성이 진정한 초월성이라는 견해를 보인다. Ken Wilber, *A Theory of Everything: An Integral Vision for Business, Politics, Science and Spirituality*(Boston: Shambhala, 2001) 참조.

인 요소들의 인과적 흐름으로 보는 근대 합리주의에서 죄는 불완전한 인간 이성일 뿐이다. 이성이 작용할 때 세상은 자연적 무질서를 넘어 새로운 질서를 갖추어갈 수 있다고 가정하기 때문이다. 근대화된 신학은 인간의 본성이 성경이 요구하는 바를 충족시킬 수 있다고 전제한다. 칸트의 정언명령과 같이 의무를 수행할 능력이 있다고 전제하는 것이다. 자유주의 또는 공리주의 신학에서 원죄는 중심적인 개념이 아니다. 자신의 이익을 위한 삶이 타인을 위한 삶과 연결될 수 있다고 가정하기 때문에, "현명한 이기주의"(wise egoism)가 중요한 것이다. 이러한 점에서 근대 합리주의는 범신론의 확장된 형태이다. 초월적 차원을 인정하지 않고 역사와 시간의 흐름 속에서 삶의 온전한 의미가 실현될 수 있다고 가정하기 때문이다.

그러나 니버는 합리주의가 논하는 바와 달리 자연상태가 무질서상태는 아니며, 오히려 이성이 창조하는 자연상태가 새로운 무질서를 창조할 수 있다고 강조한다. 이성이 작용하지 않는 자연상태에서도 인간은 타인과의 협력을 바탕으로 기본적인 질서를 이루어간다. 더 큰 문제는 인간이 스스로 질서를 창조하려는 노력을 기울이면서 더 자기중심적이고 팽창적인 단위를 만들어간다는 데 있다. 내부적으로 질서를 창조한 근대국가는 외부로 팽창하는 제국주의의 길을 걷는다. 인간은 스스로 더 나은 세계를 건설한다고 믿고, 그렇게 건설한 질서와 평화를 자랑하며 거기에 안주한다. 그러나 니버는 이것이 한쪽의 인간이 다른 인간에게 강요한 질서이며, 무력과 강제에 의해 창출되고 유지되는 평화임을 지적한다. 국제연맹이나 자유주의가 논하는 상업적 평화가 질서를 가져온다지만, 이 역시 스스로 절대적 평화라고 가장한다면 사탄의 기만과 본질적으로 다를 바 없다는 것이다.

결국 근대화된 기독교 신학, 자유주의 신학은 진정으로 초월적 차원을 상실했다. 이들은 근대 상업시대의 상대적 가치기준을 절대적이고 초월적인 예수의 도덕과 억지로 일치시키고, 특수한 시대적 가치들을 영원한 가치들의 이름을 빌려 합리화했다. 세속화된 근대 자유주의 신학은 생명력을 잃고 기독교 전통을 쉽사리 합리화했으며, 역사와 자연의 과정을 객관적 과학으로 채색했다. 기독교 도덕에 존재했던 독창적인 긴장감은 파괴되어 기독교 도덕의 초월적 이상이 역사적 과정의 내재적 가능성으로 쉽게 파묻혀버렸다. 세속의 가치들인 민주주의, 상호협력, 국제연합의 이상, 국제무역의 상호성 등은 마치 인간 영혼의 궁극적 이상인 듯 여겨지게 되었다. 이러한 가치들이 모두 의미가 없는 것은 아니다. 그러나 사랑이라는 기독교의 초월적 가치, 그리고 그 불가능성이 역사적 가능성으로 환원되면서 근대 세대들은 도덕적 자기만족에 빠지게 되었다고 니버는 지적한다.

스스로의 유한성에 대한 깊은 인식을 가지고 있지 않는 한, 아무리 잘 만들어진 질서와 평화라도 결국 자기기만과 신에 대한 반란으로 이어지게 되고, 도덕적 자기만족에 빠지게 된다. 이는 죄를 벗어날 수 없다. 인간은 자신의 유한한 조건을 철저히 깨닫고 회개하며 나아갈 때 비로소 은총을 받을 수 있다. 니버는 근대 합리주의가 이성이 만들어내는 질서의 한계를 실존적 책임을 가지고 반성하지 않음으로써 죄를 벗어나지 못한다고 생각했다.

니버는 계시종교와 대비되는 다른 종교의 길로 신비주의와 금욕주의를 언급하며, 기독교 신비주의나 유대교 신비주의인 카발라, 그리고 신플라톤주의와 불교에 대해서도 논한다. 니버는 이들 종교가 인간의 원죄를 시간적 유한성과 동일시한다고 본다. 시간적 유한성을 극복하고 영원성에 도달하는 것이 초월의 핵심이라고 믿는 이러한 종교의 수도자들은 처음에는 이성적 능력으로, 다음에는 초이성적 능력, 예를 들어 합리적 명상·신비주의적 수동성·직관·금욕적 훈련 등으로 현재의 존재방식을 넘어서려 한다. 플로티노스, 수피의 성자, 시에나의 카타리나(Catherine of Siena) 등이 그들이다. 이들은 육체적 욕망으로부터 벗어나 초월적인 내부의 삶에 도달하고자 한다. 불교에 대해서는 "불교에서 이원론적 범신론의 다양한 경향들에 대해 논리적 결론이 내려지고, 궁극적 구원은 다른 형태의 실존(quasi-existence) 속의 인생에서 성취된다. 이 상태에서는 삶과 의식에서 모든 유한한 것이 사라지고, 동시에 동적이거나 의미 있는 것들도 사라진다"라고 언급했다.[9]

---

9) 여기서 지적할 점은 니버의 불교관이 지나치게 단순하다는 것이다. 불교를, 유한과 무한을 구별하여 유한을 버리고 무한으로 나아가는 탈속적 종교로 보는 것은 부적절한 이해이다. 불교는 물질과 정신, 유한과 무한을 구별하는 분별심 자체를 버림으로써 초월에 이를 수 있다고 보기 때문이다. 불교가 말하는 자아관·인간관은 계시종교의 인간 타락과 상통하며,

근대의 자연주의적 합리주의 종교에서 유한과 무한의 경계는 사라진다. 무한을 인정하지 않고 단지 세속의 유한에만 집중하기 때문이다. 고전적인 합리주의 종교, 즉 신플라톤주의나 불교에서는 이러한 긴장이 지속되지만, 유한성을 버리고 무한성으로 나아감으로써 문제를 해결한다. 니버가 보기에 이들은 육체적이고 세속적인 것은 버리고, 정신적이고 무한한 것만 남기며, 실재의 본질에 대한 그릇된 인식에 도달함으로써 문제가 해결된 것으로 본다.

니버는 바울도 선과 악, 육체와 정신, 신과 인간에 대한 이원론적 시각을 가지고 있었으며, 이는 그리스의 이원론 철학과 연결되어 있다고 본다. 그는 칼뱅 역시 정통주의 견해를 지지하면서 선과 악, 악한 인간과 선한 신을 구별하는 이원론적 시각을 갖고 있었다고 말한다. 오히려 루터가 덜 주지주의적이면서 좀더 계시적 경향을 가지고 있어, 악이야말로 신이 세상을 구원하기 위해 사용하는 거름과 같은 존재로 인식했다고 니버는 강조한다. 계시 종교의 신화적 표현에서 악은 근대의 일원주의적 철학보다 더 적극적 역할을 담당하고, 고대의 종교적 이원주의보다 더 선과 상호 의존적이다. 즉 타락의 신화는 깊은 비관주의와 궁극적 낙관주의를 적절하게 혼합해야 할 필요성을 말해주고 있다. 니버는 이 점이 계시종교와 다른 시각들이 구분되는 핵심이라고 본다.

분별심을 버리고 초월에 이르는 것은 오히려 역설 속에서 구원의 계기를 찾는 니버의 입장과 상통하는 점이 많다.

니버는 신비주의와 금욕주의가 개인의 이기심과 자기중심성을 비판한다는 점에서는 긍정적이지만, 여전히 역설을 해결하지 못하고 있다고 본다. 무한과 유한, 자유와 필연 간의 역설이야말로 피조물의 세계에 있는 인간 정신의 특성이다. 인간은 유한하지만, 자신이 유한함을 인식하고 있는 유일한 존재이다. 스스로가 유한한 사물들로 둘러싸여 있는 존재임을 알고 이를 자신의 운명으로 받아들이지만, 바로 그 사실 때문에 운명을 극복할 가능성이 있는 존재이다. 그러나 인간이 세상을 초월한 전체적인 차원을 인식(apprehend)할 수는 있지만 이해(comprehend)할 수는 없다고 본다. 인간은 세속에서 무언가 실재의 전체를 어렴풋이 느끼고, 유한하고 유동적인 개별자들을 넘어선 배후 또는 상위의 통합적인 원칙이 존재한다고 생각한다. 세속을 넘어선 질서 · 통합성 · 조화가 물질적인 존재의 자의적 실재를 넘어서 존재할 가능성이 있다고 느끼지만, 막상 그것이 무엇인지 확실히 이해할 수는 없다는 것이다.

그렇다면 인생을 전체의 차원에서 본다는 것은 무엇을 의미하는가? 인간은 신에 대한, 그리고 자신의 원죄에 대한 관념을 가질 때 비로소 초월의 계기를 갖는다는 것이다. 이러한 종교적 관념이 도덕에 관한 문제로 해석된다면, 이는 사랑의 원칙과 이기주의의 충돌, 인생의 궁극적 일체성을 확인해야 하는 의무와 자아를 만족시키려는 충동 간의 긴장으로 나타난다. 자신을 버리고 영원과 하나가 되려는 욕망 자체도 인간 자신의 욕망이기 때문에 역설에 빠진다. 욕망을 버리려는 욕망, 자신을 버리려는 욕망의 주체인 스스로의 문제를 해결하지 못하면 종교의 목적인 절대성과 합일될 수 없다. 니버는 바로 이러한 역설, "자기 목숨을 얻으려는 사람은 목숨을 잃을 것이요, 나를 위하여 자기 목숨을 잃는 사람은 목숨을 얻을 것이다"(「마태복음」 10장 39절)라는 역설이 계시종교의 핵심이라고 본다.[10]

결국 인간 실존은 완전히 모순적이고 상반된 두 가지 경향의 충돌로 규정할 수 있다. 계시적인 기독교 신학은 유한한 세상의 흐름 속에서 영원하고 완전한 신의 뜻, 창조적인 원칙과 의지를 발견하고자 한다. 그 영원한 궁구, 끊임없는 모색의 과정으로서 인간 실존의 특징을 니버는 '역설'(paradox)이라고 규정한다.[11]

원죄론을 둘러싼 신학적 논점들

니버는 원죄론을 상술하는 과정에서 펠라기우스주의와 아우구스티누스 사상의 유명한 논쟁을 다룬다. 질문의 핵심은 인간의

10) Niebuhr, *Moral Man and Immoral Society*(New York : Charles Scribner's Sons, 1932), 54~57쪽 참조. 불교에서 말하는 욕망을 버리려는 욕망의 역설, 선에서 말하는 화두의 비논리성 등도 역시 니버의 논리와 상통하는 부분이 있다. 니버 신학의 핵심인 역설의 개념과 선불교의 비교는 별도의 연구를 필요로 한다.

11) 니버 신학의 중심 개념을 역설로 설명하고 있는 논문으로는 Richard W. Fox, "Reinhold Niebuhr and the Emergence of the Liberal Faith, 1930~1945", *The Review of Politics* 38-2, Apr. 1976, 244~265쪽.

자유의지와 죄를 짓는 행위, 그리고 죄에 대한 책임이다. 만약 인간이 원죄를 가진 존재라면 죄를 짓는 행위가 자유의지에 의한 것이 아닐진대, 죄에 대한 책임을 물을 수 없는 것이 아닌가? 원죄를 모든 인간이 아담으로부터 물려받은 타락의 질곡이고 불가피한 본성이라고 본다면, 원죄로부터 비롯되는 악행에 대한 책임을 인간에게 묻는 것은 부당한 일이 아닌가?

펠라기우스는 이에 대해 인간이 원죄를 가진 존재라면 인간에게 책임을 물을 수 없다고 본다. 책임을 묻기 위해선 원죄를 부정하고 인간을 죄를 선택할 수 있는 자유의지를 가진 존재로 보아야 한다는 것이다. 그는 창조된 인간 본성이 선하며, 인간이 이를 지켜나갈 능력과 자유의지를 가지고 있음을 강조한다. 인간은 아담의 죄를 대대로 물려받는 것이 아니라 태어날 때 아담의 죄 이전 상태로 태어나며, 선한 본성 그 자체를 은혜로 가지고 있으므로 도덕적 능력을 지니고 있어서 완전한 삶을 추구할 수 있다.

반면 아우구스티누스는 인간이 신의 은총 없이는 스스로의 죄를 바로잡을 수 있는 힘이 없다고 주장한다. 인간의 본성은 죄로 타락했고 신이 내린 율법은 본성에서 지워져, 인간은 병든 자로 자유롭지 못하기 때문에 신의 은총이 필요하다는 것이다.

이러한 대립은 구원 개념의 차이로 이어진다. 펠라기우스는 모범에 의한 구원이 가능하다고 본다. 즉 바른 가르침, 바른 모범, 바른 계명을 따라가면 구원을 받을 수 있다. 반면 아우구스티누스는 모범에 더하여 신의 도움, 즉 성례(sacramentum)를 강조했다. 신의 은총과 도움, 구속 없이는 인간의 능력과 자유의지가 작

동할 수 없다는 것이다.[12]

니버는 펠라기우스주의와 근대 도덕론이 논리적으로는 온당하나, 원죄론은 논리적으로 일관된 구조를 가지지 않는다고 본다. 원죄론의 핵심을 파악하기 위해서는 논리를 희생해야 한다는 것이다. 원죄란 아담이 지은 죄를 후대가 계속 물려받는 유전되는 특질이 아니다. 니버는 무엇보다 인간 타락이 역사적으로 존재했던 사건이라는 식의 시간적 해석에 반대하고, 이를 신화로 보고 상징적으로 해석할 것을 주장한다.[13] "하나님의 형상을 따라 참 의로움과 참 거룩함으로 지으심을 받은 새 사람을 입으십시오"(「에베소서」 4장 24절)라는 구절이 그 예이다. 원죄는 인간이 스스로의 자아를 신의 지위에 올려놓으려 하는 자기애와 자기신격화의 특질이지, 아담으로부터 실제로 유전되는 계보의 속성이라고 보는 시각은 그릇되다는 것이다. 니버는 인간은 자기애와 자기신격화의 죄를 짓지 않을 수 있는 자유를 가지고 있지만, 사실 그러한 자유를 확보하는 일이 불가능함을 깨닫는 자유만이 허락된다는 결론에 이른다. 논리적으로는 설명이 불가능한 역설이다.

니버는 여기서 역설의 개념을 통한 원죄론을 주장한다. 인간은 자신의 자유의지에 한계가 있음을 깨달을 수 있는 자유의지만을 가진다는 것이다. 그러나 원죄가 불가피한 상황이라고 해서 죄를

---

12) 권진호, 「펠라기우스와 어거스틴의 은총론 연구—데메트리아에게 보낸 편지를 중심으로」, 『한국교회사학회지』 제25집, 2009, 29~59쪽 가운데 50~52쪽 참조.

13) Niebuhr, 앞의 책, 1941, 268~269쪽.

모두 면제받을 수 있는 것은 아니다. 인간이 원죄 때문에 모든 행위에서 죄성을 가질 수밖에 없음은 사실이나, 실제 죄의 경중은 인간의 자유의지로 얼마든지 조정이 가능하기 때문이다. 예를 들어 나치즘은 자신이 속한 종족과 국가의 신격화를 추구했고 이는 유대인 학살이라는 엄청난 죄로 이어졌다. 여기서 신격화는 원죄로 인한 불가피한 경향이라고 인정한다 하더라도 유대인 학살이라는 실제 죄는 분명 책임을 물을 수 있는 자유의지의 소산이라는 것이다. 니버는 원죄를 문자 그대로가 아니라 내용으로 보아 해석해야 하며, 인간 원죄의 불가피성과 인간 행동의 책임성이 논리적 일관성의 어려움에도 불구하고 동시에 적용되는 개념이라는 점을 강조한다.[14]

이러한 점은 더 복잡한 문제, 즉 인간이 에덴동산에서 타락한 사건을 어떻게 해석해야 하는가, 타락 전후 인간의 본성이 어떻게 바뀌었는가, 인간은 신의 모습을 완전히 잃었는가 또는 부분적으로 보존하고 있는가, 각각의 경우에 따라 구원은 어떻게 이루어져야 하는가 등의 질문과 연결된다. 모두가 니버의 원죄 해석과 관련하여 매우 중요한 질문들이다.

니버는 양극단을 배제하고 균형 잡힌 시각을 가지려고 한다. 그는 루터 등 개신교 교리와 달리 인간이 죄를 지었음에도 불구하고 신의 이미지를 여전히 가지고 있다고 본다. 루터가 인간의 죄와 함께 이성도 타락했다고 보아 자연법의 규범을 전혀 인정하

14) 같은 책, 248~264쪽.

지 않은 것과 대조적이다. 또한 가톨릭 교리와 달리 인간의 본질적 속성(pura naturalia)과 '부가적 은혜'(donum superadditum)를 구별하지 않고 양자가 모두 부분적으로 타락했으며 인간의 본질적 속성은 인간의 자유를 표상한다고 본다.

인간은 자신의 죄를 알기 때문에 초월적 존재가 된다. 초월하는 순간의 자아는 끊임없이 뒷걸음질하며 자신을 반성하고 스스로를 반성의 대상으로 삼는다. 바로 이 순간 원래의 완전성에 대한 의식과 기억이 떠오른다. 이 순간 인간은 자신이 다른 피조물 중의 하나에 불과하다는 사실을 인식하고 행동을 통해 빚어낸 부당한 요구들이 주변의 존재들에게 어떻게 상처를 입혔는지 깨닫게 된다. 그러나 이러한 인식이 존재하더라도 인간이 올바르게 행동할 수 있는 것은 아니다. 인간이 역사 속에 존재하는 한 죄는 불가피하다. 인간의 원래의 정의는 역사 밖에서만, 아담이 행동을 개시하기 이전에만 존재하는 셈이다.[15]

니버는 가톨릭의 원죄론도 기본적으로는 펠라기우스주의와 일치한다고 보고 이를 비판한다. 그리고 이러한 과정에서 가톨릭의 자연법 사상도 함께 비판한다. 그는 가톨릭의 원죄론이 반펠라기우스(semi-Pelagian)적 원죄 해석이라고 상정한다. 앞에서 잠시 언급했듯 가톨릭 교리에서는 인간의 본질적 속성과 이에 더하여 신이 부여한 '부가적 은혜'가 있다고 보는데, 이는 아타나시우스(Athanasius)에 의해 처음 제시되었다. 이 구분에 의하면 인간은

15) 같은 책, 277~280쪽.

에덴동산에서 추방될 때 부가적 은혜는 잃었지만 여전히 본질적 속성은 보존하고 있다는 논리가 가능하다. 부가적 은혜는 인간의 본래적 속성이 아니기 때문에 죄를 지었지만 본질적 속성은 여전히 보존하고 있다고 보는 것이다.[16] 개신교 교의 중에서도 인간의 타락이 인간의 모든 속성의 타락은 아니기 때문에 남아 있는 정의의 모습이 있다고 가정하는 것도 있다. 이는 세속의 '시민정의'(civil justice)로 개념화되기도 한다.

니버는 이러한 가톨릭의 교리를 비판한다. 신과의 만남을 가능하게 하는 부가적 은혜 속에 이미 인간의 초월적 자유라는 본질적 요소가 포함되어 있기 때문에, 이를 잃었다는 말은 모순이라는 것이다. 자유는 본질적인 것이며 이로 인해 인간은 자신의 유한성을 무한성으로 변화시키려는 초월의 능력을 가지게 된다. 자유로 인해 인간은 죄를 지을 수 있고 자신이 죄를 지었다는 것을 알 수도 있다.

본성에 관해서도 가톨릭은 인간의 본성과 그 본성에 순응하는 덕목을 구별한다. 인간이 본성과 본성의 구조를 변화시키는 것은 불가능하다. 반면 본성에 순응하는 덕목을 상실해 본성이 전개되는 방식이 변화되고 원래의 모습을 상실할 수는 있다.

여기서 인간의 본성은 두 가지를 포함한다. 첫째, 인간이 소유하고 있는 육체적·사회적 충동, 본래의 재능과 능력이 첫 번째이다. 이는 자연적 질서 속에 내재된 피조물로서의 속성을 일컫는

---

16) 같은 책, 247~248쪽.

다. 둘째, 인간이 소유하고 있는 정신의 자유를 의미한다. 이는 자연적 과정과 자신을 초월할 수 있는 능력을 말한다. 여기서 첫 번째 본성과 관련해 피조물로서 인간의 요구조건을 규정하는 것은 자연법이며, 두 번째 본성과 관련해 인간의 자유에 관한 요구조건을 규정하는 것은 원의(原義, original righteousness, *justitia originalis*)[17] 또는 완전함(perfection)이다.

첫 번째 본성에 대응하는 덕목과 완전성은 자연법에서 나타난다. 인간 기능의 적절한 실행, 본능의 적절한 조화, 자연적 질서 속에서 자신과 다른 인간의 사회적 관계를 적절히 유지하는 일 등이 자연법의 영역이다.[18] 가톨릭 사상과 스토아주의에서 말하

---

17) 인간이 욕망에 의해 타락하기 전 에덴동산에서 가지고 있던 조화된 상태와 능력을 의미한다.

18) 머리는 자연법을 다음 두 가지 요소로 정의한다. 첫째, 자연법은 도덕적 실재주의로서 모든 도덕적 관념은 참이거나 거짓이라는 판단을 내릴 수 있다. 즉 우리의 관념과는 별개로 참인지 거짓인지를 구별할 수 있다고 본다. 자연법은 사물의 본질을 파악할 수 있으며, 인간의 문제에서 개인들의 편차를 넘어선 인간 자체의 본성을 알아낼 수 있는 실재주의 인식론을 전제한다. 둘째, 자연법은 윤리적 자연주의의 한 갈래로 인간의 행동을 자연적 사실에서 유추한다. 즉 자연은 목적론적 개념으로 자연 속에는 적절한 목적을 내포하는 사물의 "형상"이 있다. 인간의 경우 내부에 자연 속에 내재된 목적을 달성하려는 의식이 존재한다는 것이다. 더나아가 자연적 신학의 입장에서 자연은 신의 의도와 목적이 실현된 대상으로, 인간은 자연의 질서와 목적을 실행함으로써 피조물로서의 자신의 목적을 달성할 수 있다고 본다. John Courtney Murray, S. J., *We Hold These Truths: Catholic Reflections on the American Proposition* (Lanham: A Sheed & Ward Book, 2005) 참조.

는 자연법은 피조물로서 인간의 필수조건과 같은 것이다. 두 번째 본성인 자유의 영역에 대응하는 덕목은 신앙과 희망, 그리고 사랑으로서, 이들은 자유의 전제조건이다. 가톨릭에서는 신앙적 덕목이라고 보는 요소들이며 원의를 나타낸다.

그러나 니버는 인간의 자유가 자연적으로 주어진 기능을 벗어나 확장되기 때문에 자연법의 영역과 자유의 영역을 딱 잘라 구분하기는 불가능하다고 본다. 다음의 구절에서 자유의 속성이 잘 언급되어 있다.

신의 계시에 대한 신앙은 자유의 필수조건인데, 신앙이 없다면 인간은 자유로부터 오는 불안 때문에 자족을 원하고 스스로의 주인이 되고 만다. 결국 인간은 스스로 통제할 수 없는 힘에 의존하는 결과를 초래한다. 희망은 신앙의 특수한 한 형태이다. 신앙은 미래와 관련된 것으로 무한한 가능성이 실현되는 영역이다. 만약 이 영역이 신의 계시 안에 있지 않다면 공포의 영역이 되고 만다. 알 수 없는 운명과 순전한 변덕의 힘이 지배할 것이기 때문이다. 따라서 신을 안다는 것은 인간의 본성에 덧붙여서 주어진 '부가적 은혜'가 아니다. 이는 인간이 본성적으로 자유로운 정신으로 존재하기 위한 필수조건이다. 사랑은 이러한 자유의 독립적인 필수조건이자 신앙에서 파생되는 파생물이다(…) 인간은 각자 정신의 독특성과 개별성으로 분리되어 있기 때문에(…) 사랑의 조건에 의해 연결되어 있지 않다면 자연적인 유대와 정신의 자유와 조화되면서 서로 연결될 수

없다. 오직 사랑 속에서만 다른 정신들은 서로의 내적인 본성과 깊이 교류할 수 있는 것이다.[19]

자유는 원의의 영역이며, 원의는 사랑의 법이다. 사랑의 법에서는 무엇보다 신과 인간의 사랑이 가장 기초적이며 핵심적이고, 다음이 자신의 영혼과 정신, 마음과 육체를 조화시키는 사랑이다. 더불어 주변의 다른 인간들에 대한 사랑까지 세 가지가 함께 이루어져야 자유의 법인 사랑을 실천할 수 있다. 여기서 중요한 점은 피조물로서 인간의 요구조건을 규정하는 자연법과, 인간의 자유에 관한 요구조건을 규정하는 원의의 구별이 단지 잠정적이며 불확정적이라는 사실이다. 니버는 가톨릭 교리가 양자를 너무 확정적으로 구분하고 원의는 에덴의 타락에서 완전히 상실되어 오직 자연적인 정의만이 남아 있다고 보는 오류를 범한다고 논한다.

결국 니버는 인간이 원죄에 의해 사람을 사람이게끔 하는 구조까지 상실한 것은 아니며, 자신의 완전성의 잔재로 남아 있는 본성에 대한 의무감을 상실한 것도 아니라고 본다. 의무감의 본질은 인간이 현재 죄의 상태에 있더라도 본성상 주어진 것이다. 또한 인간의 본성에 대응하는 덕목은 '법'의 형태로 죄 있는 인간에게 제시되어 있다. 본래의 옳음, 원의, 또는 완전함은 법의 형태로 죄를 가진 인간에게 존재한다. 이러한 법은 인간의 본성에서 파생된

19) Niebuhr, 앞의 책, 1941, 271쪽.

것이며 본성의 유기적 구조와 자유를 구분할 필요가 있다. 원의로 서 인간의 옳음은 에덴의 타락에서 완전히 상실된 것이 아니라, 자유의 법으로서 남아 인간의 도리를 이야기해주고 있다.[20]

니버는 가톨릭 교의가 절대적 자연법과 상대적 자연법을 지나 치게 명료하게 구분하는 점도 비판한다. 절대적 자연법이 원죄와 타협 없이 절대적인 양심의 요구사항을 내걸고 완전한 자유와 평 등을 요구한다면, 상대적 자연법은 죄성을 전제하고 정부의 강제 력, 재산과 계급의 불평등성, 노예제, 전쟁의 불가피성 등을 인정 한다. 그러나 이러한 구분은 절대적일 수 없고 그 경계가 항상 불 명확할 뿐 아니라, 이로 인해 오히려 현상을 인정하는 오류를 범 할 수도 있다고 본다.[21] 자연법의 근원이 되는 인간 이성에 대한 지나친 신뢰는 오히려 법의 개념이 인간의 원죄를 강화하게 만들 었다. 역사 속의 특정한 조건과 상황에 보편성이라는 신성성을 부여하게 된 것이다.[22] 니버는 아퀴나스의 사회윤리가 중세 봉건 경제의 특수성에 확고하고 보편적인 사회윤리적 체계를 부여한 결과를 낳고 말았다고 비판한다.

니버는 가톨릭의 가족윤리, 여자에 대한 남자의 우월성, 그리

---

20) 같은 책, 280쪽.

21) 같은 책, 297쪽.

22) 자연법 사상과 국제정치규범의 관계에 관해서는 Joseph Boyle, "Natural Law and International Ethics", Terry Nardin and David R. Mapel 엮음, *Traditions of international Ethics*(Cambridge : Cambridge University Press, 1992) 참조.

고 정전법(just war doctrine)을 간략히 논하면서 가톨릭의 지나치게 견고한 논리가 인간의 창조성과 자유, 역사의 변화성을 무시하는 결과를 가져왔다고 본다. 일례로 정전법은 올바른 전쟁수행에 대해 논하면서 전쟁 개시의 조건과 수행방법을 확정하고 있다. 인간의 이성에 기반한 이러한 논리는 역사의 변화무쌍한 현실과 인간의 죄에 기반한 이익과 권력의 현상에서 볼 때 지나치게 확정적이고 보편주의적이다. 어떤 정의로운 전쟁이라도 반드시 이익과 권력논리에 의해 문제를 안고 있게 마련이기 때문에 니버는 이러한 논리가 합리주의의 오류를 갖고 있다고 본다. 스토아주의나 가톨릭 교의 또는 근대주의에서 발견되는 합리주의는 인간의 유한성이나 죄로부터 이성을 해방시켜 이로부터 보편적이고 합리적인 규범을 이끌어낼 수 있다고 보기 때문이다.[23]

개인과 집단이 원죄로부터 자유롭지 못하고 모든 인간이 죄를 지을 수밖에 없다고 하더라도 정도의 차이는 없는 것일까? 자신의 사회적 위치, 국가의 국제적 지위에 따라 죄의 경중이 다른 것은 아닐까? 니버는 원죄(sin)와 실제의 죄(guilt)를 구분한다. 원죄가 인간인 이상 누구나 저지를 수밖에 없는 죄라면, 실제의 죄는 앞에서 언급했듯 의지에 따라 현실에서 저지르는 죄이다. 실제의 죄는 개인의 책임을 반영하며 객관적·역사적 상황에 따라

23) Niebuhr, 앞의 책, 1941, 281~284쪽; Colm McKeogh, *The Political Realism of Reinhold Niebuhr: A Pragmatic Approach to Just War* (London: MacMillan Press Ltd., 1997) 참조.

그 내용이 달라진다.[24] 실제의 죄는 원죄의 객관적 결과물이며, 역사적 세계 속에서 창조와 계시의 계획이 어떻게 타락하는가를 보여주는 내용물인 셈이다.

그렇다면 실제의 죄의 경중은 어떠한 기준에 따라 달라지는가? 누가 실제의 죄를 더 많이, 더 무겁게 저지르는가? 니버는 성경이 원죄의 평등성만큼이나 실제 죄의 불평등성을 보여주고 있다고 강조한다. 더 많은 권력과 명예, 자부심을 가진 사람일수록 부정의와 독단의 죄를 더 많이 저지르기 쉽다는 것은 가장 단순한 경향이다. 자신을 실존의 근원이자 목적으로 여기는 사람은 다른 사람들의 의지를 복속시키고자 하며 이들의 정당한 재산과 권리를 빼앗으려 한다는 것이다. 니버는 「이사야」 3장 14~15절을 인용한다. "주님께서 백성의 장로들과 백성의 지도자들을 세워놓고 재판을 시작하신다. '나의 포도원을 망쳐놓은 자들이 바로 너희다. 가난한 사람들을 약탈해서 너희 집을 가득 채웠다. 어찌하여 너희는 나의 백성을 짓밟으며, 어찌하여 너희는 가난한 사람들의 얼굴을 마치 맷돌질하듯 짓뭉갰느냐?' 만군의 하나님이신 주님의 말씀이다." 신약에서도 이러한 구별은 곳곳에 나타난다. "그는 그 팔로 권능을 행하시고 마음이 교만한 사람들을 흩으셨으니, 제왕들을 왕좌에서 끌어내리시고 비천한 사람을 높이셨습니다. 주린 사람들을 좋은 것으로 배부르게 하시고, 부한 사람들을 빈손으로 떠나보내셨습니다"(「누가복음」 1장 51~53절). "형제자매 여러분,

_____

24) Niebuhr, 앞의 책, 1941, 222쪽.

여러분이 부르심을 받을 때에, 그 처지가 어떠하였는지 생각하여 보십시오. 육신의 기준으로 보아서, 지혜 있는 사람이 많지 않고, 권력 있는 사람이 많지 않고, 가문이 훌륭한 사람이 많지 않았습니다"(「고린도전서」 1장 26절).

성경이 권력과 부, 지위와 명예를 가진 자들을 경계하는 반특권적 성향을 가진다고 할 때, 그렇지 못한 자들의 실제의 죄는 가벼운 것인가? 니버는 가난하고 힘없는 자들이 죄로부터 자유롭다는 환상 역시 경계해야 한다고 본다. 개신교의 일부 교파들은 성경의 반특권주의를 지나치게 단순하게 해석하여 예수를 무산자 계급의 지도자로 간주하는 오류를 범한다. 그러나 니버는 가난하고 힘없는 자들이 혁명 등을 통해 권력과 부를 획득하게 되면 자신의 적들이 범했던 것과 같은 오류를 범하게 된다는 사실을 지적한다. 약함이 강함으로 변화될 때 약자는 똑같은 도덕적 자부심과 독선의 죄를 범하기 쉽고, 자신의 오만함에 도취될 수 있다.[25]

더욱 지성적인 사람이 실제의 죄를 덜 저지르리라는 판단 역시 이러한 시각에서 보면 그릇된 것이다. 이러한 사실은 합리주의자들의 통상적인 도덕관과 배치되기에 더욱 논란의 여지가 있다. 니버는 더 많은 지식을 가진 사람일수록 독선과 자기확신의 죄를 저지를 가능성이 높다고 보기 때문에 지식이 도덕과 자동적으로 연결된다는 견해를 비판한다. 이성은 쉽사리 욕망의 노예가 되

25) 같은 책, 226쪽.

며, 정신과 양심의 성취는 쉽사리 자부심과 독선이 되기 때문이다.

니버에 따르면 현명한 자, 힘 있는 자, 고귀한 지위에 있는 자, 심지어 선한 자들이 죄로부터 자유로울 수 있다는 견해는 계시종교의 관점에서 볼 때 대단히 그릇된 것이다. 인간이 원죄로부터 자유로울 수 없다는 점을 인식하는 순간 세속의 덕은 오히려 더 많은 죄로 연결된다. 인간이 신 앞에서 모두 죄인이라는 사실을 망각하면 인간의 위대함·업적 등에 의해 죄성을 망각하기 쉬우며, 플라톤이나 아리스토텔레스 등 그리스 합리주의가 권하는 대로 철인군주가 가장 위대하다고 생각하기 쉽다. 그러나 철학적 지식을 가진 현명한 군주나 위대한 군주 모두 자신의 원죄를 오히려 강화하며 이를 합리화하는 죄에 더 취약하다는 사실을 잊어서는 안 되는 것이다.[26)]

예수의 절대적 사랑윤리

예수의 윤리야말로 계시종교의 완전한 결과물이다. 사랑의 이상은 신이 세상과 관계를 가지듯이 모든 인간 경험의 사실과 필연성 같은 관계를 가진다. 신이 세상에 내재해 있듯이 예수의 윤리는 인간의 모든 경험에 내재해 있다. 신이 세상을 초월해 있듯이 예수의 윤리는 마지막 정점에서 인간 삶의 가능성을 초월한다. 따라서 예수의 윤리는 세상을 부정하는 금욕주의적 윤리도

26) 같은 책, 227쪽.

아니고 자연주의에서 말하는 지혜롭고 사려 깊은 실천윤리도 아니다.

예수의 윤리는 자연적인 모든 욕망에 대해 비타협적인 엄격한 태도를 취하기 때문에 금욕주의와 혼동되기 쉽지만, "자연적 욕망을 그 자체로 사악한 것이라고 비난하는 것은 아니다."[27] 예수의 윤리는 세상에 내재적인 것으로 혼동되기 쉽다. 사랑윤리의 초월성이 직접적이기보다는 간접적으로 나타나 있기 때문이다.

예수의 윤리는 인간 삶의 구체적인 모든 문제를 해결해주기 위한 것이 아니라, 신이 일관된 의미체계를 부여하듯 삶에 일관된 의미를 부여하는 윤리체계이다. 이는 인간의 자기중심주의를 인정하면서 타인과의 조화를 추구하는 세속적인 실천윤리와는 근본적으로 다르다. 니버는 예수의 사랑의 윤리가 정치·사회 또는 사회유지에 필요한 세력균형과 같은 세속적인 일에 대해서는 아무것도 말해주지 않는다는 점을 강조한다. 이 사랑윤리의 절대주의와 완전주의는 자연적인 인간의 욕망, 심지어는 타인으로부터 자신을 보호하려는 현실의 실천윤리와도 대척점에 서 있음을 인식해야 한다. 이는 세속에서의 삶을 위한 수평적 윤리가 아니라 신의 사랑의 의지와 사람의 의지를 연결하는 수직적인 윤리이다.

계시종교에서 사랑은 현실적 필요를 위한 윤리체계로 제시되는 것이 아니라 신의 속성의 핵심이므로 당연한 것으로 전제된

27) Niebuhr, 앞의 책, 1935, 43쪽.

다. 그러한 신의 속성을 되살리려고 하는 것이 인간의 삶에 일관된 의미체계를 제시하는 일이다. 이를 위해 인간은 비타협적으로 사랑의 윤리에 충실해야 하는 것이다. 니버는 "너희가 악해도 너희 자녀에게 좋은 것을 줄 줄 알거든, 하물며 하늘에 계신 너희 아버지께서 구하는 사람에게 좋은 것을 주지 아니하시겠느냐"라는 「마태복음」 7장 11절을 언급한다. 예수의 메시지는 신의 속성이 인간의 세속적 존재에 있을 뿐 아니라 인간의 "악함" 속에서도 찾을 수 있음을 말해준다고 주장한다. 신의 사랑의 속성은 인간의 악함과 선함을 포괄하는 근본적 윤리체계이기 때문이다.

니버는 "아버지께서는 악한 사람에게나 선한 사람에게나 똑같이 해를 떠오르게 하시고, 의로운 사람에게나 불의한 사람에게나 똑같이 비를 내려주신다"라는 「마태복음」 5장 45절도 선과 악을 포괄하는 신의 사랑의 속성을 나타낸다고 말한다. 인간이 적을 용서하고 사랑할 수 있는 것은 세속적 실천윤리의 필요성이 아니라 신의 속성에서 비롯된 것이라는 논리이다.

이러한 관점에서 인간의 가장 기본적인 자연적 충동도 사랑윤리를 실천하기 위해 모두 부정된다. 「마태복음」 6장 25~32절에서 예수는 인간이 생존을 위해 필수라고 여기는 음식·옷 등의 필요성을 "말씀"을 위해 부정한다. 이러한 언명은 세속의 실천윤리 관점에서 보면 온당하지 않은 것이다. 니버는 현실에서의 비적실성이야말로 예수의 사랑윤리의 핵심인 엄정주의(rigorism)의 메시지라고 본다. 인간의 자기주장 또는 자기중심주의의 표현으로서의 소유에 대한 사랑과 부에 대한 집착은 모두 부정된다.

이는 재산에 대한 태도가 사회도덕적 관점이 아니라 궁극적인 초월을 위한 노력을 방해한다는 관점에서 논의되었기 때문이다.

이와 더불어 예수가 경고하고자 했던 인간의 속성으로는 자부심 또는 자만심이 있다. 자부심이야말로 자기애의 은밀한 표현인데, 부와 같은 물질적 대상이 아니라 사회적 인정을 원하는 것이기 때문에 더 간파되기가 어렵다. 「누가복음」14장 10~11절은 "초대를 받거든 가서 맨 끝자리에 앉아라. 그리하면 너를 청한 사람이 와서 너더러 '친구여, 윗자리로 올라앉으시오' 하고 말할 것이다. 그때에 너는 너와 함께 앉은 모든 사람 앞에서 영광을 받을 것이다. 누구든지 자기를 높이면 낮아질 것이요, 자기를 낮추면 높아질 것이다"라고 말하고 있다. 니버는 이 언명이 세속에서의 삶의 지혜로 해석되는 것을 경계한다. 이는 자부심을 근본적으로 경계하고 버려야 함을 신과의 관계에서 논한 것이라고 본다. 자부심은 지식이나 능력 등에 힘입어 대중으로부터 존경을 받게 하고 인간의 영혼을 타락시키는 결과를 낳는다. 따라서 신의 관점에서는 다른 모든 욕심과 다를 바가 없는 것이다.

예수의 사랑의 명령은 적에 대한 용서와 복수의 금지에 관한 대목에서 가장 극단적으로 드러난다. 예수는 사회정의를 위해 복수가 필요함과 별개로 적을 용서해야 할 필요가 있음을 주장한다. 인간은 모든 형태의 복수를 금해야 하는데, 자신의 이익을 침해하거나 정의를 해친 사람에게 자신을 주장해서는 안 되기 때문이다. 이유는 사회도덕적이 아니라 순수히 종교적이다. 인간은 신이 용서하기 때문에 용서해야 한다. 우리는 신이 사랑에서 공평하기 때문에 적을 사랑해야 한다.

인간 행동의 준거점은 수평적이 아니라 수직적이어야 한다. 자연적 욕망이나 사회적 결과는 고려대상이 아니다. 윤리적인 것이 올바른 사회적 결과를 가져올 수는 있겠지만, 종교적 관점에서 볼 때 이는 부수적일 뿐만 아니라 사회적으로 옳은 것이 종교적으로 그릇된 결과를 가져오는 경우도 얼마든지 있다. 여기서 모든 공리주의적 윤리체계가 해체된다. 세속에서 악을 이기는 것 자체가 즐거운 일이 아니라, 자신의 행동이 종교적 윤리체계에 부합하기 때문에 즐거운 일이라는 것이다. "보아라, 내가 너희에게 뱀과 전갈을 밟고 원수의 모든 세력을 누를 권세를 주었으니 아무것도 너희를 해하지 못할 것이다. 그러나 귀신들이 너희에게 굴복한다고 해서 기뻐하지 말고, 너희의 이름이 하늘에 기록된 것을 기뻐하여라"(「누가복음」 10장 19~20절).

신의 관점에서 보기에 모든 인간은 공평하게 원죄자이기 때문에 인간들 간의 복수와 승리는 무의미하다. 니버는 예수의 사랑 윤리를 사회적으로 유용한 윤리체계로 만들려는 노력은 예수의 도덕적 메시지를 왜곡하게 된다고 말한다. 예를 들어 자유주의 기독교 신학의 평화주의는 폭력 금지를 위해 예수의 사랑의 메시지를 원용하는데, 이는 모든 사람이 원죄자라는 기본 메시지를 왜곡하는 결과를 낳는다. 인위적으로 폭력을 금하는 일이 윤리적인 것이 아니라 대상과 자신이 모두 원죄자라는 인식을 철저히 하는 것이 우선이기 때문이다. 그리고 신은 모든 원죄자를 공평히 사랑한다는 점을 인식하고 이를 기반으로 적을 대하는 일이 더 기본적이다. "너희를 사랑하는 사람만 너희가 사랑하면 무슨 상을 받겠느냐? 세리도 그만큼은 하지 않느냐?"(「마태복음」 5장 46절).

인간이 공평하게 대우받고 사랑의 대상이 되는 것은 인간이 실존적으로 공평한 존재이기 때문은 아니다. 니버는 인간이 고르게 사랑받을 수 있는 자격이 평등성과 같은 스토아적 명제와는 무관하다고 본다. 예수의 메시지는 신이 인간의 평등, 불평등에 상관없이 모든 원죄자를 공평히 사랑하기 때문에 인간의 사랑도 공평해야 하는 초월적 근거가 있다는 것이다. 인간은 가족을 더 사랑해서도 안 되고, 친구를 더 사랑해서도 안 된다. 사회윤리적으로 그렇다는 것이 아니라, 신의 사랑을 따르지 않으면 너무도 쉽게 붕괴되는 존재이기 때문에 그러한 초월적 필요를 매 순간 따라야 한다는 의미이다.

니버는 예수의 사랑윤리가 사회윤리적으로 직접적인 도움이 될 수 없으며, "어떠한 사회윤리도 순수한 종교윤리에서 직접적으로 도출될 수 없다"고 주장한다.[28] 신에 대한 추종과 봉사는 어떠한 보상을 바라는 것이어서는 안 된다. 심지어는 심판의 날에 도움이 되리라는 보상심리에 근거해서도 안 된다고 본다. 여기서 니버는 계시종교의 윤리의 역설을 규정한다. 앞에서 언급한 "자기 목숨을 얻으려는 사람은 목숨을 잃을 것이요, 나를 위하여 자기 목숨을 잃는 사람은 목숨을 얻을 것이다"(「마태복음」 10장 39

28) 같은 책, 55쪽.

절)라는 역설이다. 인간의 이기주의는 반드시 자기파괴적이며, 이기주의를 버릴 때에만 자기실현이라는 목적이 비의도적이지만 불가피하게 성취된다는 것이다. 여기서 중요한 것은 '비의도적'이라는 말이다. 자기실현을 자기애에서 의도하여 이룬다면 그 자체가 자기애의 발현이기 때문이다.

니버가 씨름했던 또 다른 문제는 인간이 사랑의 윤리를 실천하는 일이 최종 심판의 날에 보상을 받고자 하는 것인가, 그렇다면 이를 어떻게 보아야 하는가였다. 니버는 바울은 물론 예수조차도 임박한 최후의 심판을 의식하고 사랑윤리의 실천을 이와 연결시켰다고 본다.[29] "이 고을에서 너희를 박해하거든 저 고을로 피하여라. 내가 진정으로 너희에게 말한다. 너희가 이스라엘의 고을들을 다 돌기 전에 인자가 올 것이다"(「마태복음」 10장 23절).

니버는 초기교회에 대한 박해를 거치면서 신자들이 예수의 재림과 최후의 심판에 기대 자신의 사랑윤리를 지켜나가고, 이러한 전망이 실현되지 않자 점차 세속의 정치·사회윤리에 적응하게 되었다고 생각한다. 여기서 최후의 심판의 의미가 무엇인가가 중요해진다. 니버는 최후의 심판이 역사를 초월한 다른 차원에서의 심판이 아니라 역사 속의, 역사의 최종점에서의 심판이라는 인식이 계시종교의 핵심이라고 누차 강조한다. 그러면서도 그러한 심판의 개념이 "모든 인간의 삶이 진행되는 불가능한 가능성의 신화적 표현"이라고 본다.[30] 즉 신의 왕국은 언제든지 실현될 수 있

29) 같은 책, 60쪽.

는 가능성이자 역사 속의 사건으로 여겨진다. 그러나 이는 다가오고 있지만 결코 이 자리에 없는 왕국이라는 점에서 역설적인 개념이다. 니버는 바로 이러한 역설, 즉 자신을 버려야만 삶의 의미를 발견할 수 있고, 언젠가 도래할 가능성이 있는 신의 왕국의 존재를 믿지만 현재 여기에 존재하지 않는 역설 속에 인간이 놓여 있음에 주목한다. 그리고 이를 끊임없이 일깨우는 것이 예수의 사랑윤리가 전하는 메시지이다.

니버는 인간 삶의 모든 차원을 실현하는 것은 불가능한 이상일 뿐 아니라, 원죄와 악은 단순한 불완전성을 넘어선 종교적 현실이라고 역설한다. 따라서 오직 완전한 사랑의 윤리만이 삶을 구원할 수 있다. 자기애는 언제나 파괴적이며 원죄의 대가는 죽음이다. 현재 우리 문명이 겪고 있는 부정의와 국가 간 갈등은 이러한 인간 본성의 일면적 결과일 뿐이다.

니버는 인간이 우선적으로 해야 할 일은 세상의 무질서를 줄여, 일단 견딜 만한 인간의 세상을 만드는 것이라는 아우구스티누스적 대안을 제시한다. 인간의 세상은 신의 세상과 근본적으로 다르지만 일단 불완전한 평화라도 이루어 궁극적인 신의 평화를 이룰 기반을 마련해야 한다고 생각하는 것이다.

---

30) 같은 곳.

계시종교의 역할은 무엇인가

현실에서 도덕성은 절대기준이 아니라 상대적 선과 상대적 악 사이의 선택이다. 반면 기독교는 불가능한 윤리기준을 요구하며 인간 본성의 유한성과 타락을 강조하기 때문에 고뇌와 참회를 이 끌어내게 마련이다.

이러한 상황에서 계시종교는 두 가지 방향의 위험성을 가지고 있다. 첫째, 사랑의 이상이 실존의 현실문제에 적용될 수 없다고 그 적실성을 부정하는 것이다. 인간의 비극적인 삶은 도덕적 성 취 이상의 무엇에 의해서만 구원받을 수 있다는 생각이다. 이러 한 사고를 대표하는 인물은 동시대 정통주의 신학자인 바르트 (Karl Barth)였다. 니버는 바르트가 신의 초월적 의지를 현실의 도덕률에 무조건적으로 부과하거나 변화하는 시대상에 합당한 도덕률을 제시하지 못했다고 비판한다. 다음은 니버의 생각을 잘 보여준다.

카를 바르트는 자신의 신학이 어떠한 정치적 결실을 맺을 것 인가에 따라 평가받는 것을 물론 못마땅해할 것이다. 그는 "신 의 말씀"을 얼마나 적절히 해석했는가 하는 것으로 평가받아야 한다고 생각할 것이다. 그러나 바로 그 신의 말씀, 성경에 비추 어 보면, "너희는 그들이 맺은 열매를 보고 그들을 알아볼 수 있다." 정치적 정의나 지혜가 바로 그 열매이며 모든 사고체계 는 이에 따라 평가되는 것이다.[31]

둘째, 종교적 이상을 현실에 직접 적용하기는 하지만 이를 모든 세대와 시대가 인정할 수 있는 상식적인 실천도덕에 맞추는 위험성이다. 바로 근대 세속주의가 빠진 함정이다. 니버는 자유주의 기독교 신학이 계시종교와 세속주의의 혼합체이지만, 전체적으로 보면 세속주의와 자연주의 쪽에 서 있다고 본다.[32]

계시종교는 정통주의 신학과는 달리 사랑의 이상이 모든 현실의 차원에서 적실성을 가질 수 있다고 본다. 종교적 이상이 계시에 의해 인간 체험세계에 덮어 씌워진 것이 아니라 자연적인 인간의 도덕적 이상과 업적에 적절히 적용될 수 있다는 것이다. 니버는 역사적인 인간의 실존과 초월적인 것 간의 유기적 관계를 설정하는 데 계시종교의 핵심이 있다고 본다.

도덕적 삶은 언제나 사회의 조화를 제고하고 무질서를 극복하는 데에 기여한다. 그러나 인간이 가지고 있는 도덕적 의무감은 항상 유한하며 무질서의 씨앗을 내포하고 있다. 신에 대한 계시종교적 믿음이 없다면 인간적 도덕을 확신하는 도덕적 환상주의에 빠지고 만다. 계시적 신앙의 핵심은 감사와 참회이다. 이는 창조됨에 대한 감사이고, 최후의 심판 이전에 필요한 참회이다. 여기에는 인간 삶의 악 속에 선함이 있다는 인식과 더불어 선함 속에도 악이 있다는 인식이 뒷받침되어 있다. 계시종교는 역사

---

31) Niebuhr, "Why is Barth Silent on Hungary?", *The Christian Century*, January 23, 1953.
32) Niebuhr, 앞의 책, 1935, 98쪽.

속에서 실현이 불가능하다고 전제하면서도, 완전하고 궁극적인 일치와 조화의 완성을 위해 나아가도록 도덕적 기준을 설정한다.

근대 합리주의는 인간의 이기주의를 그 자체로 악이라고 여기지는 않는다. 적절한 수준에서 타인의 이익과 조화를 이루어 추구된다면 윤리적 삶과 연결될 수 있다는 것이다. 반면 계시종교에서 이기주의는 사회에 도움이 되는 이기주의로 남기 어렵다. 사회의 부정의와 인간역사의 갈등은 순수한 이기주의, 또는 과도한 이기주의에서만 비롯되는 것이 아니기 때문이다. 이기주의 그 자체, 심지어는 좋은 의도를 가진 이기주의도 사회적 부정의를 불러온다. 전쟁은 부당한 국가행위에서만 시작되는 것이 아니라 온당한 국가행위에서도 비롯된다. 모든 국가가 통상적으로 인정된 범위 내에서 자신의 이익을 지키고자 하여도 전쟁으로 나아가는 경우가 비일비재하다.

근대 합리주의와 자유주의 기독교 신학은 사랑의 윤리 또는 적절한 합리적 행위로 사회정의를 가져올 수 있다고 본다. 그러나 니버는 합리성이 아무리 발전하더라도 인간의 전체 차원을 보는 데에는 한계를 가지며 자신의 이성과 생존을 위해 필요한 자연적 충동을 완전히 분리시키지 못한다고 본다. "인간은 자신의 자연적 삶의 의지를 확장적인 권력에의 의지로 변화시키려는 죄로부터 벗어날 수 없다."[33] 유한성을 넘어 무한성을 확보하고자 하는 본질적인 욕망 때문이다.

---

33) 같은 책, 110쪽.

자유주의 기독교 신학은 예수를 완전한 인간으로 보고, 다른 모든 사람이 닮고 따라할 수 있는 존재로 묘사한다. 이러한 낙관론은 예수를 인간의 모든 속성을 탈피한 신적 존재로 인식하는 정통주의 신학과 대척점에 있다. 니버는 자유주의 신학이 역사적 예수를 위해 초월적 그리스도의 의미를 격하시키고 있다고 본다. 계시종교는 그리스도의 도덕적 본질이야말로 희망인 동시에 절망이기도 하다는 역설을 강조한다. 불가능한 가능성인 사랑의 윤리를 요구하는 존재로서이다. 이러한 절망에서 그리스도 안에 내재한 신의 계시를 향한 희망이 생겨나는 것이다. 그리스도와 십자가에 대한 신앙은 가능성이기도 하지만 자신의 한계에 대한 처절한 인식이기도 하다. 기독교적 믿음은 인간의 가능성에 대한 희망이라기보다는 신의 사랑에 대한 절대적 확신이자 신에 의해 가능한 초월적 차원에 대한 희망이다. 그리고 그 희망은 진정한 참회에서 비롯된다.

세속적 자유주의나 마르크스주의 모두 이러한 인간의 한계, 인간이 만들어낼 수 있는 역사의 초월성의 한계를 제대로 인식하지 못한다는 점에서 유토피아주의라고 할 수 있다.[34] 앞에서 언급했

---

34) 'utopianism'과 'idealism'은 고전적 현실주의자들이 엄격히 구분해서 사용하는 개념이다. 전자는 '유토피아주의' 또는 '이상향주의'로 번역할 수 있고, 후자는 '이상주의'로 번역할 수 있다. 전자는 희망적 사고로 현실을 근거 없이 또는 잘못되게 낙관적으로 보는 것이며, 후자는 이상 또는 관념에 의해 현실이 구성되지만 현실의 작동논리, 예를 들어 권력정치와 같은 현실적 측면을 무시하거나 왜곡하는 것이다. 전자는 정확한

듯 자유주의는 이성과 지식, 교육의 힘에 의해 인간이 도덕적 완전성을 향해 나아갈 수 있으며 이상적 사회를 이룰 수 있다고 가정한다. 니버는 이러한 합리성이 부르주아의 지배를 합리화하는 세계관을 만들어낸다는 점에서 근대과학의 계급성을 지적한다. 마르크스주의는 근대 합리성의 계급성을 지적하고 자유주의를 비판한다는 점에서 니버의 생각과 상통한다. 그러나 마르크스주의 역시 부르주아적 이성의 계급적 편향성을 지적하면서도 계급사회를 초월하는 인간의 변증법적 이성의 힘과 합법칙적으로 발전하는 역사적 이성이 인간의 역사를 이상적 사회로 이끈다고 가정하는 점에서 니버가 보기에는 유토피아주의적이다. 프롤레타리아 계급이 인류문명을 새롭게 일신하는 보편적 계급이라는 희망, 계급적 이익을 극복하면 인간의 이기심이라는 죄가 사라지리라는 믿음, 부당한 계급이 사라지면 모든 사회문제가 해결되리라는 이상 등은 인간 삶의 총체적 차원을 인식하지 못한 결과라고 본다.

인간이 가지는 도덕적 유한성의 한계는 개인들 간의 관계에서도 드러나지만 집단들 간의 관계에서 더 명확하게 드러나며, 국가 간 관계에서 가장 첨예하게 드러난다. 인간집단은 스스로 도덕적 일체성을 가진 집단으로 공고화될수록 적에 대한 자신의 위치를 더욱 강화하게 된다. 분쟁이 생기면 스스로 심판자가 되며,

---

사고를 하지 못하지만, 후자는 정확한 사고를 하면서도 현실을 왜곡한다는 차이가 있다.

결국 신의 역할을 떠맡는 죄를 저지르게 되는 것이다.

적과 나 사이 자기확신의 대립이라는 문제에 종교가 끼어들면 죄는 더욱 확대된다. 자신의 입장이 절대적으로 옳다는 종교적 모티프를 가져옴으로써 죄의 본질을 더욱 강화시키기 때문이다. 인간의 영성에 근본적 한계가 있으며 자신의 유한성과 상대성에 대해 철저하게 참회해야 한다는 종교적 규범이 오히려 스스로가 가장 옳다는 악한 부정직과 자기주장으로 나타난다. 기독교가 강조하는 "죄 없는 자가 돌을 던질 수 있다"는 엄격한 윤리는 이러한 점에서 비타협적이다.

니버는 오직 참회에 기반한, 용서하는 사랑만이 국가 간의 분쟁을 치유할 수 있다고 말한다.[35] 그러나 국가가 이러한 사랑의 마음을 집합적으로 가진다는 것은 불가능하다. 개인이 이러한 삶을 사는 것도 매우 드문 일이라고 할 때, 국가가 사랑을 위한 상상력을 가진 집단으로 움직이는 것은 생각하기 어렵다. 국가 간 분쟁을 조정하는 모든 메커니즘은 이익에 따라 움직일 수밖에 없으며, 분쟁을 불편부당하게 판단하는 일은 불가능하다. 니버는 "국제정치야말로 인간의 유한성을 가장 완전하게 보여주는 장이며, 이를 초월하고자 하나 결국 죄로 물든 부정직의 결과를 낳는 비극적 사례이다"라고 규정한다.[36]

인간의 초월은 비타협적이고 완전한 자기부정적인 사랑의 윤

---

35) Niebuhr, 앞의 책, 1935, 118쪽.
36) 같은 책, 119쪽.

리를 추구함으로써만 가능하다. 그러나 이는 하나의 가능성인 동시에 불가능한 목적이라는 역설이 존재한다. 인간이 현실에서 추구할 수 있는 것은 절대적 기준의 상대적 모습들뿐이다. 세속의 모든 도덕적 기준이 상대적인 것은 사실이며, 계시종교는 사랑의 법칙에 기반한 최소한의 도덕적 행위기준만을 설정할 수 있다. 타인의 생명을 보호하는 일이 하나의 예이다. 물론 세속의 기준으로 상호적 덕목을 마련하기 위해 타인의 생명을 존중할 수도 있지만, 사랑의 절대적 이상과 일치되지 않는다면 여기에는 한계가 있게 마련이다.

니버는 초월을 향한 절대적 목표가 인간의 실제 역사와 사회에서 어떻게 상대적 목표로 설정되어갈 수 있는지, 그 속에서 인간의 정치는 어떻게 발전해갈 수 있는지 고민하게 된다.

제4장 초월과 정치
니버의 정치관과 민주주의론

"인간사회와 정치는 원죄를 가진 인간들이 자기애와
자기확장 욕구를 실현하기 위해 투쟁하는 장이다.
인간사회의 권력정치 양상과 이익추구에서 빚어지는 갈등은
스스로의 존재의미를 증명하고 초월을 추구하는
본성에서 비롯된 근본적인 것이다. 따라서 기독교 관점에서
인간의 본질과 인간사회의 문제를 직시하고 근본적인
해결의 비전을 제시하는 동시에 현실주의적 관점에서
구체적 실현방안을 찾아가는 '기독교 현실주의' 시각이
필요하다는 것이 니버 정치철학의 핵심 메시지이다."

정치라는 실존적 투쟁의 장

니버 정치사상의 출발점은 인간은 근본적으로 사회적 존재라는 것이다. 그는 인간이 사회성 속에서만 초월을 이룰 수 있다고 보았다. 이는 바르트 계열의 신정통주의 · 엄숙주의 · 계시주의와 뚜렷하게 구별되는 신학적 특징이다. 흔히 초월을 추구하는 종교적 인간이 사회와 격리되어 개별적 초월을 추구할 것이라 생각하지만, 니버는 인간의 초월이 사랑윤리 속에서 주체를 넘어서는 노력으로만 가능하다고 보고, 타인 · 객체 · 신과의 관계 속에서의 초월을 중시한다. 성직에 있으면서 지역사회 · 시민사회 · 정당 그리고 중앙정부에 이르기까지 다양한 영역에서 참여지식인으로 활동한 일 역시 이러한 신학과 인간관에서 비롯되었다.

인간은 사회와 타자와의 관계 속에서 초월을 위해 자신의 자유를 극대화하고, 삶의 의미를 찾아나가는 것을 목표로 한다.[1] 니버는 만약 인간이 타자와의 관계, 특히 타자에 대한 책임을 외면한 상태로 진정한 자아를 정립하기를 원한다면 이는 기독교적 관점에서 고립주의의 죄(sin of isolationism)에 해당한다고 비판한다.[2] 삶의 의미를 찾으려는 노력, 즉 '삶의 욕구'(will to live)는 '자기실현의 욕구'(will to self-realization)로 이어지고 이는 타

---

1) Niebuhr, *The Children of Light and the Children of Darkness*(New York: Charles Scribner's Sons, 1944), 5쪽 참조.
2) 같은 책, 56쪽 참조.

자와의 관계 수립으로 연결된다. 자기실현의 최고의 단계는 아가페적 사랑에서 자아를 초월하는 것이기 때문이다. 타자와의 관계에서 초월의 실마리가 드러난다고 할 때, 사회와 역사는 이 실마리를 제공하는 계시의 장이다. 계시는 신의 드러남이지만 이는 사회와 역사 속에서의 드러남이며, 그 속에서 사랑의 윤리를 추구하는 개인에 대한 드러남이다.

그러나 인간의 비극은 모두 예외 없이 자기애와 자기확장을 도모하는 원죄의 수렁으로 빠져든다는 데 있다. 신과 타자에 대한 사랑이 아니라 자기애를 확장하는 과정을 통해 삶의 의미를 추구하게 되고, 그 맥락에서 타자와의 관계를 성립시킨다. 이는 필연적으로 권력관계이자 이해관계일 수밖에 없다. 결국 대부분의 인간은 자아실현을 추구하는 단계에서 타인과 정치적 관계를 수립하게 된다. 인간은 바람직한 초월의 길을 걷든 원죄에 물든 자기애의 길을 걷든 사회로부터 자유로울 수 없으며, 이를 부정해서는 진정한 초월을 추구할 수 없다. 따라서 니버는 인간의 본성에 어쩔 수 없이 사회성이 개입된다고 보고, 사회적 본성에서 어떠한 정치세계가 출현하는지 논하면서 정치사상을 전개한다.

초월적인 차원이 사라지면 삶의 욕구는 '권력 욕구'(will to power)로 연결된다. 자신을 존재의 중심에 두고 자만과 권력에의 의지에 빠지는 자아는 필연적으로 다른 존재를 자신의 의지 아래 종속시키고 부정의를 행하게 된다. 그리고 교만과 자기애 및 자기중심성, 이기주의는 사회에서 부정의를 심화시키는 방향으로 발전하게 된다. 인간은 통상 자연의 우연성에 좌우되기 때문에, 안전을 위해 단지 자신의 이익만을 추구하는 것이 아니라 권력에의 의지를 강화하거나 "권력과 영광"을 향한 열망을 불태우게 된다. 그 과정에서 "단순히 자연적 피조물로서 육체적 생존에만 관심을 가지는 존재를 넘어서 위신과 사회적 승인을 추구하는 존재"로 변화한다. 니버는 인간이 동물로서 가진 기본 욕구를 '영화'(靈化, spiritualization)하여 더욱 공고하게 집착하기에 이른다고 설명하는데, 이 말이야말로 인간의 자기애가 어떻게 초월 욕구를 부정적으로 결합시키는지 잘 보여준다.[3]

여기서 권력욕은 생물학적 인간이 소유한 단순한 욕심과는 달리 인간의 실존적 욕구에서 비롯된 영적이며 정신적인 것이다. 흔히 정치적 현실주의에서 인간은 권력과 이익을 추구하는 존재라고 정의되지만, 니버가 보기에 이는 단순한 욕구 차원이 아닌 실존 차원의 속성이다. 권력과 이익을 추구하는 인간 본성의 뿌리를 실존적 또는 종교적 차원에서 심도 있게 분석해야 정치의 본질에 대해 더 깊이 사고하고 근본적인 처방을 내릴 수 있다. 따라서 이를 해결하기 위해서는 삶의 모두를 건 처절한 노력이 필요하다.

이러한 견해는 모겐소도 공유하고 있다. 모겐소는 인간은 본질적으로 외로운 존재이며, 외로움이란 인간을 다른 동물과 구별 짓는 실존적 특징이라고 본다. 외로움을 벗어나기 위한 두 가지 방법으로는 사랑과 권력이 있다. 얼핏 보면 모순되는 듯한 두 욕

---

3) 같은 책, 20~21쪽.

구는 타자의 의지를 자기 것에 일치시키거나 복속시킴으로써 외로움이라는 실존적 문제를 해결하기 위한 노력이라는 점에서 같다. 인간의 권력욕이 외로움을 극복하기 위한 실존적 욕망에 부분적으로나마 기원을 두고 있다는 사고는 정치적 현실주의의 차원을 깊게 해준다.[4]

인간사회와 정치는 원죄를 가진 인간들이 자기애와 자기확장 욕구를 실현하기 위해 투쟁하는 장이다. 인간사회의 권력정치 양상과 이익추구에서 빚어지는 갈등은 비단 자신의 편안함과 안온함을 위한 투쟁이 아니라 스스로의 존재의미를 증명하고 초월을 추구하는 본성에서 비롯된 근본적인 것이다. 따라서 해결하기가 매우 어렵다. 이런 견해에 따르면 삶에 대한 성찰, 삶의 허무를 극복하려는 노력이 진지할수록 권력욕이 강해진다는 역설이 나온다. 근대인은 인간의 권력욕·이익욕이 이성으로 교섭·화해 가능할 것이라고 간주한다. 세속정치인은 올바른 제도를 만들어 개인들의 정치적 화해를 추구하려 하고, 자유주의 기독교 신학은 도덕과 사랑이 참회와 용서를 통해 갈등을 해결할 수 있다고 본다.

여기서 제기할 수 있는 질문은 과연 인간의 이성이 자기애라는 원죄를 구원하는 힘이 되어줄 수 있을까 하는 점이다. 권력정치의 출현을 이성의 힘으로 억제하거나 통제할 수 있는가? 과연 이성이 인간의 자기애와 권력에의 의지를 완화하여 사랑의 길로 인

---

4) Hans J. Morgenthau, *Politics in the Twentieth Century* (Chicago: Chicago University Press, 1971), 196쪽.

간사회를 이끌 수 있을 것인가? 니버는 이성이 권력투쟁과 이익 갈등을 조정하고 그 위에서 인간이 더 고귀한 욕구를 향해 나아 갈 수 있도록 도움을 줄 수 있을지 질문한다.

니버는 이성이 동물적 욕구를 제어하는 데 도움을 주는 것은 물론이지만, 인간의 사회적 · 정치적 욕구는 오히려 바로 이성에 서 비롯되며 이성이 이러한 욕구를 강화하고 합리화한다고 지적 한다. 인간은 자연과 역사에서 처할 수 있는 위험을 예견하는 지 성을 가짐으로써, 개인적 · 집단적 차원에서 권력을 증가시켜 자 신의 안전을 추구하게 된다는 것이다.[5] "인간의 자기의식이 이성 의 산물"이고 보면, "사람들은 스스로를 다른 사람들 및 환경과 관련시켜 바라봄으로써 자기를 의식"하게 된다. 그리고 "이 자기 의식은 생명을 보존하고 연장하려는 충동을 강화시킨다. 동물의 경우 자기보존 본능은 자연이 제공해주는 필요 이상을 넘어서지 않는다. 배고프면 죽이고, 위험을 느끼면 싸우거나 달아난다. 반 면 사람의 경우 자기보존의 충동들은 쉽게 세력강화 욕구로 전환 된다."[6]

요컨대 인간사회의 갈등은 근본적인 초월 욕구와 관련되어 이 성으로 해결하기 어렵다는 것이 니버가 우리에게 던지는 계시적 경고이자 메시지이다. 앞에서 살펴본 바와 같이 니버는 이성이

---

5) Niebuhr, *The Nature and Destiny of Man* I (New York : Charles Scribner's Sons, 1941), 178~179쪽 참조.

6) Niebuhr, *Moral Man and Immoral Society* (New York : Charles Scribner's Sons, 1932), 58쪽 참조.

초월적 차원의 문제를 해결해주지 못한다고 보기 때문에, 권력과 이익이라는 파생된 결과물을 합리적으로 조정한다고 해서 근본적인 문제가 치유되는 것은 아니라고 본다. 오직 문제의 본질을 직시하고 근본적인 해결을 추구하는 핵심적인 집단이 인간의 원죄성에 대해 경고할 때, 그리하여 인간이 세속에서 사랑의 윤리를 부분적으로나마 실천하는 노력을 기울일 때, 절대적이지는 않지만 상대적 정의를 실현할 수 있는 실마리가 마련된다. 그 과정은 순조로운 화해나 자동적인 이익조화가 아니라 처절한 투쟁이며, 때로는 폭력을 수반한 강제력을 필요로 한다.

니버는 이러한 정치과정이 인간의 본성상 불가피하다고 생각한다. 인간사에서 정치란 제도를 통한 이익의 조정이 아니라, 자신의 실존적 욕구를 해결하려는 인간들의 노력이 충돌하는 화해하기 어려운 장이다. 먼저 인간이 욕망을 추구하는 과정에서 자신의 이익을 영화하고, 타자와의 사랑 속에서 욕망을 타협하기보다는 타자를 수단화하는 권력 욕구로 빠진다는 사실을 인정해야 한다. 니버는 이러한 정치의 본질을 오해하거나 외면할 때, 이를 영리하게 간파하고 이용하는 파괴적 세력이 힘을 장악할 수 있는 위험이 있다고 강조한다.

사회가 인간의 죄성 때문에 어쩔 수 없이 상호간의 권력정치, 자기애의 충돌로 이어질 수밖에 없다면, 그리고 이러한 상황에서 절대적 사랑의 윤리가 실현되는 것이 불가능하다면, 인간은 절대적 사랑은 아니지만 상대적 진리로서 정의로운 정치질서를 수립해나갈 수밖에 없다. 따라서 기독교 관점에서 인간의 본질과 인간사회의 문제를 직시하고 근본적인 해결의 비전을 제시하는 동시에 현실주의적 관점에서 구체적 실현방안을 찾아가는 '기독교 현실주의'(Christian realism) 시각이 필요하다는 것이 니버 정치철학의 핵심 메시지이다.

도덕적 인간과 비도덕적 사회

개인은 도덕적일 수 있다. 개인은 사회와 격리된 상태에서 타인에게 부도덕하거나 억압적인 행위를 하지 않고 살아갈 수 있으며, 자신의 이익보다 타인의 이익을 도모하는 이타적 행위를 할 수 있다. 그러나 개인적으로 도덕적 삶을 영위하는 일과 초월을 완성하는 일은 별개의 문제이다. 모든 개인은 사회의 특정 집단에 속해 자신의 삶을 재생산하고, 의식과 가치관은 사회에 의해 구성된다. 삶의 일관된 의미를 발견하려는 노력이 초월욕의 시작이고 사회 속에서 자아의 지위를 설정하는 것이 불가피하다면, 개인의 삶과 의식을 규정하는 사회와 역사를 대면할 수밖에 없는 것이다.

니버는 정치세계의 본질이 인간이 구성한 집단과 집단의 관계에 있다고 본다. 집단 간 관계의 본질을 밝히고, 그 속에서 사회 전체의 초월의 계기를 발견하지 않으면 개인의 초월도 불가능하다는 것을 전제로 삼는다. 집단 간의 관계는 국내정치에서 다양한 이익집단, 계급 간의 관계에 적용되기도 하고 국제정치에서 국가 간 관계에 적용되기도 한다. 니버는 한마디로 개인 간 관계는 도덕적일 수 있지만, 집단 간 관계는 도덕적일 수 없다고 단언한다. 이는 사실 정치적 현실주의의 기본 논리이다. 개인은 자신의 동기에 따라 도덕적 행위를 할 수 있지만, 집단에 속한 개인 또는 집단을 이끄는 지도자 위치에 있는 개인은 행위의 결과에 책임을 질 수밖에 없다. 어떤 쪽이 더 도덕적인가는 도덕적 의무론 또는 동기주의와 결과주의 간의 오래된 논쟁거리이다. 베버의 논의에 따르면 개인 차원에서는 심정윤리의 건강성이 작동할 수 있지만, 집단 차원에서는 책임을 맡은 개인이 다른 집단과의 관계에서 이타적으로 행동할 여지를 갖지 못한다. 책임윤리를 수행해야 하기 때문이다.[7]

『도덕적 인간과 비도덕적 사회』는 1932년 출판된 저작으로 향후 전개될 니버의 정치철학을 압축적으로 보여준다. 니버가 그의 인간관과 정치관, 그리고 국제정치관을 본격적으로 서술한 첫 저작이기도 하다. 15년간의 디트로이트 목사생활을 마감하고 1929년 경제위기를 거치면서 변화하는 국제정치현실에 대해 생각했던 것들을 정리한 이 저작에서 니버는 개인과 사회, 양 차원의 관계를 논한다. 산업사회로 빠르게 발전하는 1920년대 미국의 계급적 분열상, 인종적 적대감, 그리고 이 시대의 낙관주의가 처절하게 무너지고 경제위기 이후 미국사회가 당면한 정치적 대립에 대

7) 심정윤리와 책임윤리가 국제정치에 적용되는 과정에 대해서는 Michael J. Smith, *The Realist Tradition from Weber to Kissinger*(Baton Rouge, LA: University of Louisiana Press, 1986) 참조.

한 생각이 반영되어 있다.

니버는 개인이 자신보다 타자와 사회의 이익을 더 우선시하는 이타심과 도덕심, 상상력과 공감력을 발휘할 수 있다는 점을 인정한다. 그러나 인간의 집단 또는 사회가 다른 집단·사회의 이익을 우선시하는 도덕심과 공감력·상상력을 가지기란 불가능하다. 이러한 생각은 무엇보다 당시 디트로이트에서 노동자와 자본가 간의 대립을 몸소 체험하면서 자리 잡은 것이다.

『도덕적 인간과 비도덕적 사회』에서 제시한 인간집단 간 관계는『인간의 본성과 운명』에서 좀더 신학적으로 해석되고 있다. 이 책은 개인과 집단의 이기주의·자부심에 차별점이 있다는 논의를 더욱 발전시킨다. 집단적 자아 또는 사회적 자아의 가식과 주장은 개인의 자아를 넘어서는 모습을 보인다. 집단은 더욱 거만하고, 위선적이고, 자기중심적이며, 목적을 추구할 때 더욱 무자비하다.[8] 인간집단은 다양한 형태를 띤다. 인종·민족·사회경제적 집단 등 다양한 집단들이 나름대로의 이기심을 표출하지만, 집단의 특성을 가장 잘 보여주는 것은 민족국가이다. 국가는 국민들에게 권력을 향한 집단적 충동과 집단적 정체성을 상징하는 다양한 기제들을 제시한다.

합리주의 시각에서는 다양한 집단들이 합의를 통해 정부를 창출한 것이 국가라고 단순히 생각한다. 흔히 민주주의는 서로 다른 이해관계를 가진 집단을 정당이 대표하거나, 정치 영역에서

---

8) Niebuhr, 앞의 책, 1932, 208쪽.

심의와 숙의를 통해 문제를 해결해나가고, 다수결의 원칙으로 문제를 결정짓는 동시에 소수 견해를 존중하는 자유주의적 정당화 기반을 가진다고 생각할 수 있다. 그러나 개인의 이익과 개인의 이익을 대표하는 집단의 이익 충돌은 갈등을 해결하려는 합리적 노력으로 해결되기도 하지만, 개인의 의지와 실존적 의미를 해결하려는 자기애들이 충돌하는 권력투쟁은 해결이 쉽지 않다. 이와 관련하여 니버는 국가에 실현되어 있는 종교적 속성을 지적한다. 합리주의가 미처 파악하지 못한 점이다. 그는 인간의 정치 역사가 과거 원시시대의 부족집단에서 제국을 거쳐 현재 국민국가에 이르기까지 모두 종교적 속성을 지닌다고 본다. 모든 정치집단은 일정한 정도의 우상화 기제를 가지고 있기 때문이다.[9]

여기서 니버는 정치집단과 국가가 어떠한 신학적 의미를 가지게 되는지 주목한다. 국가의 이기심은 단순히 생존을 위한 자연적 충동이 아니라 영적인 삶의 특징을 반영한다. 국가는 권력에의 의지와 자부심 또는 자만심을 보이는데, 이는 위신과 명예에 대한 열정과 연결된다. 다른 집단에 대한 경멸은 자부심의 표현이며 도전에 대응하는 방식이다. 위선은 단순한 이익보다 더 높은 이상을 지향한다는 불가피한 가식이다. 그리고 도덕적 자율성을 주장하는 것은 집단이 스스로를 신격화함으로써 자신을 실존

---

9) 특히 파시즘이 정치의 종교화 현상이라고 보고 이를 분석한 책으로, Emilio Gentile and Keith Botsford, *The Sacralization of Politics in Fascist Italy*(Cambridge: Harvard University Press, 1996) 참조.

의 근원이자 목적으로 만드는 기제이다.[10] 앞서 인간이 자기애를 통해 의미추구와 초월을 달성하려고 했던 것이 집단의 차원에서 강화된 셈이다.

정치집단은 스스로가 궁극적인 가치이며 인간의 실존적 의미를 제공하는 기반이다. 사회집단 속에서 개인은 삶의 의미뿐 아니라 권력과 영광, 유사―불멸성(pseudo―immortality)을 획득한다. 결국 개인은 국가를 통해 자신의 유한성을 초월하는 궁극적 형태를 발견한다. 국가가 신을 가장하게 되는 것이다. 국가가 개인의 충성을 요구하기도 하지만, 개인은 국가라는 집단적 정체성 속에서 스스로를 상실하는 동시에 자기확대를 경험한다. 니버는 파시즘에서 하층 집단이 불안감과 열등성을 극복하는 것도 이러한 국가 속에서의 자기확대 기제라고 본다. 결국 정치집단의 속성에 인간 본성의 원죄의 핵심이 들어 있다. 집단의 이기주의와 자부심은 개인적 자부심보다 더 유력한 불의와 갈등의 기원이 되는 것이다.

민족과 국가가 집단적 자부심이라는 죄를 범한다고 할 때 교회는 이로부터 자유로운가? 교회는 인간의 종교적 욕구를 다루므로 이러한 정치적 욕구로부터 자유로울 수 있으리라고 생각하기 쉽다. 그러나 니버는 종교집단 역시 권력에서 자유롭기 어렵다고 말한다. 중세를 거치면서 현실 속의 교회가 영적 자부심을 획득하게 되고 교황과 세속 황제가 서로를 적그리스도라 공격하면서

10) Niebuhr, 앞의 책, 1932, 211쪽.

대립한 데서 알 수 있듯 교회 역시 똑같이 죄를 저지르게 되었다고 설명한다. 자부심에 대항해서 싸우는 기독교 교회가 스스로 또 다른 자부심에 빠질 수밖에 없다는 역설이다. 국가뿐 아니라 교회도 너무나 쉽게 집단적 이기심의 제물이 될 수 있다. 모든 진실은 죄로 물든 오만함의 수단이 될 수 있는 것이다.

르네상스와 종교개혁은 바로 이러한 중세교회를 단죄하면서 등장한 새로운 운동이었다. 루터는 세속의 황제보다 교황과 중세교회의 자부심을 더욱 신랄하게 공격했다. 개신교는 인간의 모든 활동이 불가피하게 자부심이라는 죄를 저지를 수밖에 없다고 경고한다. 계시종교의 교리이다. 이 과정에서 근대국가가 교회에 대항해서 스스로 힘을 강화하는 역설적인 일이 발생했다. 교회를 공격하는 과정에서 국가가 새로운 신성화를 이루게 된 것이다. 이렇게 볼 때, 근대국가는 기독교의 논리를 부정했다기보다는 오히려 물려받았다는 것이 니버의 견해이다. 니버는 유럽의 경험이야말로 종교의 논리가 어떻게 세속의 논리로 전환되었는가를 보여주며, 오직 유럽에서만 완전한 국가 신격화가 이루어질 수 있었다고 지적하고 있다.[11]

니버의 최대 공격목표의 하나였던 나치즘 역시 기독교에 대항하는 논리였다기보다는 기독교 논리 속에서 독재의 기제를 찾았

---

11) 이와 관련하여 근대국가체제의 성립과정에서 종교의 영역이 사적 영역으로 후퇴하는 과정에 관해서는 Daniel Philpott, *Revolutions in Sovereignty: How Ideas Shaped Modern International Relations* (Princeton: Princeton University, 2001) 참조.

다. 나치는 현실 교회에 대해서 비판적 입장을 취했지만 국가를 신격화하고 다른 모든 사상을 국가의 수단으로 삼았다는 점에서 기독교의 논리를 취하고 있는 것이다.

이에 대한 해결책은 무엇인가? 인간이 정치의 장에서 도달할 수 있는 질서의 최대치는 무엇인가? 니버는 이성에 기대는 세속적 또는 종교적 도덕주의자들을 비판한다. 이들은 모두 사회집단 간의 갈등이 제도를 개선하거나 더 나은 해결책을 제시하고, 이에 따라 합리적으로 각 집단을 설득하고 교육함으로써 해결될 수 있다고 본다. 세속적 도덕주의의 대표로 지목되는 이는 존 듀이이다.[12] 듀이는 자연과학과 같은 이성적 과학에 따라 사회문제를 연구하고 해결책을 제시하면 사회갈등이 해결될 수 있다고 믿은 합리주의자이다. 그러나 니버는 사회문제가 결코 자연과학 등의 과학적 방법으로는 객관적으로 인식될 수도, 이익을 초월하여 해결될 수도 없다고 단언한다.[13] 종교적 도덕주의자들 역시 근대주의에 영향을 받아 분쟁 당사자들을 모아 공정과 선의의 정신으로 설득하면 이익의 충돌을 해결할 수 있다고 본다. 이는 인간과 인간집단의 본성에 대한 근거 없는 낙관론에 기초한 것이다.

니버는 사회적 지성과 도덕적 선의가 사회갈등을 완화하는 데 도움은 되지만, 인간의 본성상 이성과 공감력 · 상상력이 근본적

---

12) Daniel F. Rice, *Reinhold Niebuhr and John Dewey: An American Odyssey*(Albany: State University of New York Press, 1993) 참조.
13) Niebuhr, 앞의 책, 1932, xiii~xiv 참조.

으로 부족하기 때문에 도덕적 방법으로만 문제를 해결하기는 불가능하다고 본다. 해결책은 힘의 균형이다. 인정하기 유쾌하지 않지만 인간집단이 추구하는 이익과 권력은 오직 다른 집단의 이익과 권력에 의해서만 제한되고 균형을 이룰 수 있다는 것이다. 힘은 폭력일 수도 있고, 비폭력적 권력일 수도 있다. 정치제도에 따라 폭력을 수반한 균형이 될 수도 있고, 비폭력적 힘으로 질서를 가져올 수도 있다.

니버는 인간의 역사에서 일차적 친밀집단을 넘어선 집단 간 관계는 반드시 강제력을 수반하게 마련이고, 강제력이 폭력적 기제를 벗어나는 것이 인간역사의 일차적 발전이라는 결론에 도달한다. 근대 민주주의는 대규모 인간사회를 유지하는 데 폭력이 아닌 제도로 정치갈등을 해결하며, 다수에 의한 결정을 내리지만 소수의 의견을 존중한다는 것을 목표로 다듬어져온 제도이다. 근대국가가 모든 폭력을 정당하게 독점하기에 비폭력적 강제력으로 정치질서를 운용하게 된 것이다. 그러나 니버는 1930년대에 민주주의의 경제적 불평등을 적나라하게 체험하면서, 민주주의가 모든 집단의 이익을 고루 반영하는 것은 아니며 특히 경제적 특권계급의 이익을 월등히 반영한다고 보았다. 또한 이탈리아의 파시즘, 독일의 나치즘 등에서 보는 바와 같이 민주적 과정으로 집단 간 이익을 조정할 수 없을 때, 폭력을 수반한 집단갈등이 쿠데타 등 전복적 방법을 통해 다시 대두하기도 하고, 민주적 절차에 의해 정권을 수립한 이후 폭력을 사용하여 정권을 유지하는 사례가 등장하기도 한다.

인간집단은 크기에 따라 중층적으로 위계관계를 이루고 있다. 가족, 가족이 속한 지역사회, 이익집단, 국가, 더 나아가 국제관계로 이어지기 때문에 집단 간 관계는 차원을 달리하면서 문제를 더욱 복잡하게 만든다. 니버가 제기하는 또 다른 문제는 하나의 인간집단 내부에 속해 있는 집단 간의 관계조정이 꼬리를 물고 더 큰 갈등을 불러올 수 있다는 점이다. 즉 인간집단 내부를 안정화하고 폭력 사용을 막아 지배를 제도화하는 기제 속에서 집단 간의 관계를 오히려 무정부 상태로 악화시키는 또 다른 기제를 본다. 내부를 평화롭게 하지만, 다른 집단과의 관계에서는 폭력을 매개로 한 갈등관계가 형성되는 것이다. "집단 내부의 무정부 상태를 막는 힘은 곧 집단 간 관계의 무정부 상태를 조장한다."[14]

집단 간의 관계가 완화·조정될 수 없는 이기심과 권력욕으로 규정된다고 할 때, 각 집단은 곧 권력을 확장하려는 제국주의적 욕구로 인해 내부의 문제를 외부로 돌린다. 이때 집단 간 관계를 평화롭게 제어할 수 있는 방법은 오직 세력균형이며 각 집단의 양심과 지성에 호소하는 것은 부질없는 일이다. 평화는 잠정적이고 일시적일 수밖에 없다. 집단 간 정의로운 관계 역시 정치적 관계 속에서 가능하며, 양심과 이성을 고양한다고 해서 정의가 정착되지 않는다.

국가 내부에서 대외팽창적 정책, 이기주의적 집단주의를 추구할 수밖에 없도록 만드는 기제는 실로 다양하다. 예컨대 니버는

14) 같은 책, 16쪽.

정책결정자가 윤리적 대안을 제시하더라도 국가 전체의 이익을 대변해야 하는 정부로서는 이러한 대안을 채택하기 어렵다고 본다. 국가 내 경제계급 간의 갈등도 요인이다. 국가를 장악한 계급은 자신이 속한 계급의 이익을 위해 국가 이익을 이에 맞게 정의하고 추구하기 때문이다. 경제적 지배계급은 자신의 이익을 전체 사회의 이익과 일치시키는 이데올로기를 만들어내고 자신이 속한 계급의 지적·도덕적 우월성을 과시하는 기제를 만들어냄으로써 국가 내 집단이기주의를 강고하게 한다.

일반 국민의 지성 수준이 국가의 집단 이기심을 넘어 국가 간 협력을 가능케 하기에는 항상 부족하다는 점도 중요하다. 더 나아가 지성의 부족뿐 아니라 이른바 "애국심의 역설"을 지적할 수도 있다. 이는 일반 국민의 힘을 더욱 약화시킨다. 국가를 넘어서는 애국심, 또는 집단 이타심을 발휘하기가 매우 어렵기 때문이다.

애국심을 통해 개인의 이타심이 국가의 이기심으로 변화된다는 것은 역설적 현상이다. 국가에 대한 충성심은 다른 분파적 이익과 비교해보았을 때 이타심의 최고형태라고 볼 수 있다. 따라서 이는 모든 이타적 충동의 기초가 되는 것이다. 개인은 애국심의 정열을 가지고 있을 때 자신의 국가에 대한 비판적 태도를 견지하기 어렵고 대부분 완전히 망각하게 된다(…) 이는 국가의 힘과 국가가 도덕적 제한 없이 힘을 행사하는 기초가 된다. 개인의 이타심은 국가의 이기심으로 변화되는 것이다.[15]

집단 간 갈등양상은 국내집단들 간 관계를 넘어서 국가 간에 가장 명확하게 나타난다. 다음 장에서 더 구체적으로 살펴보겠지만 니버는 하나의 예로 전간기 이상주의가 중산계급의 자유민주주의 논리로부터 국제연맹이나 국제법을 맹신하는 국제정치론에 이르기까지 일관된 시대정신의 역할을 했다고 비판한다.

따라서 집단들 간의 관계는 윤리적이라기보다는 정치적이다. 이들 관계는 각 집단의 필요와 주장에 대한 합리적이고 도덕적인 평가가 아닌 힘의 비례에 따라 결정된다(…) 순수 도덕적·합리적 요소가 아닌 강제적 요소에 의해 정치적 관계가 얼마나 결정되는지 정확히 판단하기란 쉬운 일이 아니다(…) 정치적 갈등은 위기의 순간에 봉착하기 전에는 실제 힘을 사용하기보다 위협에 의해 진행되기 일쑤이다. 따라서 피상적인 분석으로는 도덕적·합리적 요소가 주도하는 것처럼 보이며 실제 갈등에서 나타나고 있는 강제력과 힘의 은밀한 내용에 대해 무심하기가 쉽다.[16)]

프롤레타리아 계급에 대한 희망과 경계

인간집단은 인간 본성에 기반한 벗어날 수 없는 권력욕과 이기

---

15) 같은 책, 91쪽.
16) 같은 책, xxiii쪽.

심, 자기중심주의를 가지고 있다. 집단 간 관계에서 인간집단의 이타심과 공감·희생을 요구하거나, 합리적 타협에 의해 지속가능한 정의가 확립되기를 바라는 것은 허망한 일이다. 종교적 용서와 회개·화해를 말해도 소용없다. 예수가 말하는 사랑보편주의(love-universalism)는 개인의 궁극적 초월을 위한 위대한 목적이지만, 세속의 갈등에 대해서는 구체적인 답을 내려주지 않는다. 결국 인간은 권력과 윤리, 투쟁과 규범이 만나는 장인 정치 속에서 정의를 구현해나가며 자신의 초월을 지향해야 한다.

니버는 자신이 살고 있던 미국사회의 민주주의가 합리주의와 자유주의에 기반하여 정치질서를 정당화하는 데 분개한다. 민주주의가 집단 간 갈등의 본질을 외면하고 있기 때문이다. 그가 먼저 고려한 길은 프롤레타리아 계급에 의한 개혁이다. 모든 모순을 담지한 보편계급, 자신을 해방시킴으로써 사회를 바로잡을 수 있는 가장 순결한 집단인 프롤레타리아 계급 주도의 사회변혁이다. 경제공황 전후 산업화와 계급갈등이 심화되던 배경에서 경제적 계급관계를 강조하며 이러한 방법에 눈을 돌리게 된 것은 이해할 수 있는 일이다. 그러나 니버는 보편계급의 개혁이 바람직한 부분이 있지만 이들 역시 인간집단의 죄성을 가지고 있는 한, 궁극적 해결책이 될 수 없다고 본다.

『도덕적 인간과 비도덕적 사회』를 저술한 1930년대 초, 경제공황이 지나간 뒤 서구사회가 취약한 민주주의와 계급갈등으로 고통을 겪고 공산주의의 발전을 목도하던 시절, 앞에서 언급했듯 니버는 민주주의 사회의 계급적 성격을 절감하면서 사회모순을 해결해 정치질서의 문제를 해결하고자 했다. 그는 자본가 계급과 이상주의적이다 못해 위선적인 도덕주의자들을 비판하면서 마르 크스주의의 자본주의 비판, 사회주의가 주는 통찰력을 부분적으 로 채용하여 프롤레타리아 계급에서 문제 해결의 일단을 찾고자 했다. 이 과정에서 프롤레타리아 계급 주도 혁명의 가능성, 정의 와 평등이 실현되는 사회를 건설하는 과정에서의 폭력적 수단 사 용의 불가피성 등의 문제를 진지하게 고민한다. 이러한 고민은 이후 신학체계가 정교화되면서 상당히 변화되는 모습을 보인다.

　『도덕적 인간과 비도덕적 사회』 가운데 프롤레타리아 계급에 관한 부분은 이론이라기보다는 디트로이트 체험, 그리고 경제공 황기 미국 내 첨예한 갈등을 담은 개인적 회고처럼 느껴지며, 이 시절 다른 단편들도 이러한 생각을 담고 있다. 근대 자본주의 산 업사회가 도래하고 중간계급을 축으로 한 민주주의 정치체제가 정착되면서 프롤레타리아 계급은 최소한의 정치적 권리를 갖게 됨과 더불어 교육의 기회와 스스로의 계급을 의식하고 조직할 수 있는 사회적 조건을 갖추게 된다. 프롤레타리아 계급은 자본주의 사회의 모든 모순을 가장 첨예하게 담지하고 있기 때문에 니버는 이들의 인식과 운동 속에 비도덕적 사회를 개선할 수 있는 희망 이 있다고 보았다. 이들은 지배계급의 위선과 자기정당화, 모순 을 가장 예리하게 인식하고 있어 도덕적 냉소주의를 품고 있다. 그러나 동시에 이들이 주체가 되는 새로운 정치이념, 특히 평등 의 이념으로 사회를 개선하려고 하는 노력은 이러한 냉소주의를 넘어선 이상주의를 새롭게 제시한다.

프롤레타리아 계급은 자본주의 국가가 지배계급에 봉사하는 정치적으로 편중된 기제라는 사실을 인식하고 국가 없는 평등사회를 실현하고자 한다. 애국심 역시 이들에게는 적용될 수 없는 이데올로기이다. 이들은 자신을 해방함으로써 역사 전체의 모순을 해결할 수 있는 보편계급이다. 니버는 프롤레타리아 계급의 운동에 희망을 걸었다. 물론 이들 역시 사회의 주도권을 장악하게 되면 기존의 지배계급들처럼 자신의 이익을 사회 전체의 이익과 동일시하고 이를 합리화하는 함정에 필연적으로 빠질 것이라고 보았다. 그런 점에서 이미 그가 1930년대 초에 기독교 현실주의적 견해를 가지고 있었다고 볼 수 있다. 그럼에도 불구하고 프롤레타리아 계급은 사회 전체 모순의 담지자인 보편계급의 특성을 가지고 있으므로 위험의 정도는 훨씬 적다고 간주하였다.

니버가 이 시기 프롤레타리아 계급의 혁명과 계급 없는 사회가 필연적으로 도래할 것이라는 유물론적 역사관을 설파하는 마르크스주의에 세심한 주의를 기울였던 것은 사실이다. 그러나 프롤레타리아 계급에 희망을 걸었다고 해서 마르크스주의를 전적으로 받아들인 것은 아니다. 니버는 마르크스주의의 과학적 설명이 사회과학의 합리성을 가지고 있지만, 역사는 이러한 합리성으로 움직이지 않는다는, 이성에 대한 회의주의를 깊이 깔고 있다. 그보다는 니체가 기독교를 노예의 반란으로 간주했듯이 사적 유물론이 프롤레타리아 계급의 반란을 예고한 것이라고 해석한다. 기독교가 힘없고 가난한 자의 궁극적 승리를 말하듯이 마르크스 역시 계시론적으로 프롤레타리아 계급의 승리를 예고한다. 그러나 역사가 마르크스의 설명처럼 단순한 경제논리로 흘러가는 것은 아니기 때문에 이러한 설명이 더 복잡한 정치논리에 적용되리라고 보지는 않았다.

프롤레타리아 계급이 마르크스주의의 설명처럼 절대적으로 옳은 권위적인 역사철학을 가지고 있고 사회변화에 관해 절대적으로 적절한 기술을 가지고 있다는 믿음은 과학적 사실이라기보다는 종교적 믿음이라고 해야 한다. 혁명의 불가피성과 폭력의 효과성에 대한 믿음은 진리의 일단을 담고 있을지 모른다. 그러나 프롤레타리아 계급이 믿는 것처럼 이것이 절대 불변의 진리는 아니다. 철저히 분석해보면 다른 대안이 존재한다는 사실을 알 수 있다.[17]

프롤레타리아 계급이 어떠한 방법으로 사회의 주도권을 획득하는가 하는 문제, 즉 폭력 사용의 문제는 이 과정에서 또 다른 중요한 질문을 제기한다. 프롤레타리아 계급이 지배계급에 비해 도덕적 정당성을 가지고 있다고 해서 기존 질서를 폭력적으로 전복하는 것이 옳은가? 그렇게 수립된 질서는 기존 질서에 비해 우월하고 또한 이를 유지할 수 있는가?

니버가 폭력 사용의 문제를 다루면서 제기한 가장 진지한 문제는 도덕철학에 관한 것으로, 이는 비단 국내정치뿐 아니라 이후

---

17) 같은 책, 167쪽.

국제정치에서 전쟁의 문제와도 직결된다. 뒤에서 살펴보겠지만 니버 주장의 핵심은 윤리적 이중주의라고 정의할 수 있다. 즉 개인적 차원의 윤리적 동기주의와 사회적 차원의 윤리적 결과주의를 결합하는 이중주의가 필요하다는 것이다. 개인의 동기와 목적이 정당한가에 따라 수단을 평가해야 하며, 수단의 도덕성은 선험적으로 평가되는 것이 아니라 목적 달성과의 관계 속에서 사회적·경험적으로 판단되어야 한다는 것이다.[18] 폭력적 수단이 사용되었더라도 그 정치적 동기가 옳은 것인지를 우선 관찰해야 한다. 폭력이 본래 악하다는 판단은 정치적 행동을 평가하는 일에 옳지 않기 때문이다. 폭력적 수단을 사용하더라도 궁극적 목적이 어느 정도 달성되었는가, 달성된 목적이 사회 전체의 이익에 봉사하며 그 효과는 유지될 수 있는가 등의 관점에서 평가해야 한다는 것이다.[19]

니버는 정치과정에서 강제력과 폭력을 무조건 회피하는 경향, 그리고 강제력을 회피하면 선한 입장이라는 시각을 강하게 비판

---

18) 윤리적 이중주의에 대한 설명에 관해서는 같은 책, 270~271쪽 참조. 하스 역시 비슷한 관점에서 니버의 윤리적 입장을 기독교 실용주의라고 본다. 윤리적 의무론을 바탕으로 힘의 균형이나 관용성의 시험과 같은 실용적 기준을 가진 시각이라는 설명이다. Mark L. Haas, "Reinhold Niebuhr's "Christian Pragmatism": A Principled Alternative to Consequentialism", *The Review of Politics*, Vol. 61, No. 4, Autumn 1999, 605~636쪽 참조.

19) Niebuhr, 앞의 책, 1932, 171쪽.

한다. 흔히 폭력은 본래적으로 악한 것이며 악한 의지의 표현이라고 간주하는 반면 비폭력은 선의의 표현이라고 간주하는데, 이는 오류라는 것이다. 인간집단 내부는 물론, 특히 집단 간 관계에서 조화와 정의를 정착시키려면 일정 수준의 강제력 사용은 불가피하다. 폭력적 강제력인가 비폭력적 강제력인가, 또는 어떤 쪽이 더 도덕적인가를 판단하는 일은 각 사안별로 경험적으로 판단할 문제이지 선험적으로 판단할 문제는 아니라는 주장이다.

니버는 영국 면화 불매운동을 벌인 간디의 저항운동으로 인해 영국 맨체스터의 어린이들이 영양실조에 걸리고, 제1차 세계대전 중 연합국의 봉쇄로 독일 어린이들이 죽어갈 수밖에 없었다는 사실을 지적한다. "인명과 재산을 해치지 않고, 무죄인 사람과 유죄인 사람을 함께 묶어 위험에 빠뜨리지 않으면서 강제력을 행사한다는 것은 불가능하다"는 그의 언명은 시사적이다.[20] 비폭력적 강제가 간접적이고 비가시적인 것은 사실이다. 그러나 그 결과는 매우 직접적이고 가시적이며 무엇보다 폭력적으로 나타날 수 있기 때문에, 처음에 어떻게 보이는가가 전부는 아니라는 것이다.

선한 동기는 선한 수단을 사용하며 악한 동기는 악한 수단을 사용한다는 것 또한 그릇된 가정이다. 개인 간에는 이러한 상호관계가 지탱될 수 있어도 집단 간 정치적 관계에서는 어렵다. 결국 집단 간 관계에서 정치적 선택은 선과 악 사이의 선택이라기보다 다수의 옳은 가치들 간의 선택인 경우가 종종 있다. 이 과정

---

20) 같은 책, 172쪽.

에서 선험적인 선악을 결정한다는 것은 어려운 일이며 상대적 가치 속에서의 선택이 불가피하다.

니버가 당시 산업자본주의 사회의 도덕적 핵심 세력이라고 여겼던 프롤레타리아 계급이 정의로운 사회를 달성하기 위해 고려한 가장 빠르고 급진적인 대안은 혁명이었다. 볼셰비키 혁명은 성공했으며 경제공황으로 서구사회에서도 사회주의 대안에 대한 많은 논의가 이루어졌다. 특히 경제적 어려움을 겪고 있던 독일에서 혁명세력이 급부상하는 한편, 민주주의를 위협하는 나치즘 세력도 성장 일로에 있었다. 그렇다면 정의를 달성하기 위해 폭력혁명은 정당화될 수 있는가? 니버는 사회적 차원의 윤리적 결과주의와 일맥상통하는 다음과 같은 견해를 내놓고 있다.

폭력이 정의로운 사회체계를 이루고 이를 보전해나갈 수 있다면 폭력과 혁명을 배제해야 할 윤리적 근거는 없다(…) 정치가 윤리의 우위에 설 수밖에 없는 운명적 상황을 고려하여 강제력을 사회단합의 불가피한 수단으로 받아들인다면 비폭력적 강제와 폭력적 강제, 정부의 강제와 혁명세력의 강제를 절대적 기준에 따라 구분하는 것은 불가능하다. 구분을 한다면 그 기준은 결과에 근거해야 한다. 따라서 핵심 질문은 폭력을 통해 정의를 세울 수 있는 정치적 가능성은 어느 정도인가이다.[21]

---

21) 같은 책, 179~180쪽.

이러한 기준에 비추어 니버는 프롤레타리아 혁명이 폭력적 수단을 사용한다면 성공할 수 있는가, 성공한다면 정의로운 사회를 유지할 수 있는가를 세심하게 논증하려 한다. 결론은 혁명의 성공 가능성은 매우 낮으며, 성공하더라도 정의로운 사회를 유지하기란 불가능하다는 것이다. 성공하기 어려운 이유로는 프롤레타리아 계급 내 숙련·비숙련 노동계층의 분열, 이들의 도덕적 인식 유지의 어려움, 자본가계층의 맹렬한 반발, 사회복잡성의 증가와 대비되는 프롤레타리아 혁명 비전의 단순성, 애국주의 등 정치적 이데올로기의 강고성 등이 있다. 니버는 소련과 같은 농업사회나 제3세계에서 프롤레타리아 혁명이 성공할 가능성은 높지만 서구사회에서는 매우 어렵다고 본다. 유일한 가능성이라면 제1차 세계대전과 같이 자본가 계층 간의 갈등이 심해지고 자본주의 국가 간 전쟁이 발발하여 무질서한 가운데 프롤레타리아 혁명의 환경이 형성되는 정도이다.[22] 그러나 이 역시 그다지 높은 가능성이 있다고 보지는 않았다.

혁명이 성공하더라도 사회정의와 평등을 유지할 수 있는지에 대해서는 더욱 비관적이다. 공산주의 사회도 모든 인간사회가 가지는 정치적 본성을 가질 수밖에 없고, 인간집단은 사익을 추구할 것이 당연하다. 공산주의 사회가 이러한 문제를 인식하고 해결할 수 있는 내부 기제를 가지고 있는가에 대해 니버는 신랄한 비판을 가한다. 혁명의 발발 가능성을 매우 현실적으로 분석했던

---

22) 같은 책, 190쪽.

레닌조차도 혁명 이후 공산주의 사회의 운용방식에 대해서는 낭만적이었다는 것이 니버의 생각이다. 소련에서 국가가 사라지기는커녕 관료집단의 정치권력이 강화된 것은 잠정적 이행상태의 특질이 아니라 인간 본성에 기반한 모든 정치사회의 특질이며, 공산주의 이론은 이를 해결하지 못할 것이라고 비판한다. 결국 동기의 순수성과 수단의 필연성이라는 윤리적 동기주의 · 결과주의의 이중주의 시각에서 공산주의 혁명을 우호적으로 고려해보더라도, 인간의 본성과 정치집단의 특성이라는 현실주의에 비추어볼 때 공산주의 이론이 폭력 사용이 정당화될 정도로 정교하지는 못하다는 것이 니버의 판단이다.

이상의 내용을 종합해볼 때, 니버가 공산주의 혁명 또는 사회주의 개혁으로 정치세계에서 질서와 정의를 달성할 수 있는 가능성에 대해 회의적인 결론을 내렸음을 이해할 수 있다. 이러한 논의가 주는 함의는 첫째, 아무리 순수한 계급이라도 결점, 특히 기독교적 원죄로부터 자유롭지 못하다는 점이다. 모순을 담지한 보편계급이라도 인간사회의 질서를 바로잡을 수 있는 내적 도덕성을 갖지 못한 점에서는 모든 "비도덕적 사회"와 마찬가지다. 이들 계급의 목소리를 경청하는 것은 옳으나 한 계급에 정치의 전부를 맡길 수는 없다.

둘째, 마르크스주의가 논하는 바와 달리 경제적 계급관계를 해결한다고 해서 정치질서의 정의가 보장되는 것은 아니라는 점이다. 인간의 정치적 본성 또는 권력정치 본능은 경제적 권리를 둘러싼 권리 이상의 것이다. 니버가 강조하는 바와 같이 무엇을 가지고 싸우느냐만 중요한 것이 아니다. 인간은 싸우고 이기는 일에서 자신이 초월의 목적을 달성하고 있다는 실존적 착각에 빠지는 존재이다. 설사 경제적 문제가 해결되고 혁명이 성공한다 할지라도 또 다른 정치과정과 권력투쟁이 시작되기 때문에 근본적인 문제는 해결되지 않는다는 점을 인식할 필요가 있다.

셋째, 폭력의 사용으로 정치질서를 바로잡고자 하는 노력을 기울일 때는 신중할 필요가 있다. 폭력 사용 자체가 그 행위를 도덕적으로 판단할 수 있는 기준은 아니다. 폭력은 수단이기 때문에 그 수단을 통해 달성하고자 하는 목적이 무엇인가, 그 목적이 옳은가를 판단하는 것이 우선이다. 니버는 정치사회가 원죄를 가진 인간들의 사회이기 때문에 폭력을 완전히 배제하는 일이 불가능함을 인식하고 있었다. 따라서 정당하게 폭력을 사용하는 일, 정당한 목적을 추구하는 일에 우선 집중한다. 이는 국제정치 영역에서 정전론(just war theory) 논의와 연결되는 주제이다.

결국 니버는 민주주의의 틀을 벗어나서는 해결책을 찾기 어렵다는 점을 깨닫게 된다. 민주주의가 최선의 방법은 아니지만 인간들의 권력정치와 이익갈등을 조정하고 초월을 향한 노력의 장을 지탱하는 정치체제임을 인정한다. 그러나 그는 민주주의를 합리주의와 자유주의에 입각하여 정당화하는 데에는 반대하고, 뒤에서 논하듯이 기독교 현실주의에 입각한 민주주의 옹호론을 편다.

노동자 계급의 고통과 자신을 동일시하던 1930년대 초, 니버는 『도덕적 인간과 비도덕적 사회』의 말미에서 미국의 계급갈등을 민주주의 체제 속에서 해결하는 대안을 제시한다. 폭력을 사용하지 않고 프롤레타리아 계급의 운동을 통해 사회 전체의 정의와 평등을 제기하는 방법으로 민주주의를 제시하는 것이다. 니버는 민주주의가 상대적이나마 정의를 실현할 수 있는 정치체제라고 보지만, 성공을 위해서는 많은 전제조건이 필요함을 보여주고자 한다. 프롤레타리아 계급이 주체가 되는 민주주의적 사회개혁도 예외가 아니다.

니버는 폭력혁명이 목적을 달성하지 못한다면 국가 내 의회정치 제도의 틀 속에서 프롤레타리아 계급이 최대한의 노력으로 사회를 변화시키는 대안을 생각해볼 것을 제안한다. 그는 프롤레타리아 계급 중에서도 산업노동자 계층이 정치적 영향력이나 조직력에서 큰 힘을 발휘할 수 있으리라고 본다. 농업계층이나 중간계층의 도움을 받는 일은 사실상 어렵고, 미국사회에서는 더욱 그러하기 때문이다. 산업노동자 계층은 의회사회주의의 기치 속에서 최대한 많은 정치적 고지를 점령하여 목적을 달성해야 한다.

그러나 니버는 의회사회주의를 통해 정의로운 사회를 달성하려면 많은 점을 고려해야 한다고 본다. 첫째, 숙련 · 반숙련 · 비숙련 노동자 계층의 이익과 목적을 일치시키고 이 상태를 지속적으로 유지해야 한다. 숙련 · 반숙련 노동자계층은 사회적 안전망을 확보하고 있는 반면 비숙련 노동자들은 그렇지 못하므로 산업노동자 계층 내에서도 정치집단이 나뉠 수 있기 때문이다. 둘째, 의회사회주의로 노선을 변경할 경우 미래에 대한 희망의 강도가 약해질 수 있다. 혁명은 프롤레타리아 계급의 집단적 열정을 끌

186

어낼 수 있지만 의회사회주의는 그렇지 못하기 때문에, 최대한 정의와 평등에 관한 열의를 유지해야 한다고 본다. 셋째, 다른 정파와의 정치적 타협을 적극적으로 추진해야 한다. 산업노동자 계층이 스스로 다수당이 되는 일은 거의 불가능하기 때문에 다른 정당과의 타협을 통해 다수당의 지위를 차지할 수밖에 없다. 넷째, 이를 위해 노동자 정당의 지도자가 도덕성과 정치적 능력을 겸비해야 한다. 특히 정당의 지도자가 되면 노동자 정당의 도덕적 일관성을 잃고 정치적으로 타협하기 쉬운데, 그러한 배반의 가능성을 봉쇄해야 한다. 다섯째, 노동자 정당이 국가의 틀에 들어가면 국가 이익이라는 일반 이익 때문에 애초에 추구했던 보편 계급으로서의 정의와 평등의 가치를 쉽사리 양보할 수 있다. 국가는 언제나 내부의 안정과 외부로부터의 안보를 위해 부분적 가치의 희생을 종용하고, 국민들은 애국심이라는 명분 아래 이 같은 요구에 부응하는 경향이 있다. 니버는 노동자 정당의 지도자들과 구성원이 합리적 판단 아래 국가의 이익과 정당의 이익을 구별하여 추구하는 일이 매우 중요하다고 본다.

이상은 단순한 이론적 논의가 아니다. 니버는 전간기 유럽 정당들, 그리고 소련의 공산당이 범하는 수많은 오류를 보면서 민주주의라는 통로를 통해 사회를 정의롭고 평등하게 발전시키는 일이 얼마나 어려운가를 목격·체험하고 이와 같은 결론을 제시하고 있다. 그리고 민주주의라는 불완전하며 많은 전제가 충족되어야 제대로 작동할 수 있는 정치체제에 관해 일반론적인 결론을 내릴 필요를 느낀다. 민주주의를 정당화하고 지지하는 많은 이론

갈래들이 있지만 니버는 기독교 현실주의의 관점, 특히 아우구스티누스로부터 많은 영감을 받은 계시종교의 관점에서 민주주의에 관한 일반론을 전개한다.

빛의 자식들과 어둠의 자식들

역사상 존재했던 다양한 정치체제를 분석하고 이들의 사상적 기반을 살펴본 뒤, 니버는 결국 민주주의가 기독교 현실주의의 정치적 분석과 처방에 가장 적합하다는 결론을 내린다. 문제는 민주주의에 관한 서로 다른 무수한 정의들, 정당화 논의, 그리고 처방 속에서 어떠한 이론적 근거로 민주주의를 정의하고 합리화시킬 것인가 하는 점이다. 서구의 자유민주주의가 중세 특권층에 대한 중산층의 정치적 반대와 합리주의가 결합해 출현한 것이 사실일지라도, 18세기 이후 민주주의는 새로운 경로를 택했다. 더구나 20세기에 들어와 민주주의가 파시즘으로 변질되어가는 과정을 보면서 니버는 인간의 정치적 본질에 대한 새로운 시각으로 민주주의를 정당화할 필요가 있다고 느낀다.

니버가 민주주의론을 전개하면서 가장 경계했던 것은 합리주의와 자유주의에 기반한 민주주의론이다. 인간이 비록 자신의 이익에 충실하고 자기가 속한 집단의 이익을 추구하지만, 합리적 제도에 의해 이익 조정이 이루어지는 한 개인 또는 개별 집단의 이익과 사회 전체의 이익이 조화될 수 있다는 가정이 가장 문제시된다. 이는 인간의 이기심이 사회 전체의 이익과 쉽게 일치될 수 있으리라는 섣부른 낙관론이다. 자유주의는 "인간의 본성과 역사에 대해 과도하게 낙관적인" 견해를 가지고 있으며, 합리적 행위자 사이의 이익조화에 대해 믿음을 가지고 있다.

근대 민주주의는 더 현실주의적인 철학적·종교적 기반을 필요로 하고 있는데, 이를 통해 위험을 예측하고 이해할 수 있을 뿐 아니라, 더욱 설득력 있는 정당화 논리를 제공할 수 있다. 정의를 향한 인간의 능력으로 민주주의가 가능하게 되지만, 부정의를 향한 인간의 본성 때문에 민주주의는 피할 수 없는 것이 된다.[23]

인간이 사익을 초월할 능력을 갖추고 있다고 지나치게 확신하는 것은 오류이다. 물론 인간에게는 그러한 능력이 있다. 그렇지 않다면 인간들 사이의 어떠한 사회적 조화도 불가능할 것이다. 또한 민주주의적으로 그러한 조화를 이루어내는 것도 생각할 수 없을 것이다. 그러나 이러한 능력을 갖춘 개인 역시 자신의 이익을 추구하며, 이에 구속될 수밖에 없다. 때때로 자신이 추구한다고 고백했던 고귀한 이상·가치와 모순되는 상황에 부딪힐 수밖에 없다.[24]

---

23) Niebuhr, 앞의 책, 1944, xi쪽.
24) Niebuhr, 앞의 책, 1941, 39~40쪽.

니버는 자유주의자들을 비유해 '빛의 자식들'이라고 부른다. 지나치게 낙관적이기 때문이다. 빛의 자식들은 손쉽게 사회의 무질서를 극복하고 민주주의적 문명을 가질 수 있다고 상정한다. 국가적·국제적으로도 마찬가지다. 빛의 자식들은 인간 본성에 대하여 너무나 순진하고 이상적인 견해를 가지고 있다. 세속적 자식들이나 종교적 자식들 모두 마찬가지다. 세속적인 빛의 자식들은 사익을 초월할 수 있는 인간들의 능력을 믿는 나머지, 그렇게 믿는 자신들 사이에서도 이익과 지배관계가 생겨날 수 있다는 사실을 인식하지 못한다. 종교적인 빛의 자식들은 원죄에 관한 기독교이론을 인정하지 않고, 보편적인 기독교 이상세계가 건설될 수 있다고 주장한다.

또한 근대 자유민주주의가 개인의 자족성에 대한 환상을 심는다고 비판한다. 개인의 자족성은 자신이 변하지 않아도 제도에 의해 사회질서가 나아질 수 있다고 믿게 만든다. 그러나 개인의 자족성 자체가 사회가 만들어낸 인식이기 때문에 이를 신뢰하는 것은 순환논리이다. 예를 들어 사회계약설은 자연상태에서 인간이 사회와 별개로 존재할 수 있고 정부는 인간의 선택에 의해 만들어진다고 가정하는데 이는 근본적으로 잘못된 생각이다. 개인은 가장 자족적인 환경에 처해 있더라도 더 큰 공동체에 의해 규정되고 의존한다. 이는 존재론의 차원에서 개인과 사회의 상호구성성을 전제한다는 점에서 현대 국제정치학의 구성주의와 일맥상통하는 논의구조를 가지고 있다.[25]

니버가 보기에 인간은 타인을 자신처럼 고려하는 능력인 공감력·상상력의 부족으로 인하여 동료들의 이해를 자신의 이해 속에 포괄하여 이해하고 실행하지 못한다. 그리고 정치는 이해관계의 충돌을 막기 위해 강제와 권력을 사용하는 투쟁의 장으로 귀결되고 만다. "인간의 정신과 상상력은 많은 한계와 제약을 갖고 있다는 사실, 그리고 인간은 개인적인 이해관계를 초월하여 동료 인간들의 이익을 충분히 자신의 것처럼 생각하는 일이 불가능하다는 사실들로 인하여, 우리는 사회통합을 유지하기 위해서 불가피하게 강제력을 사용하게 된다"는 것이다.[26] 빛의 자식들은 선하고 초월적인 본성을 가진 인간들의 관계가 왜 그리도 사악한 정치체제와 독재로 귀결되는지 설명할 수 없다.[27]

빛의 자식들은 순진한 낙관주의자들이지만, 사실 그 근저를 파헤쳐보면 지배층의 이데올로기적 속성을 가진다는 점을 알 수 있다. 카는 합리주의에 기반한 이상주의의 가장 큰 문제가 자신의 이익을 합리화하려는 계급적 허위의식이라고 주장한다. 합리적 정치과정으로 개인들의 이익갈등이 조정되고 전체의 이익도 아울러 증진된다는 의식은 사실이 아닐 뿐 아니라, 지배논리를 강화시키는 역할을 한다는 것이다. 카가 지식사회학과 사회주의 철학을 받아들이고 니버의 영향을 받았다는 점을 고려할 때, 니버의 자유주의 비판과 상통하는 논의를 전개하고 있는 것은 자연스

---

25) Niebuhr, 앞의 책, 1944, 53~55쪽 참조.
26) Niebuhr, 앞의 책, 1932, 25~26쪽 참조.
27) Niebuhr, 앞의 책, 1944, 19~22쪽 참조.

럽다.[28]

니버는 빛의 자식들의 예로 다양한 사상가들을 든다. 우선 애덤 스미스가 있다. 우리가 잘 아는 것처럼 스미스는 개인의 사욕 추구를 인정하고, 복수의 개인이 사욕을 추구하더라도 결국 사회 차원에서는 보이지 않는 손에 의해 공익이 증진된다고 보았다. 게다가 단지 한 사회에서의 공익이 아니라, 인류 전체와 국제사회의 공익도 증진된다고 주장하는 데까지 나아갔다. 물론 보편적 도덕론에 입각하여 개인 도덕률의 필요성을 무시한 것은 아니다. 사욕추구와 도덕률을 같이 논하면서도, 궁극적으로는 사욕추구가 집단의 공익 증진에 배치되지 않는다는 사실을 강조한 것이다.

경제 중심의 논리를 전개하는 빛의 자식들과 별도로, 정치적 자유주의 역시 빛의 자식들의 논리이다. 정치적 자유주의자 역시 개인의 이익을 인정하면서도, 보편적 이익이 증진될 가능성을 논한다. 개인이 이성을 소유하고 있으므로, 개인과 공동체의 이익이 상통한다고 가정하여 개인의 이익추구를 용인하고 합치점을 찾아가는 것이 자유주의의 정론이다. 그들은 개인이 자기보존 욕구를 추구하면서 공동체의 이익에 배치되는 행동을 할 수는 있으나, 점차 "자연상태의 불편함"을 깨닫게 되면서 정부를 구성하고, 정부를 통해 개인과 공동체의 이익을 조화시키는 법을 터득하게

---

28) 전재성, 「E.H. 카의 비판적 현실주의 국제정치이론」, 『한국정치학회보』
    제33집 3호, 1999 참조.

된다고 본다. 니버는 이러한 정치적 자유주의의 대표적인 예로 존 로크를 들고 있다.

제러미 벤담과 같은 공리주의자 역시 빛의 자식들의 논조를 답습하고 있다. 더 나아가 공리주의는 정치적 자유방임주의의 모습으로까지 발전하여 개인의 사익추구를 용납할 뿐 아니라, 인류가 합리성을 구현하는 진보적 역사발전의 노정을 따르고 있다는 낙관론을 편다. 이러한 낙관론은 '민주주의적 이상주의' (democratic idealism)로 이어지는데, 이는 정치적 차원에서 개인의 이기주의가 자연스럽게 공동체의 이익으로 이어질 것이며, 이러한 과정은 합리성에 기반한다고 본다.

니버의 자유주의적 민주주의 논의에서 흥미로운 점은 마르크스주의를 빛의 자식들의 범주에 포함시키고 있는 것이다. 마르크스주의도 자유주의와 마찬가지로 인간의 합리성과 자족성을 신뢰하고, 역사가 진보해 공산주의라는 최종목표에 달성할 수 있으리라 낙관하기 때문이다. 니버는 마르크스와 레닌이 개인을 기본적으로 사회적 존재로 보고 개인적 이익과 사회적 이익의 조화 가능성을 심각하게 고민한 것은 옳았다고 본다. 마르크스주의가 역사는 계급투쟁으로 점철되어 발전한다는 과학적 분석을 시도한 것은 좋았으나, 인간의 자유와 역동성의 한계를 제대로 평가하지 못한 점이 문제였다.

인간의 자유는 자연적 과정은 물론 역사적 과정까지 초월하여 자신의 의지를 관철하려 한다. 마르크스주의는 이러한 파괴적 창조성을 경시하고 계급혁명 이후에도 정치질서의 유지를 위해 여전히 폭력을 사용해야 할 필요성, 그리고 개인들 간의 이익갈등이 존재할 가능성 등에 대해 순진하게 생각했다는 점에서 우매함을 내포한다.[29] 자유주의가 자유방임에 의한 이상사회를 꿈꾸었듯이, 마르크스주의는 계급투쟁과 혁명에 의한 이상사회를 꿈꾸었다.[30] 혁명 이후의 소련은 어둠의 자식들에 의해 다시 권력정치의 소용돌이에 휘말리고 독재와 싸우게 되는 운명을 맞이한다.[31]

니버는 이러한 공산주의를 경성의 유토피아주의(hard utopianism)라고 명명한다. 이는 자신이 생각하는 이상사회를 실현하기 위해 이에 반대하는 모든 세력을 속임수나 힘으로 억누르는 일이 도덕적으로 정당하다고 생각하는 이론체계이다. 반면 연성의 유토피아주의(soft utopianism)는 완전함을 이룬다고 주장하지는 않지만 역사가 진행되면서 점차 완전성이 도래한다고 믿는 이론체계이다. 앞서 살펴본 자유주의자들이 이러한 유형에 속한다.

빛의 자식들의 오류를 시정하고 올바른 민주주의의 정당화 논리를 세우기 위해서는 인간의 어둠을 알아야 한다. 개인이 자신의 실존적 문제를 해결하려는 욕구 때문에 이성에 의해 절대 누그러지지 않는 강한 권력욕을 소유한다는 사실을 이해해야 한다. '어둠의 자식들'은 바로 이러한 인간의 속성을 간파하고 있을 뿐

---

29) Niebuhr, 앞의 책, 1944, 60~61쪽.
30) 같은 책, 31~33쪽.
31) 같은 책, 46쪽 참조.

아니라, 이를 이용하여 자신의 권력을 강화하려는 세력이다. 니버는 인간의 이기심과 권력욕을 정확히 인식하고 정치세계의 본질을 직시하지만 자신의 이익과 권력을 극대화할 뿐 이를 변화시키려는 규범적 의지를 보이지 않는 무리들을 어둠의 자식들이라고 부른다. 이들은 인간의 본성과 권력정치의 불가피성에 대한 냉혹한 인식을 가지고 있지만, 자신의 의지와 이익을 최우선으로 하고 이를 통제할 상위의 법, 도덕을 인정하지 않는다. 이들은 도덕적 회의주의자들(moral cynics)이다. 어둠의 자식들은 인간의 본성과 이기심을 이해하고 있으므로 사악하지만 지혜롭고, 빛의 자식들은 이상주의적 사고에 사로잡혀 이익보다 보편적 도덕률을 상위에 두므로 덕이 있지만 어리석다.

어둠의 자식들은 빛의 자식들의 논리를 역으로 이용한다. 스미스가 논한 이익조화설은 어둠의 자식들에 의해 자본주의 착취이데올로기로 전환된다. 사욕추구 권리를 인정하면서 스미스가 말한 도덕적 함의를 탈각시키고 무한정한 자본의 확장 욕구를 중심에 놓는 것이다. 그리고 개인이 자신의 자본을 확대하는 일이 도덕적으로 정당하다는 이데올로기가 자리 잡는다.[32]

마르크스주의를 이용하는 독재적 혁명론자들의 경우도 마찬가지다. 혁명을 통해 계급 간 갈등을 해결하고 국가의 소멸을 통해 권력정치를 없앤다는 순진한 논리는, 혁명을 업고 정치권력을 장악한 중심세력에 의해 독재의 논리로 전환된다. 공산주의의 혁명

---

32) 같은 책, 24~ 26쪽 참조.

이 빛의 자식들인 혁명가들에 의해 이루어졌다면, 혁명 후의 공산사회는 권력의 본질을 정확히 이해하고 자신의 권력기반을 확충하려 하는 어둠의 자식들인 독재자들에 의해 장악된다. 파시즘역시 마찬가지로 정치세계의 철저한 권력투쟁의 본질을 적절히 파악하여 집권의 도구로 모든 수단을 사용한다.

니버는 빛과 어둠의 양분법을 통해 가장 바람직한 정치체제의 단서를 제공한다. 인간의 어둠의 문제를 정확히 파악하되 빛에 대한 희망을 잃지 말고 이를 실현할 수 있는 최선의 수단인 민주주의의 장점을 정확히 파악하라는 것이다. 니버는 이를 비유적으로 다음과 같이 표현하고 있다.

민주주의적 문명을 보존하기 위해서는 뱀의 지혜와 비둘기의 순진무구함이 필요하다. 빛의 자식들은 어둠의 자식들의 지혜로 무장되어야 하나, 이들의 사악함에서는 벗어나 있어야 한다. 빛의 자식들은 인간사회에서 이기심의 힘을 깨닫되, 이를 도덕적으로 정당화해서는 안 된다. 지혜를 가지고 개인이나 집단의 이기심을 적절히 이용하고, 통제하고 제한해서 공동체를 위한 결과를 가져오도록 해야 하는 것이다.[33]

---

33) Niebuhr, 앞의 책, 1941, 41쪽.

아우구스티누스의 영향과 민주주의론

니버는 어둠을 꿰뚫어 보되 그 그림자에 가리지 않는 빛을 기독교 현실주의 사상의 맥락에서 밝히고자 한다. 이를 위해 한편으로는 인간의 원죄에서 비롯되는 정치성의 깊은 근원을 밝히고, 다른 한편으로는 권력정치의 어둠에 매몰되지 않도록 회개와 사랑을 강조하는 기독교의 덕목을 정치세계에 밝히고자 한다. 그에 따르면 민주주의는 그 자체가 세속의 정의를 실현해주기에는 부족하지만, 인간들이 힘의 균형 속에서 권력정치를 관리해나가고, 행위자들 각자가 초월을 향한 욕구를 가다듬어 정치세계에 보편적 덕목을 안착시킬 수 있는 열린 장을 제공해준다.

이러한 논의에 사상적으로 가장 많은 영향을 준 사람은 아우구스티누스이다. 니버 스스로도 아우구스티누스의 사상이야말로 자신의 기독교 현실주의에 가장 일치하는 사상이라고 말하고 있다. 니버가 아우구스티누스에게서 물려받은 것은 인간의 정치집단은 그것이 인간의 것인 한, 신의 관점에서 볼 때 별 차이가 없다는 점이다. 이러한 생각을 단적으로 나타내는 부분이 아우구스티누스『신국론』제4권 4장이다. 여기서 아우구스티누스는 제국을 해적무리와 비교하는데, 핵심은 신의 관점에서 볼 때 두 집단에 차이가 없다는 것이다.

"정의라는 관점을 제쳐두고 보면 왕국이라는 것도 결국 규모가 큰 도적집단에 불과하고 도적집단이라는 것도 규모가 작은 왕국에 불과한 것 아닌가?"(…)마케도니아의 알렉산드로스에게 생포된 해적의 훌륭하고 사려 깊은 대답이다. 왕은 해적에게 "어떻게 감히 바다를 휘젓고 다니는가" 하고 물었고 해적은 "왕은 어떻게 세상을 휘젓고 다니십니까" 하고 물었다. "나는 작은 배를 몰기에 해적이라 불리는 것이고, 왕은 대규모 선단을 몰고 다니기에 정복자라 불리는 것뿐이옵니다."[34]

인간세상은 곳곳에서 작용하는 힘들의 충돌 속에 존재하는 것으로, 키케로가 생각하듯 정의의 협약에 의해 움직이는 곳이 아니다. 그보다는 공동의 집착과 이익에 따라 움직이며 힘의 요소가 없이는 유지되지 않는 곳이다. 아우구스티누스는 신국(神國)이 하나님의 영원법에 의해 유지되는 덕의 세계인 데 비해, 인간으로 이루어진 인국(人國)은 자기애와 권력욕으로 움직이며 한시적인 세속법에 의해서 규율되는 세계라고 보았다.[35]

니버는 홉스와 루터 등이 권력투쟁 현실을 해결하기 위해 강력한 국가권력을 주장한 점을 비판한다. 이들은 국가권력이 세속의 질서를 해결할 수 있다는 견해를 내세우지만, 이러한 상황 역시 권력자의 권력욕 때문에 진정한 해결책이 될 수 없다. 니버는 이들이 오히려 철저하게 현실주의적이 아니었기 때문에 궁극적인

---

34) 같은 책, 216쪽.
35) 박의경, 「로마제국과 아우구스티누스: 기독교와 정치질서 그리고 평화」, 『세계지역연구논총』 제27집 3호, 2010 참조.

문제의 본질을 보지 못했다고 간주한다. 시민들의 이기주의가 충돌하는 일은 견제할 수 있지만 전제정치를 견제하는 데 성공할 수 없다면 문제는 해결된 것이 아니기 때문이다.

아우구스티누스의 정치적 현실주의는 그의 인간관에 기초한다. 이는 니버와 마찬가지로 인간은 원죄를 가진 존재라는 것이다. 죄는 단순히 인간의 육체적·자연적 욕망과 충동에서 비롯되는 것이 아니라, 자기애 또는 자만심에서 비롯된다. 세상의 궁극인 신을 버리고 자신을 세상의 중심에 놓을 때 인간은 죄를 범하게 된다. 따라서 인간들로 이뤄진 인간의 세상(civitas terrena)은 신을 무시할 때까지 자기애를 밀어붙이는 곳으로, 자기애를 무시하고 신에 대한 사랑을 강조하는 신의 세상(civitas dei)과 대비된다.[36] 그렇기에 세속의 권력 현실은 모든 인간집단에 공동으로

---

36) 아우구스티누스는 『신국론』에서 신의 나라와 인간의 나라라는 두 나라에 관해 이야기하면서 비슷한 맥락에서 종교적인 것과 세속적인 것을 비교하는데, 이는 니버가 인간세상에 관한 견해를 형성하는 데 많은 영향을 미쳤다. 아우구스티누스에 따르면 "(…)두 가지 종류의 사랑으로 인해 두 가지 종류의 나라가 태어났다. 신을 무시하고 자기애에 빠진 사랑은 인간의 나라를 만들었고, 인간 자신보다 신을 사랑하여 신의 나라가 만들어졌다. 인간의 나라는 인간의 영광을 추구하고 신의 나라는 신만을 열망한다(…) 인간의 나라에서 현명한 인간은 육체와 정신, 또는 양자 모두를 목적으로 삼지만(…) 신의 나라에서는 진정한 신을 섬기는 경건함과 신성한 천사와 인간으로 이루어진 사회에서의 보상을 바랄 뿐이고, 여기서는 신이 모든 것 중의 모든 것이다." 아우구스티누스, 『신국론』, 제4권 28장. 이 부분을 Niebuhr, 앞의 책, 1932에서 니버가 인용하였다.

작동하며 이를 해결하기 위한 궁극적인 방책은 없다. 모든 세속 권력은 불완전하며 질서는 오직 힘의 균형이라는 정치적 과정에 의해서만 유지될 수 있다.

아우구스티누스는 그럼에도 불구하고 이러한 질서를 초월적 관점에서 끊임없이 다듬고 유지해나가는 것이 필요하다는 희망을 제시한다. 니버는 아우구스티누스가 현실주의적으로 세상을 보지만 인간의 초월적 차원을 함께 인식하기 때문에 현실주의가 냉소주의로 흐르는 일을 막을 수 있다고 설명한다. 철학이나 합리주의가 아닌 성경에서 기원하는 아우구스티누스의 인간관에서 자아란 정신과 마음의 합일체이다. 여기서 자아는 정신 이상의 것이며 단순한 마음 · 기억 · 의지 등의 기능을 넘어선 것이라는 점이 중요하다. 이는 자아가 초월적 차원을 가진다는 점을 강조하는 것으로, 성경에 규정된 인간관을 물려받고 있다. 인간은 권력과 이익만을 추구하지 않고 초월과 신의 사랑을 추구하는 상반된 경향을 함께 가지고 있다는 것이 진정한 현실이다. 또한 눈에 보이는 단기적 이익만을 추구하지 않고 더 광범위하고 장기적인 목적을 함께 추구한다. 이러한 경향 속에서 각 개별 단위들은 자신의 이익을 초월하여 공동의 이익을 추구하는 변화를 일으킨다.

니버는 아우구스티누스의 인간관 · 정치관이 그 전후 사상가들의 것에 비해 더 균형 잡힌 관점이라고 설명한다. 이성이 인간의 전체를 설명할 수 있다는 아퀴나스적 합리주의에도 빠지지 않고, 인간의 존엄성이 타락에 의해 완전히 붕괴되었다고 보고 죄성만을 강조한 루터식의 비관론과도 거리를 두고 있기 때문이다. 이는 근대의 현실주의와 자유주의에도 적용된다. 권력정치만을 강조한 홉스나 이성의 힘을 낙관한 자유주의 사이에 아우구스티누스가 존재하기 때문이다.[37] 니버는 아우구스티누스를 따라서 역사의 목적, 예를 들어 평화는 오직 투쟁에 의해서만 가능하고, 완전한 평화는 존재하지 않을 것이라고 생각한다. 그러나 이전보다 좀더 완전한 평화는 가능하다고 주장한다.[38]

결국 기독교 현실주의는 빛과 어둠, 현실주의와 이상주의를 기독교의 시각에서 어떻게 조합시키는가의 문제로 귀결된다. 니버는 아우구스티누스의 현실주의-이상주의 스펙트럼을 계승하면서 현실주의가 냉소주의나 회의주의로 남지 않고 더 적극적인 정치질서를 찾아갈 수 있는 가능성을 찾는다. 그에게 현실주의란 현실에서 작동하는 요소들, 특히 이익과 권력의 요소를 인식하여 규범적 사고를 극복하는 사고양태를 의미한다. 반면 이상주의는 개별적인 이익보다는 전체의 이익을 중시하며 보편선에 일치하는 법칙·이상을 강조하고 이를 추구하는 사고양태를 의미한다. 현실주의자가 역사를 거치면서 항상 지속되는 권력과 이익의 요소를 강조하는 데 반해, 이상주의는 특정한 시기에 나타나는 특별하고 새로운 요소들에 집중하여 과거의 문제들이 해

---

37) Niebuhr, *Christian Realism and Political Problems*(New York: Charles Scribner's Sons, 1953), 119~146쪽.

38) Niebuhr, 앞의 책, 1932, 256쪽.

결될 가능성에 초점을 맞추는 경향이 강하다고 본다.

니버는 현실주의─이상주의 스펙트럼을 넓혀, '지나치게 일관된 현실주의, 즉 냉소주의와 회의주의'─'현실주의'─'이상주의'─'지나치게 일관된 이상주의, 즉 공상주의 또는 이상향주의'로 세분한다. 현실주의가 지나치게 일관되면 인간의 역사가 전혀 나아질 수 없다는 비관론에 빠지게 된다. 반면 이상주의가 지나치게 일관되면 단지 이상과 관념의 중요성을 강조하고 더 나아가 인간의 기본 본질까지 이상으로 바꾸어 완전한 이상향을 이룰 수 있다는 환상을 가지게 된다.

이러한 균형을 염두에 두고 정치의 본질과 가능성을 좀더 구체화하면 민주주의에 대한 일반적 견해를 수립할 수 있게 된다. 니버는 무엇보다 민주주의가 개인의 이기심과 사회복지가 자동으로 조정되는 정치체제가 아니라는 점을 강조하려고 애쓴다. 그러한 주장으로 민주주의를 정당화하는 철학은 오히려 민주주의 지배층인 부르주아의 기만의 철학이다. 이와 달리 핵심 문제는 서로 충돌하고 갈등하는 구성원들의 이기심 사이에서 어떻게 균형을 찾는가, 그리고 그 균형 속에서 개인이 자신을 반성하며 더 나은 사회로 나아가도록 노력하는가라고 본다. 민주주의 사회의 발전은 자동적 이익조화로 이룰 수 있는 것이 아니라 치열한 조정과 타협, 양보로 가능하다는 것이다. 니버는 이성에 대한 지나친 낙관에 근거하여 인간의 죄성을 잃어버린 시각에 기독교의 인간관을 다시 일깨우고자 했고, 과도한 현실주의로 권력정치와 냉소주의를 주장하는 시각에 대해서는 예수의 절대적 사랑과 사회정의의 규범을 강조하고자 했다.

민주주의는 "경쟁하는 집단 간의 이해를 조정하고 균형을 잡는 문제에 가장 좋은 정치적 해답"을 제공할 수 있는 체제이다. 또한 민주주의는 개방적인 정치체제로서 "모든 문화적 견해를 비판적으로 볼 수 있는 지속적이고 유용한 방법을 제시하며, 다양한 사회적·문화적 생명력 간에 자발적 조화를 이룰 수 있는 방법을 제공한다."[39]

민주주의 또는 정의로운 사회질서란 "관리되고 있는 무정부상태"(managed anarchy)라는 것이 민주주의에 대한 니버의 핵심 정의이다. 민주주의는 자유주의자들이 상상했던 바와 달리 합리적 인간들 사이에 협조와 타협의 길을 열어서 존재하고 발전하는 것이 아니라, 권력의지와 이기성에 대해 상호간에 견제와 균형을 허용하기 때문에 그나마 가장 성공적인 정치체제이다. 민주주의는 국내 세력들 간의 세력균형 또는 평형점으로 형성되며 "한 측에 의한 다른 측의 지배가 힘과 생명력의 평형에 의해 불가능하게 될 때, 그리하여 약자가 강자에 의해 노예화되지 않을 때" 성립될 수 있다.[40]

니버는 자기애뿐 아니라 타자와 신을 사랑할 수 있는 인간의 능력을 인정한다. "사랑의 정신은 사회적 투쟁의 차원을 넘어서

---

39) Niebuhr, "The Contribution of Religion to Cultural Unity", *Hazen Pamphlet*, No. 13, 1945, 6쪽 참조.
40) Niebuhr, 앞의 책, 1944, 174쪽 참조.

서 사람들을 한데 이어주는 공통된 약점과 정서에 대해 상당한 이해를 갖고 있다." 그러나 "사랑의 정신도 역시 억제와 강제력이라는 수단을 사용할 수밖에 없다. 왜냐하면 이런 수단을 통해 저항하는 사람의 도덕적 능력에 대한 신뢰가 표현되고, 이런 능력을 줄이기보다는 확대하는 방향으로 고무되고 격려되기 때문이다. 하지만 이렇게 될 경우 강제력이라는 수단의 사용 자체에 의해 드러난 도덕적 불신을 은폐할 수 없다. 따라서 순수하게 개인적인 도덕과 적당한 정치적 전략 사이에는 여전히 일정한 갈등과 대립이 남아 있게 된다."[41]

결국 가능태로 존재하는 이타성과 사랑의 능력은 인간들의 사회에서 명확한 한계 속에서만 발휘될 수 있다는 결론이 나온다. 따라서 아우구스티누스를 따라 니버도 "원죄의 세계에서 정의를 수립하는 것은 정치질서의 비극적인 임무가 된다"라고 본다. "법 없이 정의가 바로 선 적이 없으며, 모든 사회적 평형의 안정을 위해 법이 반드시 필요하다"는 것이다.[42] 인간의 이성은 이익과 권

---

41) Niebuhr, 앞의 책, 1932, 285쪽 참조.

42) Niebuhr, "The National Preaching Mission", *Radical Religion*, Vol. 2, Spring 1937, 3쪽. 로리오는 아우구스티누스가 근본적인 해결책으로 인간 외부로부터의 힘, 특히 신의 은총(God's grace)에 궁극적으로 의존했던 반면, 니버는 기독교 현실주의 입장에서의 실천을 중시하였다는 점을 지적하고 있다. Michael Loriaux, "The Realists and Saint Augustine: Skepticism, Psychology and Moral Action in International Thought", *International Studies Quarterly* 36, 1992, 401~420쪽 참조.

력을 추구하며, 더구나 끊임없는 상상력으로 새로운 장에서 이익을 극대화하는 인간의 정치행위를 제어할 수 없다. 가톨릭 교리에서 논하는 자연법이나 근대 세속적 자유주의에서 논하는 자연법 모두 인간의 이성이 이익을 조화시킬 수 있는 합리적 근거를 제시해준다고 보지만, 니버는 이를 철저히 비판한다. 인간의 이성은 결국 이익과 권력을 추구하는 인간의 상상력과 역동성에 봉사하게 된다고 보기 때문이다.[43]

민주주의 사회에서도 각 세력 간 균형과 질서, 정의는 잠정적이고 불완전하며 취약하다. 만약 사회의 어느 한 세력이 민주사회의 다양성을 억누르고 원시적 집단성으로 회귀하고자 할 경우, 민주주의는 붕괴되고 어둠의 자식들이 질서의 명분 아래 독재를 행하게 된다.[44]

그럼에도 불구하고 니버는 인간의 본성과 역사에 비추어볼 때, 민주주의가 역사적으로 증명된 가장 나은 제도이며, "자유로운 사회에서보다 다양한 인간의 정신을 해방시켜줄 수 있는 더 나은 길은 없다"라고 보는 것이다.[45] 니버는 기독교 교리이든 세속 정치사상이든 인간의 본성에 대한 지나친 낙관론에 근거하여 국내

---

43) Niebuhr, 앞의 책, 1944, 68~72쪽.
44) 같은 책, 123~124쪽.
45) Niebuhr, "The Commitment of the Self and the Freedom of the Mind", Perry Miller, Robert L. Calhoun, Nathan M. Pusey and Reinhold Niebuhr 엮음, *Religion and Freedom of Thought*(New York: Doubleday, 1954), 58~59쪽 참조.

정치를 정확히 분석하지 못하는 이상주의를 비판하는 일이 미국 지식인의 중요한 사명이라고 생각했다. 동시에 인간의 이기심과 권력추구욕에 너무 집중하여 사회를 냉소적으로 보고 권력정치적 관점에서만 국내정치를 분석하는 일도 경계했다.

이러한 목적을 달성하기 위해 계시종교는 어떠한 역할을 하는가? 니버는 궁극적으로 모든 집단이 집단 자부심과 이기심으로부터 자유로울 수 없다고 본다. 다만 이를 완화시키고 스스로에 대한 죄의식을 가지는 정도의 변화가 있을 수 있다. 인간집단은 매우 초보적인 '정신'을 소유했으며, 스스로 초월하고 비판할 수 있는 기제를 결여하고 있다. 매우 불안정하고 유동적인 "예언자적 소수집단"만이 자기초월의 기제를 제공할 수 있다.[46] 그리고 그러한 소수집단은 종교적 시각을 소유하고 있을 때 비로소 인간의 원죄에 대한 반성을 추구함과 동시에, 세속에서 상대적 진리를 추구하는 겸손함을 가질 수 있다. 니버는 고등종교가 공통으로 가지고 있는 덕목들, 즉 다른 종교에 대한 관용, 종교적 겸손이 정치사회에도 적용되어야 한다고 말한다. 이러한 관용이 민주주의를 뒷받침할 수 있는 가장 좋은 덕목이기 때문이다. 세속적이 아닌 종교적 뒷받침이 있는 민주주의 사회에서 인간 개인 또는 집단은 스스로가 가장 옳다는 자기확신을 경계하고 세속의 권력이 불완전하다는 인식을 가질 수 있다.[47]

──

46) Niebuhr, 앞의 책, 1953, 210쪽.
47) Niebuhr, 앞의 책, 1944, 134~136쪽.

이러한 상황에서 기독교의 계시종교야말로 하나의 사례를 제공한다. 니버에 따르면 계시종교는 애초부터 국가의 자기신격화와 충돌할 수밖에 없는 운명이다. 구약의 예언자 아모스로부터 유대의 예언자들은 신과 민족을 동일시하는 일을 경계해왔다. 예언자들은 신의 이름으로 민족과 국가를 심판한다. 이스라엘과 신이 하나라는 주장, 이스라엘만이 신의 민족이라는 주장 모두 원죄를 보여주는 것이기 때문이다. 심판의 날에는 이스라엘뿐 아니라 모든 민족이 동등한 기준으로 심판을 받으리라는 것이 니버의 해석이다.[48] 계시종교의 관점을 취해야만 민족과 국가의 집단 자부심이 죄라는 사실을 인식할 수 있고, 이를 넘어서는 신의 심판이 있음을 의식할 수 있다.

국가를 비판하는 계시종교의 목소리를 간직하고 있는 기독교 국가들이 있을 수 있다. 그 안에서 계시적 논리를 가진 소수가 활동하며 다른 국가들과 달리 경계의 목소리를 낼 수 있다. 니버는 자부심과 자기중심성의 정도 차이가 매우 중요하며, 신의 관점에서는 개인과 마찬가지로 집단도 죄를 짓고 있음을 인식하는 게 핵심이라고 본다. 이러한 점에서 나치즘은 스스로의 죄를 인식할 수 있는 모든 계기를 파괴하고 전환된 기독교 논리로 스스로를 신격화한 최악의 정치체제라는 평가가 가능한 것이다.[49]

오늘날 이러한 핵심 집단이 반드시 종교집단일 필요는 없다.

48) Niebuhr, 앞의 책, 1953, 214쪽.
49) 같은 책, 219쪽.

니버 스스로 지식인의 사명과 정치지도자들의 중요성을 논하면서 이들이 민주주의를 통해 초월적 보편규범을 향해 나아가야 한다고 설명하고 있다. 인간이 자신의 이기심과 권력욕을 간직한 채 정치의 장에서 권력과 이익을 조정하는 것이 민주주의라고 생각한다면, 이는 기독교 현실주의 관점에서 볼 때 매우 나태한 것이다. 모든 인간, 특히 정치를 책임지고 있는 지도자들과 지식인들이 우선 자신의 원죄를 철저하게 반성하고 이를 토대로 타인의 요구에 대한 관용과 겸손함을 가지고 정치에 임해야 한다.

결국 니버의 관점에서 볼 때 민주주의가 올바르게 발전하기 위해서는 첫째, 민주주의는 이성에 근거한 타협으로 순조롭게 지탱할 수 있는 체제가 아니라 치열한 힘의 균형 속에 성립되고 발전한다는 인식을 가져야 한다. 둘째, 힘의 균형에 만족할 것이 아니라 초월을 추구한다는 규범적 관점에서 그러한 균형을 끊임없이 개선해나가야 한다. 셋째, 이러한 개선은 계시종교에서 말하는 대로 사회에 경각심을 불어넣는 핵심 집단의 노력으로 지속되어야 한다. 단순히 정치과정과 절차를 다수결로 만들었다고 해서 민주주의가 성립되는 것도 아니고, 힘의 균형 속에서 이익의 조정과 타협을 추구한다고 민주주의가 유지될 수 있는 것도 아니다. 끊임없는 윤리적·규범적 경계를 통해 힘의 균형을 개선하려는 노력, 그리고 그러한 노력을 지탱하는 핵심 집단이 사라지지 않고 지속되어야 하는 것이다. 니버는 이러한 핵심 집단의 이념이 기독교 계시종교에서 제공될 수 있다고 하지만, 반드시 기독교로 한정을 짓는다고 볼 수는 없다. 인간의 종교성이 보편적으로 이러한 계시적 비판을 수행하기 때문이다.

여기까지 니버의 민주주의론을 국내정치에 한정하여 살펴보았다. 변화하는 국제정치 속에서 민주주의는 국내뿐만 아니라 국경을 넘어서는 중요한 이념이 되고 있다. 21세기에는 국가 간 민주평화론이나 지구정치 속에서의 세계시민주의 또는 지구적 민주주의가 중요한 주제로 등장하고 있다. 니버의 기독교 현실주의 민주주의론은 이러한 새로운 주제에도 많은 시사점을 준다. 민주ㆍ평화는 비단 민주주의를 행하는 국가들 간의 타협과 조정에 의해 이루어지는 것이 아니라 이를 규범적으로 유지하려는 지속적인 노력에 의해 이루어지는 것이기 때문이다. 또한 단순한 균형과 조화가 아니라 초월적 관점에서 자신이 속한 집단의 독선과 자기애를 극복하려는 노력을 기울여야 하고, 이를 이끄는 핵심 집단을 보호하고 격려해야만 민주ㆍ평화가 유지될 수 있다는 유추가 가능하다. 이것이 자유주의적 민주평화론과 구별되는 기독교 현실주의의 민주평화론이라 할 수 있다.

민주주의가 이렇게 유지된다고 할 때, 국가들로 이루어진 국제사회 역시 초보적인 민주주의를 향해 나아갈 수 있을까 하는 질문이 생긴다. 만약 민주주의 사회가 절대적 옳음에 대한 확신을 경계하고 인간의 원죄에 대한 반성을 수반한다면 다른 국가, 다른 이데올로기와의 싸움에서도 자신이 무조건 옳다는 입장을 내세우지는 않을 것이기 때문이다. 니버는 냉전기에 민주주의와 공산주의가 대립할 때, 만약 민주주의 세력이 자신이 무조건적으로 옳은 이데올로기라는 입장을 내세운다면 이는 본래의 기독교적 민주주의론에 어긋난 것이라고 한다. 민주주의가 우월한 것은 공산주의와 달리 국제정치에서도 스스로의 원죄성을 인식하고 상대적 정의를 조심스럽게 모색하려는 신중성 때문이고, 이는 대외관계에서도 반영되어야 하기 때문이다.

제5장 초월과 폭력
니버의 국제정치규범이론

"세속의 정의는 힘의 균형에서 나올 수밖에 없다.
독재가 아닌 상대적 정의를 실현할 수 있는 사회는
인간의 삶이 보존되고 타자에 의해 자신의 권리가 침해되지
않는 사회라고 볼 수 있다. 이를 위해서는 한 개인 또는
한 집단, 한 국가가 지나친 권력을 휘둘러서는
안 되며 항상 견제의 메커니즘 속에 있어야 한다.
힘의 균형을 수립하고 그 위에 정의의 구조를
세우지 않으면 무질서상태로 떨어지고 만다."

고전현실주의와 신현실주의

니버의 국제정치사상은 동시대 많은 나라의 외교정책 결정자들과 여론에 영향을 미쳤고 국제정치를 연구하는 현재의 많은 학자들에게도 큰 영향을 주고 있지만, 니버 자신이 국제정치학자였다고 말하기는 어렵다. 그가 본격적으로 활동하던 전간기에 이르러서야 국제정치학이 학문 분과로서 비로소 대학에 설립된 사정을 생각해보면 이해할 수 있는 일이다. 동시대에 활동했던 20세기 전반기의 국제정치학자들은 대부분 역사학·철학·법학 등 다른 분과의 전문가들로 활동하면서 국제정치에 대한 사상을 발전시켰다. 이들을 제2차 세계대전 이후의 국제정치학자들과 구별하여 고전이론가라고 부른다. 국제정치이론 가운데 현실주의 패러다임의 경우 니버를 비롯하여 E.H. 카, 한스 모겐소, 아놀드 월퍼즈(Arnold Wolfers), 존 허츠(John Herz), 허버트 버터필드(Herbert Butterfiled), 월터 리프먼(Walter Lippmann), 조지 케넌(George Kennan) 등을 대표 학자로 꼽는다.

냉전이 종식된 이후 고전현실주의에 대한 새로운 연구 흐름이 일어나고 있다. 이는 변화된 국제정치의 흐름 속에서 이른바 신현실주의가 결여하고 있는 현실주의 패러다임의 요소들 때문이라 할 수 있다.[1] 신현실주의는 현실주의의 한 발전형태로서 냉전

---

1) Duncan Bell 엮음, *Political Thought and International Relations: Variations on a Realist Theme*(Oxford: Oxford University Press,

의 시대적 물음과 밀접히 관련되어 있다. 신현실주의 학자들의 질문은 가장 안정적인 국제정치의 세력배분구조는 무엇인가, 양극체제의 작동원리는 무엇인가, 세력균형은 어떠한 법칙을 가지고 작동하는가, 국제정치구조는 국가들에게 어떠한 제약 요인을 부여하는가, 국가의 안보를 극대화시키기 위한 방법은 무엇인가, 안보 딜레마는 어떻게 해결되는가 등이었다. 물론 이는 매우 제한적인 목록이지만 냉전을 시대 배경으로 하는 국제정치학의 흐

2008); David Clinton 엮음, *The Realist Tradition and Contemporary International Relations*(Baton Rouge: Louisiana State University Press, 2007); Michael C. Williams, *The Realist Tradition and the Limits of International Relations*(Cambridge: Cambridge University Press, 2005); Michael, C. Williams 엮음, *Realism Reconsidered: The Legacy of Hans Morgenthau in International Relations*(Oxford: Oxford University Press, 2008); Robert Schuett, *Political Realism, Freud, and Human Nature in International Relations*(New York: Palgrave Macmillan, 2010); Oliver Jütersonke, *Morgenthau, Law and Realism*(Cambridge: Cambridge University Press, 2010); William Hooker, *Carl Schmitt's International Thought: Order and Orientation*(Cambridge: Cambridge University Press, 2009); Vibeke Schou Tjalve, *Realist Strategies of Republican Peace: Niebuhr, Morgenthau, and the Politics of Patriotic Dissent*(New York: Palgrave Macmillan History of International Though, 2008); Ken Booth, *Realism and World Politics*(New York: Routledge, 2011); Nicolas Guilhot, *The Invention of International Relations Theory: Realism, the Rockefeller Foundation, and the 1954 Conference on Theory*(New York: Columbia University Press, 2010) 등 참조.

름을 반영하고 있다.

신현실주의의 또 하나의 특징은 냉전의 문제의식과 실증주의 또는 과학주의 인식론이 결합되어 있다는 점이다. 신현실주의는 자연과학 또는 경제학을 학문 모델로 하여 간결성의 원칙에 의거, 많은 현상들을 일목요연한 소수의 변수로 설명하는 것을 요체로 상정했다. 이에 따르면 국제정치현상을 분석하는 주체는 분석대상인 객체로부터 분리되어야 하고, 주체의 가치는 분석에 영향을 주지 않아야 한다. 실천은 분석과 분리되어 있으며, 분석이론은 규범적 처방에 아무런 지침을 주지 않아야 한다. 실천은 분석과 별개의 영역에 속하기 때문이다.

냉전이 종식되고 20여 년이 흐르면서 신현실주의는 새로운 현상들에 답하는 데 많은 한계를 보여왔다. 냉전의 종식 자체를 예측하지 못한 데 대한 비판이 비등했지만, 이는 단위의 성격을 분석대상으로 삼지 않는 점에서 충분히 예상할 수 있는 일이었다. 소련의 변화라는 국가 단위의 변화는 구조주의적 신현실주의의 분석대상에서 제외되어 있었기 때문에, 국제정치구조가 선험적 우선성을 가지는 이론구조에서는 단위의 변화로 인한 구조의 변화를 설명하는 것은 논의구조 밖의 일이었다.

그러나 강대국과 같은 전형적인 국가가 아닌 제3세계의 약소국들이 중요한 문제를 제기하는 점, 그리하여 국가의 주권성에 대한 가정에 문제가 생기는 점,[2] 국제제도의 중요성이 부각되어 거

---

2) Stephen D. Krasner, *Sovereignty: Organized Hypocrisy* (Princeton,

버넌스 현상이 두드러지게 부각되는 점 등 다른 관점에서 대답해야 할, 탈냉전기에 새롭게 나타나는 현상들이 증가하였다. 유럽통합, 국제제도의 증가, 지구적 시민사회의 역할 증대, 테러의 발생, 인간 안보와 초국경적 문제의 대두, 민족분규와 내전 증가, 내전의 국제전화, 경제적 세계화, 종교의 중요성 증가, 제3세계 국가들에서 발생하는 문제의 중요성 등 냉전기 두 초강대국 간의 대결에 억눌려 있던 많은 문제들도 우후죽순처럼 드러나고 있다.

실증주의 이론관에 따르면 문제를 올바르게 분석하면 해결책은 사회공학적으로 자연히 주어진다. 원인을 정확히 파악하여 처방하면 해결될 수 있다는 합리주의적 낙관주의이다. 탈냉전기 세계 유일의 초강대국으로 부상한 미국은 이 시기의 많은 문제들을 해결하기 위한 진단과 분석에 고심했다. 미국은 강대국 간 관계, 각 지역의 세력균형에서 미국의 역할, 중국의 부상에 대한 대책 등 기존의 국가 대 국가라는 비교적 낯익은 관계 안에서 장기국가전략을 위한 노력을 기울였다. 더불어 테러, 환경, 자원, 대량살상무기 확산, 제3세계 내전 등과 관계된 대책도 준비했다.

그러나 탈냉전기 새로운 문제들의 경우, 문제의 진단은 물론 이에 대처하는 방법에 대한 많은 문제제기와 비판·반대가 지속되는 가운데 미국의 정책은 반대에 직면했다. 예를 들어 미국은 테러의 원인이 중동의 종교근본주의와 실패국가(failed state) 비

N.J.: Princeton University Press, 1999) 참조.

호, 테러 세력의 과격화와 대량살상무기 확산 등이라고 보고 해결을 추구했지만, 이와는 반대로 미국의 일방주의와 강대국의 자원제국주의, 서구 근대화 모델의 실패 등이 문제의 근원이라고 주장하며 미국의 패권주의를 비판한 세력도 있다. 부시 전 행정부의 군사주의적 일방주의에 대한 오바마 행정부의 비판과 새로운 접근은 문제를 파악하는 시각부터 달리해야 한다는 관찰을 가능하게 하고 있다.

신현실주의는 현실주의 패러다임이 가지고 있는 핵심 이론 요소들을 수용하여 국가 간 권력관계와 이익갈등을 과학적으로 분석하고, 실증이론적 개념과 가설을 제시하며, 경험적으로 이를 정교화하는 성과를 거두었다. 그러나 냉전이라는 배경을 벗어나는 새로운 현상들이 일어나고, 이론이 이끌지 못하는 현실정책의 문제가 불거지면서 새로운 이론의 필요성이 대두된 것이 현실이다. 여러 갈래로 나뉜 현실주의 패러다임은 한편으로는 신현실주의를 정교화하고자 노력했던 것이 사실이지만, 다른 한편으로는 고전현실주의를 재해석하고 신현실주의와 다른 방법으로 이를 발전시키고자 노력했다. 메타이론적으로 신현실주의와 고전현실주의는 인식론·존재론·가치론에서 큰 차이를 보인다. 신현실주의의 인식론은 실증주의이고 존재론은 구조우선주의이며 가치론으로는 문제해결이론의 경향을 띤다. 반면 고전현실주의는 인식론에서 이해의 방법을 수용하고 존재론은 인간 본성과 국가·구조를 모두 중시하며 가치론에서 비판이론적 특성을 가지기 때문에 양자의 차이는 크다.[3] 따라서 현재 일어나고 있는 고전현실주의 르네상스는 현실주의의 핵심을 받아들이면서 탈냉전기 또는 21세기 정치를 더 잘 설명하며, 규범적인 지침을 제시할 수 있는 새로운 형태의 현실주의가 필요하다는 인식에 기초하고 있다.[4]

---

3) 전재성, 「구성주의 국제정치이론에 대한 탈근대론과 현실주의의 비판 고찰」, 『국제정치논총』 제50집 2호, 2010, 35~64쪽; Samuel J. Barkin, *Realist Constructivism: Rethinking International Relations Theory* (Cambridge: Cambridge University Press, 2010); "Realist Constructivism and Realist-Constructivisms", *International Studies Review* 6, 2004 등 참조.

4) Steve Smith, "The Forty Years' Detour: The Resurgence of Normative Theory in International Relations", *Millennium* 21-3, 1992, 489~506 쪽; Paul Wapner and Lester Edwin J. Ruiz, *Principled World Politics: The Challenge of Normative International Relations*(New York: Rowman & Littlefield Publishers, Inc., 2000) 등 참조. 국제윤리를 가르치는 한 가지 방법은 공동체주의(communitarianism)와 범세계주의(cosmopolitanism)를 구별하는 것이다. 왈저(Michael Walzer)로 대표되는 공동체주의는 지구사회에서 권리와 의무를 가지는 것은 국가로, 이는 마치 국내 정치사회에서 개인이 권리와 의무를 가지는 일과 같다고 본다. 왈저에게 국제정치도덕이란 공격행위 금지, 정치적 주권과 자위의 권리, 내정 불간섭, 인권 보호, 평화적 분쟁 해결 등 주로 국가의 권리와 의무에 관한 것이다. 반면 베이츠(Charles Beitz)로 대표되는 범세계주의자들은 국가보다 개인의 권리와 복지를 중시하며 베스트팔렌체제에서 정립된 국가 중심 체제를 비판한다. 국경이나 국가의 자율성은 개인의 권리라는 차원에서 생각해볼 때 절체절명의 윤리적 기초가 아니므로, 개인의 도덕적 요구를 가장 중심으로 생각해야 한다는 것이다. Michael Walzer, *Just And Unjust Wars: A Moral Argument With Historical Illustrations* (New York: Basic Books, 2006); Charles Beitz, *Political Theory and International Relations*(Princeton: Princeton University Press, 1979) 참조.

고전현실주의는 20세기 전반기의 현상을 경험 배경으로 가지고 있다. 제1차 세계대전 전후처리와 전간기 국제정치, 그리고 제2차 세계대전과 냉전의 전반기가 고전현실주의자들의 경험 기반이다. 니버의 경우 최초의 국제정치 분석은 제1차 세계대전을 바라보는 젊은이의 글로 시작되었고, 이후 생전에 벌어진 사건들이 국제정치사상을 규정했다. 고전현실주의가 가지는 분석적 · 규범적 유연성의 근원은 이론적 구성요소에 있다. 이는 신현실주의와 달리 실증과학적 엄밀성을 추구하기보다는 인간사회의 정치적 본성이 표출되는 다양성을 추적하고, 객체와 분리된 관찰자로서의 시각보다는 이입에 기초한 해석과 이해의 방법을 중시한다. 규범과 문화를 중시하고, 정치세계를 합리적으로 완전히 이해할 수 있다는 낙관주의 대신 이성에 대한 인식론적 회의주의를 견지하므로, 이론으로 채울 수 없는 실천의 공간을 규범과 도덕의 의지로 채우려 한다. 따라서 현실에 대한 완전한 지식의 가능성을 회의하는 대신, 역사사회학적인 중범위 이론의 성향을 띠게 된다.[5]

　앞에서 살펴본 바와 같이 니버는 인간본성론에 기초하여 정치사상을 수립하고 있으며, 인간의 정치적 본성이 어떠한 인간관계, 집단 간 관계에서도 사라질 수 없는 본질적 요소라고 본다.

5) Stephen Hobden, *International Relations and Historical Sociology: Breaking Down Boundaries*(New York: Routledge, 1998); Stephen Hobden and John M. Hobson, *Historical Sociology of International Relations*(Cambridge: Cambridge University Press, 2002) 등 참조.

이를 이성에 의해 완전히 인식할 수도, 또한 실천적으로 바로잡을 수도 없으며, 실천은 미리 주어진 분석에 기반한 것이 아니라 초월적·종교적 의지를 가진 주체에 의해 열린 상태에서 추구되어야 한다. 그리고 그러한 실천의 결과가 역사 속에서 어떻게 실현될지는 신의 구원에 달려 있다. 이를 정확히 예측할 수도, 이해할 수도 없는 인간의 한계와 딜레마 가운데 인간이 주체를 놓아버리고 자기애를 극복하는 과정에서 삶의 일관된 의미를 찾을 수 있다는 것이다.

국제정치학에서 니버는 20세기 전반기의 시대경험을 배경으로 하지만 인간의 정치적 본성을 탐구하는 과정의 일환으로 근대 이전 시기로 돌아가고, 근대의 인간·국내정치·계급관계·국제정치를 총괄적으로 볼 필요성을 제시한다. 인간의 초월 욕구가 타락한 형태로 자기애로 굳어져 전개되는 것이 인간의 역사이고, 인간집단 간 자기애의 표출이 정치라면, 국내정치와 국제정치의 구별보다 정치성이 역사의 각 단계에서 어떻게 구체화되는가가 중요한 것이라는 분석적 유용성을 가질 수 있다.

니버의 처방은 기독교 시각에서 비롯된 것이라 다른 고전현실주의자들과 차이가 있지만, 공통된 특성도 있다. 인간 본성에 대한 시각, 합리주의의 한계 인식, 그리고 도덕에 기초한 실천의 중요성 강조 등이 그것이다. 바로 이러한 요소들이 냉전이라는 독특한 시대상황이 지나간 이후에도 고전현실주의가 분석적·규범적 유용성을 지닐 수 있는 이유이다.

니버의 국제정치사상이 고전현실주의의 종교적 분파이자 전체

고전현실주의의 초석을 놓았다면, 모겐소와 카의 고전현실주의는 세속적 갈래로 니버와 많은 공통점을 가지고 있다. 앞으로 살펴볼 니버의 국제정치분석과 더불어 이들이 가지고 있는 고전현실주의의 기본적인 요소들은 향후 국제정치이론 발전에 핵심적인 역할을 하게 된다.

인간 본성에 대한 가정은 고전현실주의에서 가장 기본적이다. 인간본성론은 경험적으로 증명되기가 매우 어렵기 때문에 실증주의 이론관으로는 이를 변수로 가정하기 어려운 것이 사실이다. 최근 사회생물학·진화론·프로이트 등의 심리학에 기초하여 인간 본성을 밝히려는 노력이 진행 중이지만, 이는 앞으로 인간의 자기이해가 학문적으로 발전하는 데 따라 많은 변화가 있을 것이다.[6]

그럼에도 불구하고 현재상황에서 인간의 정치적 본성에 관한 가정은 고전현실주의의 기본을 이룬다. 모겐소의 경우 정치성의 근저에서 활동하는 인간의 본성으로 이기성과 권력욕을 말하는데, 이는 이성이나 제도 등 다른 어떠한 요소들에 의해서도 사라지거나 약화되기 어렵다. 모겐소는 이 두 가지 가운데 권력욕을 더 근본적인 것으로 상정한다. 이기성은 타인의 이기성과 타협하고 공통의 이익을 추구하는 방향으로 제한·순화될 수 있기 때문이다. 그러나 지배욕은 제한을 거부한다.

---

6) Robert Schuett, *Political Realism, Freud, and Human Nature in International Relations*(New York: Palgrave Macmillan, 2010) 참조.

모겐소는 인간이 끊임없는 권력욕을 가지고 있다고 보며, 이는 단지 개인의 생존이라는 문제뿐 아니라 주위 인간들 사이에서 자신의 위치, 그리고 삶의 의미와 연결된 문제라고 본다. 이는 주위 인간들에 대한 지배욕이며, 마지막 일인까지 자신의 지배 아래 들어오지 않으면 충족되지 않는 무제한의 욕구이다. "이기성에는 합리성의 요소가 내재하고 있어 목적에 대한 자연적 한계가 제시될 수 있으나, 권력에의 의지에서는 이 합리성이 결여되어 있다. 단순한 이기성은 타협에 의해 완화될 수 있는 반면, 지배욕의 충족은 끊임없이 팽창하려는 권력에의 의지를 자극하기만 할 뿐이다."[7] 이러한 권력욕의 무제한성은 인간의 보편적 특질이며, 권력을 추구하는 인간(*animus dominandi*)은 정치의 본질을 형성한다.

모겐소는 니버와 달리 권력욕이 초월욕의 타락한 형태라는 종교적 명제를 가지고 있지는 않지만, 이것이 인간의 실존적 욕구의 핵심을 이룬다는 점에서는 같은 견해를 보인다. 따라서 인간 실존의 조건 자체를 부정하지 않고서 권력욕을 부정한다는 것은 불가능하다. 니버는 인간이 정치적 본성을 가지는 한 예수의 사랑윤리와 같은 절대적 윤리를 실현하는 것은 불가능하다고 본다. 모든 인간의 행위는 반드시 악의 요소를 내재하고 있고, 인간이 세상에서 실현할 수 있는 정의는 상대적 정의일 뿐이다.

---

7) Hans J. Morgenthau, *Scientific Man Vs. Power Politics*(Chicago: The University of Chicago Press, 1946), 193~194쪽 참조.

모겐소 역시 정치적 윤리라는 것은 악을 행하는 일에 관한 윤리이며, 정치의 영역을 악의 영역이라고 비난한다 할지라도 모든 정치적 행동에 편재된 악의 존재를 견뎌내고 이와 조화를 이루어야 한다고 지적한다. 결국 정치적 행위에서 악은 불가피하므로, 가능한 행위 가운데 차악을 택하거나 가능하다면 가장 덜 악한 것을 택하는 일이 최선인 셈이다. 따라서 모겐소는 "이러한 비극적 선택에 직면하여 편의(expediency)보다 정의를 부르짖는 것, 그리고 정의를 결여하고 있다고 해서 취해진 정치적 행위를 비난하는 것은 대단히 부질없는 짓"[8]이라고 말한다. 이러한 태도야말로 인간 실존의 비극적 복잡성을 이해하지 못하고 정치윤리의 문제에 대한 비현실적·위선적 해결에 만족하는 문명의 피상성의 또 다른 예라는 것이다.

사실 정치적 행위에 대해 단순하고 순수한 정의를 적용하고자 하는 것은 정의를 조소의 대상으로 만드는 것이다. 왜냐하면 모든 정치적 행위는 정의라는 기준으로 볼 때 부족한 것으로서 어느 하나의 정치적 행위에 대한 비난도 모든 정치적 행위에 대해 적용될 수 있기 때문이다. 만약 어떤 정치적 행위가 부정하기 때문에 이를 회피하는 완벽주의자가 있다면 이는 하나의 부정의를 피하기 위해 보다 더 정의로부터 동떨어진 다른 부정의를 행하는 일에 다름 아니다. 그는 악한 행위 자체를 피하기 때

---

8) 같은 책, 202쪽 참조.

문에 가장 작은 악조차 행하지 않으려 하는 것이다. 그러나 악으로부터 떨어지려는 이러한 행위는 양심을 지키고자 하는 다른 교묘한 이기심의 발로에 불과하며, 세상의 악의 존재에 아무런 영향을 미치지 못할 뿐 아니라 오히려 서로 다른 악들을 구별하는 능력을 파괴시키기까지 할 뿐이다. 따라서 완벽주의자는 결국 더 큰 악의 근원이 되고 만다. 파스칼의 말대로, "인간은 천사도 아니고 금수도 아니지만, 비극은 천사처럼 행동하려다가 금수의 행동을 하게 된다"는 것이다. 결국 인간이 보다 작은 악을 행하고 악의 세계에서 인간이 가장 선해질 수 있는 방법은 모든 정치적 행위에 편재해 있는 악의 비극적 존재에 대한 인식을 통해서라는 것을 알 수 있다.[9]

인간의 권력의지는 합리적 교육에 의해서도, 제도적 장치에 의해서도 길들여지지 않는다. 니버는 세속적 자유주의와 근대주의 기독교를 모두 비판한 바 있다. 오직 권력들 간의 균형에 의해 질서가 유지되며 제도화될 뿐이다. 그리고 모든 제도는 지배층의 권력유지 욕구와 이를 합리화하는 담론을 내재하고 있으므로 끊임없는 비판이 필요하다. 이를 가능케 하는 제도, 즉 관리된 무정부상태로서 세력균형의 변화를 허용하는 제도인 민주주의를 지지하는 이유이다.

이성의 한계에 대한 모겐소의 지적은 니버와 궤를 같이한다.

9) 같은 책, 202~203쪽 참조.

모겐소는 전간기 독일 바이마르 공화국과 미국 민주주의를 직접 체험하면서 인간의 권력욕을 합리주의로 길들일 수 있다는 자유주의적 합리주의자를 지속적으로 비판했다. 그는 제1차 세계대전 이후 미국 사회과학계의 주요 인식론으로 등장한 인식론적 합리주의 또는 실증주의가 인간사회의 문제를 분석하는 데 근본적인 한계를 가지고 있다고 보았다.

이성의 실천적 한계는 인간의 본성과 사회문제를 정확히 파악하지 못하는 이성의 인식적 한계 때문이다. 인간의 정치적 본성의 뿌리를 파악하지 못하면 피상적인 대책만을 제시할 수밖에 없다. 니버와 마찬가지로 모겐소 역시 실증주의 또는 자연과학주의를 비판한다. 이는 이른바 사회과학·정치학에서의 "단일원인의 방법론"(method of the single cause) 문제로서, 사회적 인과관계의 방향은 자연적 인과관계와 달리 일방적이지 않고 서로 복잡다단하게 얽혀 있어 일관된 방향을 찾기가 쉽지 않다는 것이다.

미래를 예측하고 계획하려는 사회과학의 노력 또한 불완전한 설명력 때문에 만족스럽지 못하다. 단순한 차원에서 일어나는 사회현상의 인과관계는 높은 가능성으로 추론할 수 있지만, 사회가 복잡해지고 사회현상이 다양해지면 인과관계를 파악하고 이에 근거하여 미래를 계획하기가 점점 힘들어진다. "자연과학에서는 어떠한 원인이 발생할지는 확실히 말하지 않지만, 일단 어떤 원인이 발생하면 그에 따른 특정 결과가 야기될 것이라는 점을 높은 확실성을 가지고 말할 수 있다. 그러나 사회과학에서는 원인

의 발생이나 그에 따른 결과 모두를 확실히 말할 수 없다." [10]

이성에 대한 인식론적 회의주의는 카도 공유하고 있다. 카는 객관적인 사실, 특히 "역사적 사실"의 존재 자체를 부정한다. "사실은 스스로 말한다"라는 명제는 그릇된 인식을 보여준다는 것이다. 오히려 "사실은 단지 역사가가 말하라고 할 때만 말하는 것이다." 역사적 사실이 객관적으로, 해석의 여부와 독립적으로 존재한다는 믿음은 심각한 오류이다.[11] 역사가들의 여러 종류의 미리 결정된 관점들에 의해서 다수의 역사적 실재들이 생겨날 수 있다. 그러므로 역사에서는 절대적 진리라든가 절대적 오류 같은

---

10) Hans J. Morgenthau, "The Limitations of Science and The Problem of Social Planning", *Ethics* 54-3, 1944, 175~176쪽 참조. 사회적 사실에 대한 완전한 인과론적 지식의 습득 가능성에 대한 모겐소의 회의는 현대과학 자체가 가지는 확실성에 대한 의심에 의해 심화되고 있다. 즉 자연과학 역시 확실성에서 한계를 가지며, 단지 어떠한 경향성이나 특정 조건 아래서의 인과관계를 개연성을 가지고 예측할 수 있을 뿐이라는 것이다. 모겐소는 1929년에 출간된 에딩턴(A.S. Eddington)의 『물리세계의 본질』(*The nature of the physical world*), 1920년에 출판된 화이트헤드(Alfred N. Whitehead)의 『자연의 개념』(*The concept of nature*), 또한 1936년에 출판된 플랑크(Max Planck)의 『물리철학』(*The philosophy of physics*) 등에 기초하여 자연과학적 지식의 불완전성에 대해 논의하고 있다. 상대성원리와 양자역학이 전개되던 당시 상황에서 자연과학적 지식 역시 절대적 확실성을 가질 수 없는 경우가 있다는 생각에 주의를 기울이고 있다.

11) Edward Hallett Carr, *What Is History?*(London: Macmillan, 1961), 7~15쪽 참조.

개념이 존재할 수 없다. "역사에서 객관성이란(…) 사실의 객관성일 수 없으며, 관계의 객관성, 즉 사실과 해석 사이 관계, 과거와 현재, 미래 사이의 관계의 객관성을 의미하는 것이다."[12]

인간의 권력욕과 이성의 실천적·인식적 한계에 직면하여 고전현실주의자들이 제안하는 것은 실천의 중요성이다. 흔히 고전현실주의는 권력 요소를 강조하기 때문에 도덕보다는 편의를, 이상보다는 현실을, 동기보다는 결과를 강조하는 윤리적 입장을 가진다고 비판된다. 현실주의는 문제해결이론이자 패권의 자기정당화 논리이며, 도덕무관주의(amoral/nonmoral)라는 비판이다. 그러나 고전현실주의는 오히려 정반대의 견해를 가지고 있다. 인간의 권력정치적 본질에 직면하여 어떻게 도덕을 실현할 수 있는가 하는 점이 고전현실주의의 핵심이다. 니버의 표현에 따르면 어둠의 심연을 볼 수 있는 지혜를 가지면서도 어떻게 빛을 향한 순수성을 현실에서 실현할 수 있는가 하는 것이다. 니버가 종교적 의지를 강조했다면, 모겐소와 카는 세속적인 도덕의지를 강조한다.

모겐소는 실천지, 즉 프루던스(prudence)를 강조하는데, 이는 자유주의자와 달리 인간의 도덕적 합의가 이성으로 쉽게 이루어질 수 없다는 현실적 판단에 근거한다. 그러므로 구체적인 상황에서 가능한 도덕적 목표를 신중하게 설정하여야 한다는 것이다. 정치적 현실주의는 도덕적 명언과 성공적인 정치행위의 요구조

---

12) 같은 책, 159쪽 참조.

건 사이 긴장관계에 대한 이해 위에 서 있다. 보편적 도덕원칙은 추상적·보편적 공식으로 각 국가의 행위에 적용될 수 없으며, 구체적인 상황 속에서 걸러져야 하는 것이다.

　국제정치의 경우 구체적인 도덕성의 핵심은 국가들 간의 이익을 신중하게 조화시키는 것이다. 모겐소는 국제정치를 권력의 측면에서 정의된 이익을 추구하는 것이라고 정의하면서, 국가들 간의 이익을 정확히 파악하고 조화시킬 필요성을 강조한다. 특히 모겐소는 행위자의 동기와 이데올로기적 선호에 대한 관심을 배격한다. 외교정책을 수립·실행하는 과정에서 이데올로기적 요소, 또는 자신만이 옳다는 자기중심주의에 빠질 때, 제국주의와 십자군 정신 등 많은 문제들을 야기하게 마련이다.[13] 현실주의가

---

13) 세속에서 국가의 자기이익을 인정하되 타국의 이익을 함께 고려하면서 규범적 목표를 도모해야 한다는 것이다. 한편으로는 인간의 이기주의를 불가피한 것으로 인정할 수밖에 없으나, 자기중심적 이기주의는 반드시 경계해야 한다. 이를 윤리학의 자기중심주의와 이기주의이론에 따라 정리해보면 다음과 같다. 자기중심주의를 공리화하면 "한 행위가 도덕적으로 옳을 필요충분조건은, 나에게 고통에 대한 최고의 쾌락값을 산출하는 다른 대안이 없는 경우이다"라고 볼 수 있다. 이는 나는 물론 나 이외에 다른 사람이 행위할 때도 그들이 나의 쾌락을 극대화하도록 노력해야 함을 의미하는 자기중심적 사고이다. 반면 이기주의를 공리화하면, "한 행위가 도덕적으로 옳을 필요충분조건은, 각자에게 고통에 대한 최고의 쾌락값을 산출하는 다른 대안이 없는 경우이다"라고 할 수 있다. 모든 사람은 이기적이라는 전제 아래 각자가 자신의 이익을 추구할 권리를 인정하는 것으로, 상호이기주의에 대한 인정이 협력과 안정으로 가는 기초임을 보여주는 것이다. 프레드 펠드먼, 박은진·장동익 옮김, 『기초윤리

배격하는 것은 이상 자체라기보다는 현실을 고려하지 않는 정치가의 철학적 사상 · 이상주의 · 도덕주의 등이라 할 수 있다. 결국 정치행위가 이익에 근거한다고 할 때 이익은 당위적 개념이 되며, 한 국가가 다른 국가의 입장을 이해하여 서로의 이익을 존중하고 그리하여 세력균형이 이루어질 때 평화가 가능하다.[14]

카 역시 정치적 실천에서 도덕성을 강조하는데, 이는 그의 견해를 극단적인 현실주의와 구별하는 요소가 된다. 카는 타인의 의지를 자신의 의지에 일치시키려는 노력만 하는 정치적 인간(*homo politicus*)의 가정은 현실성이 없다고 보고 도덕적 실천의 중요성을 강조한다.[15] 그는 자신을 현실주의자와 동일시하지 않

학』(철학과 현실사, 1999), 134~135쪽 참조.

14) 이와 관련하여 윌리엄스는 네오콘과 고전현실주의의 차이점을 논한다. 흔히 고전현실주의와 네오콘이 자유주의 비판에서 상통한다는 점을 들어 양자의 공통점을 논하기도 한다. 네오콘은 자유주의자들이 말하는 국가 이익의 다원주의적 형성 가능성을 비판하면서, 공화주의 입장에서 미국의 고유한 덕목, 시민적 가치 등을 핵심 가치로 상정해야 한다고 주장한다. 현실주의도 자유주의자들의 다원주의를 비판하지만, 네오콘처럼 자기중심주의, 한 국가의 보편적 덕목의 필요성 등을 주장하지는 않는다. 오히려 니버와 모겐소의 경우 이념과 가치관에 기초하여 자신의 옳음만을 주장하는 오만과 신중하지 못한 실천적 태도를 비판하는데, 윌리엄스는 이러한 점이 네오콘과 고전현실주의를 구별하는 중요한 특징이라고 주장한다. Michael C. Williams, "Morgenthau Now: Neoconservatism, National Greatness, and Realism", Michael C. Williams 엮음, 앞의 책 참조.

15) Edward Hallett Carr, *The Twenty Years' Crisis 1919~1939*(New

는다. "일관되고" "철저한" 현실주의자는 결국 자기모순에 빠지며, 냉소적이고 수동적인 처지에 처하게 되기 때문이다. "정치학은 단순히 존재하는 것에 대한 과학일 뿐 아니라, 존재하여야 하는 것에 대한 과학"이며 "정치학이 이상주의로부터 완전히 탈피하는 것은 불가능하다." 한마디로 "목적과 분석은 하나의 과정을 이루는 다른 부분이다."[16] 카는 "일관되고" "순수한" 현실주의를 비판하는 과정에서 현실주의의 함정을 경고하면서 "모든 정치상황은 이상과 현실 간에 양립이 불가능한 요소들을 포함하고 있다"고 지적한다.[17]

21세기 들어 고전현실주의의 유용성과 니버 국제정치사상의 의미를 살펴보는 것은 매우 뜻깊은 일이다. 흔히 국제정치학 분과사의 일반적인 서술 방법은 전간기 이상주의 대 현실주의라는 대논쟁에서 시작하여 제2차 세계대전 이후의 신현실주의로 옮아간다. 그리고 고전현실주의와 신현실주의의 차이점을 강조하고 고전현실주의의 고전성 또는 비과학성을 지적하는 것이 통상적이다. 그러나 현실주의 패러다임은 인간의 정치적 본성과 인간집단 간 권력정치를 강조한다는 점에서 철학적 일관성을 가진다. 따라서 시대별 국제정치의 특성을 염두에 두고 현실주의 패러다임 내의 연속성과 차별성을 좀더 정확히 파악해야 할 것이다. 니

York: Harper & Row, 1964), 95~97쪽 참조.
16) 같은 책, 5쪽 참조.
17) 같은 책, 94쪽 참조.

버의 국제정치사상은 고전현실주의 맥락에서 한편으로는 21세기
에 적용 가능한 생각들을 담고 있고, 다른 한편으로는 신현실주
의가 가지고 있는 이론적 엄밀성을 보완해야 할 과제도 안고 있
다. 다음에서 니버의 국제정치사상이 더 구체적인 주제와 정책에
서 어떻게 전개되었는지를 살펴보기로 한다.

국제정치규범이론의 기초로서의 윤리적 이중주의

앞서 살펴본 바와 같이 니버 사상을 비롯한 고전현실주의의 핵
심 관심사는 권력과 도덕을 어떻게 조화시킬 것인가이다. 그리고
그 관심이 국제정치현실에서 가장 첨예하게 드러나는 이슈는 전
쟁과 외교이다. 폭력과 외교는 국제정치의 현실에서 정의를 실현
할 수 있는 두 축이며, 이를 초월과 사랑이라는 절대적 규범과 어
떻게 조화시킬 것인가가 기독교 현실주의 국제정치관의 핵심이
다. 폭력 사용 또는 전쟁의 문제는 과연 수단으로서 폭력이 정당
화될 수 있는가, 전쟁을 정의롭게 수행하는 일은 가능한가라는 질
문으로 이어진다. 외교의 문제는 정의로운 평화를 유지하기 위하
여 어떠한 외교를 수행해야 하는가라는 질문으로 귀결된다.

니버는 제2차 세계대전까지 폭력의 문제를 고민할 수밖에 없었
다. 특히 평화주의를 주장하는 기독교계의 의견이 거세었기 때문
에 전쟁수행의 정당성을 찾는 것이 관건이었다. 니버는 부당한
평화를 유지하기 위하여 정의로운 폭력을 사용하지 않는 것은 기
독교 관점에서 죄악이라고 보았다. 수단으로서 폭력이 부당하다

는 이유로 독재자에 의한 평화가 유지되도록 방치하는 일은 결국 기독교의 도덕적 절대명제를 외면하는 결과를 가져온다고 보았기 때문이다.

제2차 세계대전이 종식되고 미국이 냉전의 한 축으로 등장하면서, 그리고 핵무기라는 가공할 공멸의 무기 출현을 보면서 니버의 주제는 외교로 옮겨간다. 인류의 공멸을 가져올 핵전쟁을 막으면서 공산주의라는 적에 어떻게 대항할 것인가, 이를 위한 정의로운 외교의 핵심 윤리는 무엇인가 하는 문제의식이다. 니버는 미국인으로서, 패권국인 미국의 외교가 스스로의 정당함에 대한 이념적 확신을 가지고 타국의 이익과 관점을 무시하는 자기중심주의에 빠지지 않도록 계시적 역할을 하는 데 집중한다.

국제정치에 대한 니버의 관심사는 오늘날의 기준으로 국제정치규범이론이라 할 수 있는데, 이는 현대 국제정치학에서 매우 중요한 주제이다. 국제정치분석이론과 국제정치규범이론이 분리된 것은 앞서 신현실주의를 논하면서 지적한 바와 같다. 제2차 세계대전 이후 국제정치학은 물론 사회과학 전반이 실증주의 이론관에 경도되면서 현실과 당위의 문제를 엄격하게 분리하게 된 것이다. 최근 구성주의 국제정치이론이나 문화와 이념적 요소를 중시하는 비판이론이 등장한 것은 사실이나, 규범의 역할을 실증적으로 연구하는 이론은 역시 분석이론의 틀에서 벗어나지 못한다. 국제정치규범이론은 국제정치에 관한 도덕적 추론(moral reasoning)을 제시하며 당위에 관한 진술까지 주장하기 때문이다. 탈냉전 국제정치현상에 접하여 각국의 외교정책에 대한 비판적 논의가 가중되면서, 그간 국제정치를 해석해온 실증주의 이론의 많은 문제점들이 지적되었고, 규범이론의 중요성이 다시 부각되고 있다.

국제정치규범이론에서 말하는 국제도덕(international morality) 또는 국제윤리(international ethics)란 국제체제의 도덕적 구조에 관한 것으로 지구사회의 패턴과 구조를 도덕적으로 정당화하는 추론과정이다. 예를 들어 국제경제구조가 정당한가, 국제기구가 정의로운가, 국제레짐은 타당한가 등의 질문에 답하는 과정이라고 할 수 있다.[18] 여기서 도덕 또는 윤리란 도덕적 가치를 분석하고 합리화하는 과정으로 도덕적 추론과정을 의미한다. 도덕은 라틴어의 'mores'에서 온 것으로 관습·습관·삶의 방식 등을 의미하고, 윤리는 그리스어의 'ethos'에서 온 것으로 역시 관습이나 공동의 관례를 의미한다. 두 개념은 유사하기 때문에 상호 교체해서 사용할 수도 있다. 그러나 도덕이 옳고 그름, 정의와 부정의에 대한 가치와 믿음을 의미한다면, 윤리는 도덕에 대한 탐구·정당화·비판적 분석이라 할 수 있다.[19]

---

18) Mark M. Amstutz, *International Ethics: Concepts, Theories, and Cases in Global Politics*(New York: Rowman & Littlefield Publishers, Inc., 1999), 4쪽; Andrew Vallis 엮음, *Ethics in International Affairs*(New York: Rowman & Littlefield Publishers, Inc., 2000) 참조.

19) Mark M. Amstutz, 같은 책, 2쪽 참조. 또 다른 개념정의에 대해서는 Terry Nardin, "Ethical Traditions in International Affairs", Terry Nardin and David R. Mapel 엮음, *Traditions of international Ethics*

도덕적 가치는 세 가지 특징을 가진다고 볼 수 있다. 첫째, 모든 사람에게 예외 없이 적용된다는 보편성이다. 둘째, 개인의 이익에 봉사하는 편향성이 아니라 이익과 관계없는 불편부당성을 가져야 한다. 롤스(John Rawls)가 강조했듯이 '무지의 베일' 속에서 특정인에게 유리하지 않은 공정성이 핵심이 되는 것이다. 셋째, 자기강제적 힘이 있다. 법과 같이 외적 강제가 있어서 지킨다거나 자의적으로 행동하는 것이 아닌, 반드시 지킬 수밖에 없는 자체적인 강제성이 있어야 한다.[20]

국제정치에서 논하는 도덕성은 크게 정치적 도덕성에 대한 논의의 틀에 포함된다. 정치적 도덕성은 공동체의 정치적 삶에 적용 가능한 도덕적 가치와 규범에 관한 것으로 이웃 · 도시 · 국가 · 국제사회를 다룬다. 평등과 자유, 법 앞에서의 동등한 대우, 자위의 권리, 불개입 등의 가치들이 예가 될 수 있다. 개인적 도덕이 개인의 행동을 다룬다면, 정치적 도덕은 공공제도를 대표하는 정치관료 또는 정부관료의 공적인 결정에 적용된다. 정치적 도덕성은 개인적 도덕의 차원에서 허용할 수 없는 것들을 허용하기도 한다. 전시에 군인은 생명을 빼앗을 수 있고, 국가는 사형을 행하기도 한다. 국가는 시민으로부터 자원을 세금의 형태로 거둔다. 이 모두는 개인 대 개인의 관계에서는 생각할 수 없는 일이다. 따라서 정치적 도덕성은 정치사회에서 권력을 정당하고 효과

(Cambridge: Cambridge University Press, 1992) 참조.

20) Mark M. Amstutz, 같은 책, 3쪽.

적으로 사용하는 방법에 대한 규범을 다룬다고 볼 수 있다.[21]

국제정치에서 도덕성을 논하게 되면 이는 국가들의 행위 또는 외교정책과 직결된 문제가 된다. 도덕성은 외교정책에서 다양한 역할을 하게 된다. 도덕적 규범은 우선 외교정책을 추구하는 과정에서 국가의 사활적 이익이 무엇인지 그 내용을 정의한다. 이는 구성주의에서 말하는 바, 정체성이 규범으로 정의되고 국가 이익을 정의하는 과정과 일맥상통한다. 둘째, 정책의 성과를 판단하는 기준을 제공한다. 셋째, 정책의 개발과 실행에서 강한 동기를 제공해준다. 외교정책이 단지 국가 이익뿐 아니라 도덕적 선택에 기초한 다양한 목적을 추구하도록 영감을 불어넣는 역할을 하는 것이다.[22]

도덕적 규범이 외교정책에 적용되는 경로도 다양하다. 첫째, 정책결정자의 양심 또는 가치관을 통해서 적용된다. 19세기 초 노예제도를 근절시키고자 했던 영국의 정치가 윌리엄 윌버포스(William Wilberforce)나 미국 카터 대통령의 인권사상은 실제 정책에 많은 영향을 미친 바 있다. 둘째, 국내 여론의 영향을 통해서 적용된다. 민주주의 사회에만 해당하는 사례지만, 국내 여론은 특정 가치관을 추구하는 경우 외교정책에 큰 영향을 미칠 수 있다. 이 경우 국내 여론은 여론주도자에 의해 형성되기도 하므로 지식인·정당·이익집단·미디어 등의 지도력을 함께 살펴

21) 같은 책, 5쪽.
22) 같은 책, 12~13쪽 참조.

는 것이 필요하다. 셋째, 국제적 평판의 영향이 작용할 수 있다. 한 국가가 외교정책을 결정하는 데 세계 시민사회나 다른 국가들이 눈여겨보는 상황 자체가 많은 영향을 발휘할 수 있는 것이다. 한 국가가 과연 믿을 만하고, 도덕적인 외교를 펼치는지, 그 평판에 대한 국가의 관심이 외교정책의 내용을 바꾸기도 한다.

국제정치에서 규범을 논할 때, 핵심 문제로 등장하는 것은 윤리적 결정을 어떠한 기준으로 구별할 수 있는가이다. 이는 실로 윤리학의 오래된 고민거리로서 행위의 윤리적 전략(ethical strategies)에 관한 문제이다. 윤리적 전략은 목적과 수단, 결과를 고려하면서 어떻게 윤리적 결정을 내릴 것인가 하는 고민으로 이어진다. 이는 크게 두 가지로 구별할 수 있는데, 하나는 목적에 기초한 행동전략이고, 다른 하나는 규칙에 기초한 행동전략이다. 전자는 흔히 결과주의(consequentialism) 또는 목적주의(teleological)[23] 윤리라고 할 수 있고, 후자는 의무주의(deontology)[24] 또는 동기주의 윤리라고 할 수 있다.[25]

정치적 행동은 항상 목적 또는 동기 · 수단 · 결과라는 세 가지

23) Anthony Ellis, "Utilitarianism and International Ethics", Terry Nardin and David R. Mapel 엮음, 앞의 책 참조. 'teleology'라는 용어는 그리스어로 목적을 뜻하는 'telos'에서 유래한다.

24) Thomas Donaldson, "Kan's Global Rationalism", 같은 책 참조. 'deontology'라는 용어는 그리스어로 의무를 뜻하는 'deon'에서 유래한다.

25) 프레드 펠드먼, 박은진 · 장동익 옮김, 앞의 책 참조.

별개의 요소들을 포함하고 있다. 이때 결과주의는 행동의 결과를 가장 중시하며 목적과 수단은 결과에 의해 도덕적으로 정당화된다. 결과에 기초한 사고를 철학적으로 가장 발전시킨 사조는 공리주의(utilitarianism)이다. 공리주의는 개인과 집단의 행동이 도덕적으로 옳은지를 판단하려면 그 효용 또는 결과를 봐야 한다고 말한다. 여기서 유추되는 것은 정부의 정책을 판단할 때 구성원의 쾌락을 극대화하고 고통을 최소화하는지가 중요한 기준이 된다는 점이다. 공리주의의 시조인 벤담(Jeremy Bentham)은 정책이란 효용의 원칙에 의해 결정되어야 한다고 보고, "최대다수의 최대행복"이라는 기준을 제시한다. 이러한 사고는 사회적 쾌락과 고통을 어떻게 측정할지에 대한 논의를 수반하게 된다. 벤담에 이어 밀(John Stuart Mill)도 쾌락의 정도를 구별함으로써 공리주의를 발전시켰다.

공리주의는 보통 행동공리주의(act utilitarianism)와 규칙공리주의(rule utilitarianism)로 분류된다. 행동공리주의는 특정 행동이 효용 높은 결과를 가져오면 윤리적이라고 본다. 반면 규칙공리주의는 행동을 단위로 평가하는 것이 아니라, 어떠한 행동의 규칙이나 절차가 정당하고 공공선에 유익하여 많은 효용을 창출할 경우 그 규칙과 절차가 윤리적이라고 본다. 예를 들어 내정불간섭이라는 규칙이 국제사회에 질서와 평화를 가져와 효용을 높인다면 그 규칙은 윤리적이다.

결과주의에는 나름대로 어려운 문제가 있다. 첫째, 결과를 예측하는 일이 쉽지 않다. 정치적 행위가 불러올 결과를 정책결정자가 모두 예측할 수 없는 상황에서, 과연 공리주의적 관점에서 윤리적 행위를 어떻게 설정하고 실천할 수 있을 것인지가 문제가 된다. 둘째, 결과의 효용을 측정할 수 있는 객관적 기준을 찾기가 어렵다. 좋은 결과를 쾌락·행복·공정함·인권·경제사회적 복지 등 다양한 관점에서 정의할 수 있지만, 과연 객관적으로 효용이 있다고 할 수 있는 특정 요소를 지정할 수 있는가? 결국 이러한 문제 때문에 결과에 기초한 사고는 불완전할 수밖에 없다.

반면 규칙에 근거한 사고는 흔히 의무론적 사고로 알려져 있다. 의무주의 윤리관은 행동의 결과에 따라 도덕성을 따지는 것이 아니라, 그 행동의 동기와 목적이 그 자체로 옳은가를 중시한다. 이는 행위자의 의무에 초점을 맞추며 행위의 결과는 이차적으로 여긴다. 만약 결정을 하는 행위자의 동기와 목적이 도덕적이라면 그 행위는 비록 원하는 결과를 얻지 못했더라도 도덕적이라고 할 수 있는 셈이다.

과연 도덕적인 의도와 의무를 어떻게 판별할 것인가? 의무주의 윤리관을 대표하는 칸트는 이른바 '정언명법'(categorical imperative)이라고 알려진 두 가지 기준을 제시한다. 이는 첫째, 모든 인간은 목적으로 취급되어야 하고 수단으로 이용되어서는 안 된다는 기준이다. 둘째, 자신의 행동이 보편타당한 원칙에 기반해서 실행되어야 한다. 내 자신의 행동이 곧 보편타당한 법칙이 될 수 있다는 원칙을 가지고 행동해야 한다는 것이다. 칸트는 인간이 이성의 능력에 의해 어떠한 원칙을 가져야 하는지 스스로 알 수 있다고 본다.

그러나 과연 인간이 적절한 도덕적 원칙을 알 수 있을 만큼 이성적인 존재인가? 또한 도덕적 원칙을 안다고 하여 이를 실행에 옮길 만큼 스스로 통제할 수 있는가? 이는 의무론에 대한 근본적인 질문이다. 특히 정치적 행동에서는 의도가 옳다고 해도 결과가 매우 중시되기 때문에 결과주의적 윤리관으로 빠질 가능성이 항상 존재한다.

양자를 어떻게 조합할 것인가 또는 한쪽의 입장을 택할 것인가는 정치적 도덕성의 핵심적인 문제로, 모든 규범이론가가 부딪히는 문제이다. 암스튜츠(Mark R. Amstutz)는 결과주의와 의무주의를 함께 고려하기 위해 삼차원의 유용한 윤리관을 제시한다. 모든 정치적 행위는 동기와 수단, 결과로 이루어지기 때문에 이 세 가지의 윤리성을 구분해서 생각하자는 것이다. 이를 표로 표현하면 다음과 같다.

결과주의와 의무주의의 다양한 형태들

	동기	수단	결과
경우 1	도덕적	도덕적	도덕적
경우 2	도덕적	도덕적	비도덕적
경우 3	도덕적	비도덕적	도덕적
경우 4	도덕적	비도덕적	비도덕적
경우 5	비도덕적	비도덕적	도덕적
경우 6	비도덕적	도덕적	비도덕적
경우 7	비도덕적	도덕적	도덕적
경우 8	비도덕적	비도덕적	비도덕적

결과주의와 의무주의를 막론하고 가장 바람직한 경우는 1번이다. 동기와 수단, 결과가 모두 도덕적이라면 바랄 나위가 없다. 반면 가장 나쁜 경우는 8번이다. 세 가지 모두가 비도덕적이기 때문이다. 결과주의의 관점에서 보면 1번은 물론 3, 5, 7번은 받아들일 만하다. 동기와 수단이 모두 도덕적이라면 좋겠지만, 결과만 좋다면 동기와 수단의 비도덕성은 수용할 수 있다. 의무주의 관점에서는 2번은 받아들일 수 있고, 3, 4번은 동기가 좋더라도 수단이 비도덕적이므로 문제의 소지가 있다. 예를 들어 인간을 수단으로 삼아서 도덕적인 동기를 추구한다면 이는 의무주의 관점에서 볼 때 문제가 있다.

정치세계에서 완전히 도덕적이거나 완전히 비도덕적인 행동·정책을 찾기는 쉽지 않다. 항상 양극단의 사이에 위치하는 것이 정치적 행동이기 때문이다. 이를 해결하는 한 가지 방법은 실천에서 신중성·온건성·유연성을 찾는 것이다. 흔히 프루던스의 전통이라고 불리는 방법이다. 앞서 고전현실주의를 논하면서 다룬 모겐소의 논의가 국제정치학에서 대표적이다. 아리스토텔레스·아퀴나스·버크 등 서양의 철학자들도 프루던스의 전통을 강조한다. 이 전통에 따르면 인간의 모든 행위는 비도덕성의 소지를 반드시 가질 수밖에 없기 때문에 완전한 도덕성을 실현할 수 있는 상황이란 거의 존재하지 않는다. 따라서 상황을 고려하면서도 당위를 찾는 노력이 필요하다. 또한 종교나 이데올로기 등 절대적인 도덕적 기준보다는 유연한 기준을 추구한다. 특히 결정을 내리는 사람의 도덕성, 정치적 감각, 상황에 대한 유연성에 기대어 상호 모순된 원칙을 조정해나가도록 한다.

문제는 프루던스에 기초한 정치적 행동이 자의적이 될 수 있다는 점이다. 그렇게 되면 결국 다시 결과주의로 빠지게 된다. 때로는 결과가 좋지 않더라도 동기의 순수성 때문에 받아들여지고, 때로는 동기가 좋지 않더라도 결과가 좋기 때문에 받아들여지는 경우 사이에 균형이 있어야 하는데, 이를 판별하기가 매우 어렵기 때문에 결국 눈에 보이는 결과로 좌우되는 것이다.[26] 프루던스를 판별할 기준 마련이 필요하다는 인식 아래 나이(Joseph S. Nye, JR.)는 이를 다섯 가지의 기준으로 요약하기도 했다. 첫째, 명확하고 논리적이며 일관된 기준, 둘째, 불편부당성(타자의 이익에 대한 존중), 셋째, 규칙에 대한 찬성, 넷째, 불편부당성을 보호하는 절차, 다섯째, 결과를 계산하는 프루던스로, 부분적으로 참고할 만하다.[27]

이에 대한 니버의 해결책은 윤리적 이중주의이다. 이는 개인적 차원의 윤리적 동기주의와 사회적 차원의 윤리적 결과주의의 결합이다. 즉 개인의 동기와 목적이 정당한가에 따라 수단을 평가해야 하고, 수단의 도덕성은 선험적으로 평가되는 것이 아니라 목적 달성과의 관계 속에서 사회적·경험적으로 판단되어야 한다는 것이다.

---

26) Mark M. Amstutz, 앞의 책, 41~43쪽.
27) Joseph S. Nye, Jr., *Nuclear Ethics*(New York: Free Press, 1982), 22쪽 참조.

인간의 행동 동기를 완전히 파악하는 것은 불가능하지만 동기의 도덕성, 그리고 여기에서 파생되는 행동 목적의 도덕성이 가장 중요하다는 점에 주목할 필요가 있다. 이러한 목적을 달성하는 데 완전히 평화롭고 도덕적인 수단만을 사용하는 일은 불가능하다. 인간의 죄성 때문이다. 따라서 수단의 도덕성을 평가하려면 목적 달성과의 관계 속에서 파악해야 하며, 선험적 판단은 불가능하다. 사안별로 경험적으로 판단해야 하기 때문이다. 개인적 차원의 윤리적 동기주의와 사회적 차원의 윤리적 결과주의의 결합이 니버의 윤리 원칙이다.

폭력에 대한 세 가지 견해

국제정치도덕에 관해 니버가 고민한 핵심 주제는 폭력 또는 전쟁이다. 정의로운 평화를 보존하고 증진하기 위해, 또는 세속에서의 정의를 확보하기 위해 폭력이라는 수단을 어떻게 생각해야 하는가? 이러한 고민은 사실 니버 이전의 많은 사상가들 또한 심도 있게 고민한 주제로서, 크게는 국제정치학, 작게는 정전론을 둘러싼 논쟁의 역사와 관련되어 있다.

폭력에 관한 견해는 세 가지로 대별될 수 있다. 평화주의, 도덕무관 현실주의, 그리고 정전론이다.[28] 평화주의는 평화와 비폭력

---

28) Nicholas Fotion, "Reactions to War: Pacifism, Realism, and Just War Theory", Andrew Vallis 엮음, 앞의 책도 이와 같은 삼분법을 택하고 있다.

이라는 가치가 다른 어떤 가치보다 우선한다는 가치체계이다. 따라서 국가 이익이든 국제정의든 어떠한 목적을 위해서도 폭력을 사용하지 않아야 한다는 것이 제일 원칙이다. 암스튜츠는 평화주의를 네 가지로 분류한다. 실용적 평화주의, 인도적 평화주의, 종교소명(vocational) 평화주의, 구조적 평화주의가 그것이다.

실용적 평화주의는 비폭력이 장기적 지구평화를 위해 가장 효과적인 수단이라는 세속적이고 실용적인 관점의 주장을 편다. 핵평화주의가 대표적이다. 인도적 평화주의는 인간의 생명이 무엇보다 중요하다는 가치를 주장한다. 세속적 인도주의와 종교적 평화주의 모두 여기에 포함될 수 있다. 종교소명 평화주의는 폭력이 종교윤리와 어긋나기 때문에 거부한다는 믿음체계이다. 특히 세속의 권력과 폭력을 부정해야 한다는 기독교의 가르침에 기반하여 평화를 주장한다. 초기 기독교회는 모든 폭력적 박해에 무저항으로 대응하며 세속에서 독립된 공동체를 따로 운영할 것을 목표로 하였다. 마지막으로 구조적 평화주의는 전쟁과 전쟁준비 등 폭력의 문제가 지구정치의 구조·제도에 기반하고 있다고 보고, 국제정치구조를 근본적으로 변환하는 것이 해답이라고 주장한다. 단테·에라스무스·루소·칸트·포크(Richard Falk) 등의 국제정치 사상가들이 이에 속한다.

평화주의와 대척점에 서 있는 견해는 현실주의, 그중에서도 현실주의의 도덕무관론(amoral/nonmoral realism)이다. 이들은 국제정치는 도덕과 무관한 세계로, 부도덕한 일을 권장하지도 않지만 도덕적인 행위가 특별히 칭찬받을 수도 없다고 본다. 정치세계는 각 행위자들의 이익을 위한 세계이며, 그 수단으로 폭력을 사용하는 것이 인간의 본성상 당연하기 때문에 도덕을 논하는 것이 적절하지 않다고 본다.

암스튜츠는 도덕무관론을 회의적 도덕무관론과 종교적 도덕무관론으로 분류한다. 전자의 견해는 국제정치학에서 현실주의로 알려진 것으로, 투키디데스의 『펠로폰네소스 전쟁사』에서 서술된 유명한 '멜로스의 대화'가 상징적으로 대변하는 견해이다. 강대국 아테네가 약소국 멜로스에게 항복을 권하자 멜로스는 국제관례를 들어 제국적 행태를 보인 아테네를 비난한다. 아테네는 "강자는 자신의 힘으로 할 수 있는 일을 하는 것이고, 약자는 감당해야 할 바를 감당할 뿐이다"라는 유명한 말을 남기는데, 이는 곧 현실주의자 투키디데스의 생각이라 할 수 있다.

한편 종교적 견해에서 성전을 수행하는 자들은 폭력이 용인된다는 견해를 가지고 있다. 종교적 선, 세계의 정화를 위한 것이다. 이슬람의 성전(지하드, jihad)이나 기독교의 십자군이 대표적인 예로서, 불신자들의 세계는 악의 세계이므로 전면전도 불사한다는 입장이다. 근대 초기 아메리카 대륙을 정복한 스페인 정복자들은 이단인 원주민을 교화한다는 명분으로 정전론을 구실로 내세웠고, 폭력으로 이들을 말살하거나 탄압하였다.

그러나 국가 이익을 위한 정책이 그 자체로 비도덕적이거나 도덕과 무관하다는 회의론으로 바로 연결될 수는 없다. 국가 이익을 추구하는 것은 국가 구성원들의 생명과 이익을 보호하는 일이기 때문에 도덕적 행위라고 볼 수도 있다. 고전현실주의는 이러한 점에서 도덕무관 현실주의와 구별된다. 일례로 모겐소는 일반적·보편적 규범을 추구하는 이상주의와 상황에 따른 구체적 이익을 추구하는 현실주의, 양자의 대비를 도덕 대 비도덕으로 볼 수는 없다고 본다. 특수한 두 개의 도덕으로 보아야 한다는 것이다.[29] 이렇게 볼 경우, 폭력의 문제 역시 어떠한 가치를 추구하는가에 따라 구별되어야 하며 그 자체로 도덕과 무관하다고 볼 수는 없다. 따라서 현실주의와 폭력 간의 관계를 논할 때 정도의 차이를 세심하게 구별할 필요가 있다.

도덕무관 현실주의와 평화주의 사이에서 폭력을 정당한 조건 아래 제한적으로 사용하려는 움직임은 오랜 역사를 가지고 있다. 정당한 폭력의 이론, 정당한 전쟁론, 또는 원칙을 중시하는 현실주의는 평화주의와 현실주의 사이에 위치한다. 원칙 중시 현실주의(principled realism)는 도덕무관론자들처럼 힘과 폭력이 국제정치의 중요한 요건임을 인정하는 한편, 동시에 평화주의와 마찬가지로 도덕과 정의라는 원칙을 중시해야 한다는 점도 인정한다. 타협점은 폭력 사용을 도덕과 정의를 위한 것으로 제한해야 한다는 것이다. 개인의 차원에서도 정당방위와 같이 폭력을 사용하는 일이 불가피한 때가 있듯, 집단의 차원에서도 무고한 집단의 보호, 악행의 처벌 및 피해의 원상복구 등을 위해 제한적으로 폭력을 사용할 수 있다. 또한 전쟁을 수행할 때도 도덕적 원칙을 준수

---

29) Hans J. Morgenthau, *Politics in the Twentieth Century*(Chicago: Chicago University Press, 1971), 236쪽 참조.

하면서 폭력을 행사하는 것을 목표로 한다.[30]

정전론의 역사는 로마시대의 키케로로 거슬러 올라간다. 키케로는 이성적으로 해결할 수 없는 문제가 발생하였을 때만 전쟁이 정당화될 수 있다고 주장했다. 로마제국이 팽창하고 스토아철학이 발전하던 시대배경상 이성에 기반한 자연법이 정전론의 기준이 되어야 한다고 보았다. "비록 이성이 인간의 본성이고 폭력이 동물의 본성이라 할지라도, 이성으로 해결할 수 없는 문제가 발생할 경우 폭력에 의존할 수 있다. 따라서 오직 부당한 평화의 경우에만 전쟁을 수행할 수 있다."[31] 더 구체적으로 키케로는 전쟁이 국가라는 정당한 권위체에 의해 수행되어야 하고, 사전에 선전포고가 있어야 하며, 정당한 방법으로 수행되어야 정당한 전쟁이라는 논의를 전개했다.[32]

정전론의 역사에서 가장 중요한 역할을 한 사상가는 아우구스티누스라고 볼 수 있다. 로마제국 말기 이민족의 침입이 거세지던 때, 이미 기독교를 국교로 수용한 로마제국이 이에 맞서 싸울 근거를 당시의 저명한 신학자인 아우구스티누스가 제공해야 했기 때문이다. 아우구스티누스는 오늘날까지 이어져 내려오는 정

---

30) Mark M. Amstutz, 앞의 책, 93~100쪽 참조.

31) Marcus Tullius Cicero, Harry G. Edinger 옮김, *De Officiis/On Duties* (New York: Bobbs-Merrill Co., 1974), I(34), 19쪽 참조.

32) Bernard T. Adeney, *Just War, Political Realism, and Faith* (Metuchen, N.J.: The American Theological Library Association, 1988), 24~27쪽 참조.

전론의 중요한 골격을 수립하여 이후 아퀴나스나 근대 법학자인 비토리아(Francisco de Vitoria), 수아레즈(Francisco Suarez), 그로티우스(Hugo Grotius)에게까지 영향을 미쳤다.

앞서 살펴본 바와 같이 아우구스티누스는 인간이 원죄로 타락한 존재이며, 신에 대한 사랑이 아닌 자기애의 확장으로 폭력과 전쟁으로 나아가기 때문에 평화와 방어를 위한 전쟁만이 정당화될 수 있다고 보았다. 아우구스티누스는 정당한 원인에 대한 법(jus ad bellum)과 정당한 전쟁수행의 방법에 대한 법(jus in bello)을 구분하여 논의를 전개한다. 특히 정당한 전쟁개시 원인을 강조하였는데, 첫째, 전쟁은 평화를 위해 수행할 것, 둘째, 올바른 원인을 가지고 수행할 것, 셋째, 내적으로 사랑의 태도를 견지할 것, 넷째, 정당한 권위체의 명령 아래서 수행할 것, 다섯째, 전쟁수행의 방법이 정당할 것 등이 그것이다. 또한 전쟁수행의 방법에서는 적과의 신의를 지킬 것, 지나친 폭력을 방지하고 사원을 약탈하지 말 것, 보복이나 대량학살을 금할 것 등을 주장하였다.

이후 근대를 거치면서 정전론의 두 축은 정당한 전쟁개시 원인에 대한 법과 정당한 전쟁수행 방법에 관한 법으로 정착된다. 전자의 원칙으로는 ① 올바른 전쟁개시 원인이 존재할 것, ② 정당한 행위자에 의해 수행될 것, ③ 올바른 의도를 가지고 시작할 것, ④ 제한된 목적만을 가지고 시작할 것, ⑤ 평화적 수단을 모두 시도한 이후 최후의 수단으로 전쟁에 의존할 것, ⑥ 전쟁의 목적이 달성될 성공 가능성이 충분할 것 등이다. 후자의 원칙으로는 ① 군인과 민간인을 구별하여 민간인 및 민간시설에 대한 공격을 엄격히 금할 것, ② 피해의 상황이 적절하게 비례하는 선에서 폭력을 행사할 것 등이 있다.

정전론은 시대의 흐름에 따라 많은 변화를 겪을 수밖에 없었다. 전쟁의 배경이 되는 정치적 상황, 기술의 발전 정도, 사상적 기반 등이 전쟁의 정당성이라는 논의를 변화시켰기 때문이다. 대포 발명 이전 제한된 살상만이 가능하던 시절의 전쟁 논의와 이후 대규모 살상과 민간인 살상이 더욱 빈번해진 시대의 전쟁, 그리고 나폴레옹 전쟁처럼 국민군과 애국주의에 근거한 전면전 등은 서로 다른 정당성 논의에 좌우될 수밖에 없다. 핵의 출현 이후 정전론에 엄청난 논란이 발생한 것도 같은 맥락이다. 향후에도 테러와 같은 비국가행위자의 폭력, 제3세계의 반제국주의 주장, 국제정치를 넘어서는 범세계 시민주의와 인권논쟁 등은 전쟁의 문제와 결합되어 정전론을 변화시키는 요인으로 작용할 것이다.

현재까지의 정전론 논의에서 주목할 점은 보수적 성격이다. 정전론의 주체에 해당되는 것은 오직 베스트팔렌체제의 국민국가이다. 주권국가만이 폭력을 정당하게 행사할 수 있는 주체이기 때문에 정의로운 전쟁 논의의 적용대상이 되며, 현재 상호 인정된 국경과 주권적 권위만이 존중된다. 예를 들어 어떤 국가 내에서 일어나고 있는 부당한 독재나 인권탄압 같은 사례는 전쟁개시의 원인이 될 수 없다. 이는 분명 부도덕한 일이지만 정전론의 대상이 아니라 혁명의 대상인 것이다. 정전론은 국가주권의 논의에 기초한 것이기 때문에 특정 국가의 국내 상황으로 인한 개입이나 군사력 사용은 문제가 된다. 그리고 이는 근대 국제정치에서 국가주권을 존중해야 한다는 규범과 정면으로 충돌하게 된다.

이러한 모순은 제3세계에서 벌어지고 있는 게릴라전과 같은 내란(insurgency)과도 연관된다. 때로는 독재정권에, 때로는 외부의 침입에 대항해서 일어나고 있는 내란을 국제사회는 무조건 외면해야 하는가? 내란의 주체는 정전론의 주체가 아니기 때문에 정치적으로 정당하더라도 군사적 행위를 할 수 있는 정당성이 없다고 보아야 하는가? 왈저는 압제에 저항하는 내란도 도덕적으로 정당한 수단이 될 수 있다고 예외를 인정한 바 있다. 독재정권과 싸우는 내란 세력은 정권의 성격과 폭력의 범위에 따라 정당화될 수도 있다는 것이다.[33]

평화주의 비판과 정의로운 전쟁에 대한 모색

기독교 현실주의 국제정치론의 기초는 이상주의에 대한 비판이다. 그리고 니버 시대에 이상주의의 대표적 사조는 평화주의였다. 과연 평화주의는 이단인가, 또는 평화주의를 지지하지 않는 교회는 배교적인가라는 문제는 당시 니버가 속한 교회와 정치현실에서 그의 정치적 입장과 직접적으로 관련된 문제였다.

앞에서 언급했듯 니버가 20대 후반 제1차 세계대전을 겪고 난

---

33) Michael Walzer, 앞의 책, 179~196쪽 참조.

뒤 전간기 파시즘과 나치즘 발흥, 태평양전쟁을 포함한 제2차 세계대전, 전후처리 과정과 냉전기 미소의 대립을 지켜보면서 가장 큰 비판의 대상으로 삼았던 것은 세속적 · 종교적 양자 차원의 평화주의이다. 니버는 인간 이성의 힘을 믿고 정부 간 타협, 여론의 계도, 시장 논리 등을 통해 평화가 정착될 수 있다고 생각한 세속적 이상주의자 또는 자유주의자들을 비판했다. 그리고 무저항, 사랑의 윤리 등을 통해 적을 설득하고 화해하려는 기독교 평화주의자들도 함께 비판했다.

니버는 세속적 · 기독교적 이상주의가 어떠한 형태를 띠고 있든지 정치세계에서의 정의와 평화는 강제력 · 폭력 · 이익 · 경제적 힘 등 실질적 권력 요소를 고려해야만 가능하다는 사실을 반드시 받아들여야 한다고 주장했다. 상대적 윤리로서의 정의를 추구하는 것이 현실적인 목표인데, 이는 이익과 힘의 균형 위에서만 가능하다. 니버는 사랑의 윤리를 통해 평화를 지키는 일이 가장 궁극적인 삶의 목표인 것은 사실이지만, 이는 개인 간 관계에서만 부분적으로 실현 가능할 뿐 집단 간, 국가 간 관계에서는 완전한 실현이 불가능하다고 보았다.

니버의 폭력관과 평화주의 비판은 인간본성론에 기초한다.[34]

---

34) 쿤츠는 평화주의가 세 가지 형태를 띤다고 본다. 첫째, 무저항주의와 비폭력주의로서 이는 윤리적 의무주의의 시각을 가진다. 전쟁에서 직접 살생하는 것은 어떠한 경우를 막론하고라도 도덕적으로 옳지 않다는 시각이다. 기독교에서는 모든 사람이 기독교로 개종하는 것을 목표로 무저항주의를 실현하는 기독교인 간의 평화를 주장한다. 두 번째는 전쟁말살론

인간의 본성은 초월성과 동시에 자기중심의 원죄성을 함께 가지고 있기 때문에, 사랑의 윤리를 실천하려는 욕망과 스스로를 우주의 중심에 놓고 신을 배반하려는 자기애를 가지고 있다. 이러한 상황에서 그리스도가 사랑의 윤리를 가져왔다는 것은 축복이지만 동시에 인간이 감당하기에는 너무나 어려운 짐일 수 있다. 인간은 그리스도를 따르지만 동시에 그리스도를 못 박는 존재가 되는 것이다.

인간은 사랑의 윤리를 그대로 추구할지라도 모든 문제를 해결할 수 없다. 사랑의 윤리를 세속의 정치세계에 투영해서 구체적 상황에 대한 답을 얻을 수 없기 때문이다. 니버는 만약 평화주의자들이 좀더 현실적이 되어 인간의 죄성을 강조하고 사랑의 윤리가 정치적 선택과 전략을 대신할 수 없다는 점을 인식한다면, 그리하여 인간사회에서 무질서와 독재 사이의 끊임없는 위험을 없앨 수 없다는 점을 인식한다면, 이는 이단이 아니라 기독교 윤리에 대한 깊은 이해라고 본다.

_____

으로서 전쟁의 효용성에 대한 회의이다. 개종이 아닌 교육에 의해 전쟁이 없어질 수 있다는 낙관론을 가지고 있으며, 따라서 자유주의 전통과 통한다. 이는 반드시 기독교적일 필요는 없다. 세 번째, 비폭력 저항주의로서 간디가 대표적이며 역시 반드시 기독교적일 필요는 없다. 이는 폭력이 사라지리라는 낙관론을 전제로 하는 것은 아니며, 무저항을 외치지 않고 더 적극적으로 행동한다. 니버를 비판적 관점에서 보고 평화주의를 설명한 글로는 Theodore J. Koontz, "Christian Nonviolence: An Interpretation", John A. Coleman, S.J. 엮음, *Christian Political Ethics* (Princeton: Princeton University, 2008) 참조.

그러나 니버는 대부분의 근대 평화주의는 이단의 속성을 가진다고 주장한다. 근대 평화주의는 르네상스식 합리주의를 받아들여 성경이 말하는 사랑의 윤리를 인간이 실현할 수 있으며 이를 충분히 인식하고 따르면 인간사회에서 완전성이 달성될 수 있다고 가정한다. 마치 근대 합리주의가 합리성에 따라 모든 인간을 충분히 교육하면 합리적 사회가 될 수 있다고 믿고, 공산주의가 계급모순을 해결하면 보편적인 평등사회가 올 수 있다고 믿는 일과 논리적으로 다를 바가 없다. 인간의 전체적 상황과 인간이 처해 있는 초월성과 내재성의 모순을 이해하지 못하는 평화주의의 낙관론은 근대 합리주의나 공산주의와 마찬가지로 이단이라는 것이 전반적인 견해이다.

예수의 사랑윤리는 비타협적이고 절대적인 윤리명제이지만 구체적인 상황에 직접 적용하여 죄 있는 세상에 정의를 세울 수는 없다. 직접 적용이 가능하다고 주장한다면 이는 또 다른 형태의 법제주의일 뿐이다. 사랑의 윤리는 세상의 모든 법을 초월하는 일종의 메타법으로 보아야 한다. 반면 세상의 도덕은 죄 있는 인간이 잠정적인 평화를 얻기 위한 상대적인 것으로 보아야 한다.

이러한 맥락에서 니버는 성경에서 비폭력을 직접적으로 세속의 윤리로 명명한 것이 아니라고 판단한다. 인간은 아무리 윤리적이라도 죄를 지을 수밖에 없다. 가장 선한 의도로 행동하거나 가장 합리적인 사회를 만들어도 인간사회는 스스로의 물리적 생명을 중시하게 마련이고, 타인을 나처럼 사랑할 수 없는 한 예수의 사랑윤리를 완전히 실현할 수 없다. 또한 인간사회의 질서는 일정한 수준의 강제 없이 사랑의 윤리만을 가지고는 상대적 정의조차 실현할 수 없다. 따라서 인간사회는 강제의 불가피성, 그리고 너무 많은 강제인 독재와 너무 적은 강제인 무질서상태 속에서 진동하게 된다. 이러한 복잡성을 이해하지 못하고 사랑의 윤리로 정의의 문제가 해결된다고 보는 평화주의는 인간의 상태에 대한 깊은 이해를 결여하고 있는 것이다.

독재가 강화되고 있는 가운데 저항이 없다면, 인간의 죄성은 강화되고 기본적인 사랑의 조건조차 마련되지 못하는 상황이다. 저항이 시작되면 사회갈등은 불가피하다. 독재에 의한 평화는 전쟁은 아니지만, 신의 왕국의 평화와는 아무런 관련이 없는 부당한 평화이다. 독재는 한 사람의 의지가 다른 모든 사람의 의지를 강제하는 것이며 그 가운데 만들어지는 질서는 신의 평화나 사랑의 윤리와는 아무런 관련이 없다.

부당한 평화를 지키기 위해 독재에 순응하고, 민주주의나 독재가 크게 다를 바 없다고 주장하는 것은 기본적인 신의 왕국을 이루려는 노력조차 부정하는 일이다. 물론 민주주의는 많은 문제를 안고 있지만, 가려진 문제를 들추어내고 이를 파괴하는 상황의 발생을 인식하는 것이 계시종교의 일이다. 인간의 죄성에도 불구하고 신의 뜻에 따라 역사가 발전하고 종결되리라 믿는 것은 근대적 오산이다. 인간의 역사는 죄의 모순을 끝까지 지고 가야 하는 갈등의 역사이다.

사랑의 윤리를 인간의 역사에 적용시킬 때, 모든 인간의 공동체는 죄성을 내포한다는 사실을 아는 것이 중요하다. 아우구스티누스가 논하듯 아무리 선한 공동체라도 죄를 내포하고 있는 이상 신의 세상이 아닌 인간세상의 모순을 안고 있다. 죄를 해결하려는 노력조차 또 다른 죄를 낳을 뿐이다. 그러나 니버는 모든 인간 공동체를 무차별적으로 비판하는 일 못지않게 서로 다른 성격의 공동체를 구별해 비판하는 일이 중요하다고 본다.

구체적 실천의 출발점은 세력균형이다. 거듭 강조하듯 니버는 세속의 정의가 힘의 균형에서 나올 수밖에 없다고 본다. 독재가 아닌 상대적 정의를 실현할 수 있는 사회는 인간의 삶이 보존되고 타자에 의해 권리가 침해되지 않는 사회라고 볼 수 있다. 이를 위해서는 한 개인 또는 한 집단, 한 국가가 지나친 권력을 휘둘러서는 안 되며 항상 견제의 메커니즘 속에 있어야 한다. 힘의 균형을 수립하고 그 위에 정의의 구조를 세우지 않으면 무질서 상태로 떨어지고 만다. 니버는 물론 힘의 균형이 완전한 사랑의 조화에 못 미친다는 점을 인식한다. 그러나 인간의 원죄로 보았을 때 힘의 균형은 기본적인 정의의 조건이며, 힘의 균형과 사랑의 윤리가 공존할 수 있다고 본다. 사실 사랑이 없으면 힘의 균형에 의한 마찰과 긴장은 참을 수 없는 것이 된다. 그러나 힘의 균형이 없다면 사랑을 중시하는 관계 역시 점차 정의롭지 못한 관계로 타락할 가능성이 있고, 사랑은 오히려 부정의를 감추는 막으로 작용할 수 있다.

무질서상태나 독재라는 양극단의 상황을 영원히 종결시킬 수 있는 방법이 인간사회에는 존재하지 않는다. 그러나 니버는 민주사회에서 부분적으로 달성한 힘의 균형이야말로 정의를 지킬 수

254

있는 방식이라고 생각한다. 니버는 유럽에서 많은 다양한 정치체
들이 전쟁으로 향하는 모습을 목도하면서 그중에서 힘의 균형 속
에 사랑의 윤리에 접근하는 민주주의 체제를 옹호한다. 그리고
평화주의자들이 이에 대한 판단을 중단하고, 평화를 지키기 위해
전쟁과 갈등의 상황을 견디지 못하는 데 대해 문제를 제기한
다.[35] 일례로 니버는 제2차 세계대전 중 독일에 가한 폭격이 많
은 민간인 사상자들을 내는 것을 보고 다음과 같은 생각을 피력
한다.

평화주의자들이 도덕적 난감함과 불편함을 가지고 전쟁을
지지하는 사람들을 비판하는 것은 당연하다. 도시 폭격은 전쟁
에서 도덕적 모호성 전체를 적나라하게 보여주는 하나의 사례
이다. 무고한 사람이 희생되는 것을 죄책감을 가지고 바라보지
않고서 적을 격퇴하는 일은 불가능하다. 무고한 사람들을 희생
시키지 않고서 집단적 악에 대해 집단적으로 대항하는 일도 불
가능하다. 죄로 물들지 않고 역사적 행보를 하는 일 자체가 불
가능하다. 아무리 정당한 정치적 목적을 추구하더라도 반드시
사전에, 동시에, 사후에 발생하는 죄에 물들게 마련이다(…)

---

35) 니버의 전쟁관에 대한 분석으로는 Campbell Craig, "The New
Meaning of Modern War in the Thought of Reinhold Niebuhr",
Journal of History of Ideas, Vol. 53, No. 4, 1992, 687~701쪽; Colm
McKeogh, *The Political Realism of Reinhold Niebuhr: A Pragmatic
Approach to Just War*(London: MacMillan Press Ltd., 1997) 등 참조.

이는 바울이 이미 피력했지만 기독교 신앙을 가진 도덕주의자들이 쉽게 이해하지 못한 진실이다.[36]

니버는 인간의 삶을 빼앗는 것이 끔찍한 일이며 평화주의자들이 이에 대한 경각심을 일깨우는 것은 가치 있는 일이라고 본다. 그러나 평화주의자들이 절대주의적 의견을 개진하는 동안 자신이 절대적으로 옳다는 확신에 빠지게 되고 이는 또 다른 죄를 낳게 된다. 인간은 사회정의를 위한 절대적 대안을 가지지 못하며 정의는 오직 신의 은총에 의해서만 가능하다고 할 때, 그 길을 발견하기 위해서는 끊임없이 모색해야만 한다.[37]

니버는 국내사회와 국제사회의 부정의, 특히 불평등을 해결하기 위해 강제력이 반드시 필요하고, 폭력적 강제력과 비폭력적 강제력을 구분하여 사용하되 수단의 폭력성 여부가 도덕성을 결정하는 것은 아니라고 보아 정치적 본질에 대한 혼동을 경계한다. 간디의 비폭력 저항이 폭력적 결과를 가져온 것을 비판한 일은 앞서 살펴본 바와 같다. 니버는 특히 무저항과 비폭력 저항을 혼동하는 것은 옳지 않다고 본다. 예수가 말했듯 무저항을 통해 상대방을 변화시키는 것은 저항의 동기를 전혀 가지지 않은 행위인 데 반해, 비폭력 저항은 저항의 의지가 있으며 상대방을 강제

---

36) Niebuhr, "The Bombing of Germany", *Christianity and Society*, Summer 1943.

37) Niebuhr, *Christianity and Power Politics*(New York: Charles Scribner's Sons, 1940), 1~32쪽.

로 변화시키는 일이기 때문이다.

그럼에도 불구하고 니버는 폭력적 강제력보다는 비폭력적 강제력이 훨씬 도덕적 이점을 가지고 있음을 인정한다. 만약 비폭력적 강제력·저항이 정치적 목적을 달성할 수 있다면, 또는 그러할 수밖에 없는 조건 아래 있다면, 폭력을 사용하지 않는 편이 낫다. 이는 폭력을 사용함으로써 적개심을 조장하는 사태를 막을 수 있고, 저항의 대상이 되는 개인과 집단을 분리하여 개개인을 회심시킬 수 있는 여지가 크며, 대상의 부도덕성을 더 철저히 효과적으로 폭로하여 기존의 강제력이 가진 문제점을 드러낼 수 있기 때문이다. 간디가 비폭력 저항을 "영적 힘"(soul force)이라고 명명한 것이 바로 비폭력 저항의 이점을 잘 설명한 용어라고 본다.[38]

기독교 신학은 적을 응징하는 일에서 적에 대한 사랑을 논한다. 니버는 기독교 윤리와 적에 대한 응징이 모순되는 것이 아니라고 해석한다. 사랑이란 감정적 애착이나 단순한 공감이 아니기 때문이다. 적에 대한 사랑에서 명령으로 주어져 있는 사랑은 오직 초월적으로만 정당화되고 근거를 가질 수 있다. 이는 궁극적으로 적의 구원과 영적 이득을 위한 노력을 의미한다. 이는 적개심이나 분노와 같은 감정과 구별되는 것으로 분노 없이 적에 대항함을 의미한다. 더욱이 적의 한 명 한 명은 취약한 인간으로서

---

38) Niebuhr, *Moral Man and Immoral Society*(New York : Charles Scribner's Sons, 1932), 240~252쪽 참조.

정치집단 앞에서 무력한 존재이기에 적에 대한 응징과 사랑은 다른 차원에서 상호 접합되어야 한다고 본다.[39]

이익과 세력의 요소를 분석적으로 강조하는 일과 이를 규범적으로 정당화하는 일은 완전히 다른 차원의 논의이다. 니버는 국제정치현실 속에서 규범적 요소를 지탱하는 노력의 기반으로 계시종교의 논의를 상기시킨다. 적의 비도덕성은 적의 문제일 뿐 아니라 인간 본성의 문제이기에 자신을 이해하는 것이 곧 적을 이해하는 것이다. 승리했다고 해서 자신이 절대적으로 옳다고 확신하고 자만에 빠져 세계를 자신의 가치대로 운용하려 하는 것은 인간의 원죄를 망각한 행위이다. 니버에게는 인간의 가장 선한 행동도 반드시 악의 요소를 내포하고 있기 때문이다. 앞에서 언급했듯 니버는 자신의 선함과 덕을 믿고 행동하다보면 어쩔 수 없이 악의 요소를 잉태할 수밖에 없는 인간과 역사의 고유한 상황을 '아이러니'라는 말로 개념화하였다.[40]

따라서 니버는 이익과 힘을 가지고 있더라도 끊임없는 도덕적 반성, 타자에 비해 자신이 더 나을 것이 없다는 겸손함, 독선에 대한 경계가 필요하다고 주장한다. 세속에서 정의는 그러한 반성 위에서 점진적으로 오기 때문에, 자신의 노력으로 자신이 살아 있는 동안 성과를 거두리라고 믿는 것도 자만이다. 니버는 이러

---

39) Niebuhr, "Love Your Enemies", *Christianity and Society*, Autumn 1942.

40) Niebuhr, *The Irony of American History*(New York: Charles Scribner's Sons, 1952).

한 자만에 빠진 결과로 나타나는 것이 파시즘과 나치즘이라고 본다. 인간 현실과 국제정치를 정확히 이해해서 세력을 팽창할 수 있지만 스스로를 보편적 세력이라고 생각하고 이를 제어할 기제를 갖추지 못했기 때문에 결국 멸망의 길로 접어들었다는 것이다. 니버는 이러한 지나친 현실주의를 경계하기 위해서는 악의 국가와 선의 국가 간 싸움도 중요하지만, 궁극적으로는 모든 국가와 신의 갈등, 인간과 신의 갈등을 유념해야 현실의 문제를 해결해나갈 수 있다고 본다.[41] 인간은 스스로를 초월할 수 있는 잠재력을 가지고 있지만 자기중심적 무오류성을 확장하여 과신하고 행동하다보면 파괴적인 결과를 가져올 수밖에 없다. 덕이 악으로 전환되는 순간이며, 초월이 타락으로 이어지는 순간이다.

결국 기독교 현실주의와 평화주의는 평화를 지향한다는 점에서는 유사하지만 많은 차이점을 가지고 있다. 그레이엄(Stephen A. Graham)은 양자의 차이를 니버와 저명한 평화주의자인 존스(E. Stanley Jones)를 대비시키면서 정리한 바 있다. 인간 본성에 관해 니버가 인간원죄론, 인간의 이기주의에 기반한 비관적 견해를 표명했다면, 존스는 원죄론을 공유하면서도 인간이 스스로 선해질 수 있는 여지를 더욱 강조했다. 니버의 인간원죄론이 정치 세계에서의 폭력 용인으로 이어졌다면, 존스는 간디의 비폭력 저

---

41) Niebuhr, "The Conflict between Nations and Nations and Between Nations and God", *Christianity and Crisis*, August 5, 1946.

항사상을 받아들여 폭력을 사용하지 않으면서 정치적 목적을 달성할 수 있는 평화주의를 제창했다. 1931년 만주사변과 냉전 등을 논하면서 존스는 우선 미국의 자기반성을 요구했고, 이어 일본 · 소련 등에 대해 비폭력적 강제를 사용할 것을 권고하면서 경제제재조치 등을 대안으로 내놓았다. 그레이엄은 존스의 기독교적 평화주의는 비폭력이지만, 소극적이 아니라 적극적일 수 있음을 강조한다.

이러한 양자의 차이는 신의 은총을 해석하는 데에서도 드러난다. 니버는 신의 은총이 인간의 원죄를 용서하는 데 힘을 발휘하지만, 인간을 이기심으로부터 구하여 근본적으로 탈바꿈시키는 힘(transforming power)을 가지지는 못한다고 간주한다. 반면 존스는 신의 은총이 인간의 죄를 용서할 뿐 아니라 행동의 변화를 가져올 수 있다고 본다. 또한 니버는 인간 개인의 도덕성은 인정하지만 집단의 도덕성은 인정하지 않는 데 반해, 존스는 인간 집단도 노력에 의해 스스로 도덕적이 될 수 있다고 주장하며, 이러한 관점에서 국가주권을 절대시하는 것이 우상숭배의 또 다른 형태라고 본다. 이러한 우상숭배가 전쟁을 야기시키는 힘이라는 것이다. 그는 주권의 자발적 양도를 통한 세계정부의 성립필요성을 역설하나, 결국에는 그 자체도 부족하며 신의 적극적 활동이 필요하다고 본다.[42]

---

42) Stephen A. Graham, "What Would Jesus Do About Terrorism?: Christian Realism vs. Christian Pacifism", *Encounter* 65~4, 2004,

이렇듯 니버는 기독교 현실주의의 맥락에서 기독교의 절대적인 사랑의 명령과 국제정치에서 횡행하는 폭력적 현실을 어떻게 조화시킬 것인가 고민하는 매우 흥미로운 모습을 보였다.[43] 니버는 세속에서의 불완전하고 제한된 사랑을 정의라는 이름으로 규정하고 실천하고자 했다. 그는 불완전한 인간이 세속에서 사랑의 정신으로 추구할 수 있는 덕목을 정의라 명명하고 그 주요 내용에 평등과 질서, 자유 등을 포함시켰다. 이 과정에서 니버는 냉소주의나 비도덕적인 팽창주의로 흐를 수 있는 지나치게 일관된 현

345~371쪽 참조.

43) 니버의 평화주의 비판과 정당한 폭력 사용에 대한 옹호는 그를 기독교와 근대사상의 정전론 전통 안에 위치시키는 요소라 할 수 있다. 니버는 아우구스티누스와 마찬가지로 인간의 죄성에서 비롯된 폭력 사용의 불가피성을 논하고, 크게 보면 아우구스티누스 이후의 논자들과 평화주의 비판을 공유하기 때문이다. 그러나 더 구체적으로 니버는 가톨릭과 자연법 전통을 비판하는 입장에 서 있는데, 가톨릭의 자연법 전통이 합리주의에 지나치게 의존하며 시대적으로 상대적인 기준을 절대화하는 오류를 낳는다고 보았다. 가톨릭 이론가들 역시 니버의 정전론이 자신들과 차이를 보인다고 주장한다. 가톨릭과 칼뱅, 근대 전통은 폭력이 신의 말씀에 따른 정당한 사랑의 행위라고 본 데에 비해 니버는 폭력을 필요악으로 보았고, 전쟁개시 및 전쟁수행에 관한 규정에서 모호한 입장을 취했다는 것이다. 니버 사후에도 가톨릭 전통의 정전론자들은 니버의 기독교 현실주의와 대립각을 세워오고 있다. Keith Pavlischek, "Reinhold Niebuhr, Christian Realism and Just War Theory: A Critique", Eric D. Patterson 엮음, *Christianity and Power Politics Today: Christian Realism and Contemporary Political Dilemmas*(New York: Palgrave Macmillan, 2008).

실주의와 인간의 이성 또는 무저항을 통해 평화를 달성할 수 있다고 본 이상주의를 모두 경계하고 균형을 잡고자 했다.

핵전쟁 시대의 국제정치전략

1945년 미국은 태평양전쟁을 종식시키기 위해 두 개의 핵무기를 일본에 투하한다. 이후 1949년 소련이 핵무기를 개발하고, 1952년에는 수소폭탄이 개발되는데, 당시의 많은 국제정치학자들은 핵전쟁의 가능성을 놓고 고민에 휩싸이게 된다. 핵무기는 엄청난 파괴력을 가지고 있다. 전투의 두 당사자, 또는 그 이상을 절멸시킬 수 있을 뿐 아니라, 인류 전체를 말살시킬 수도 있는 파괴력이다. 니버는 냉전이 막 시작된 시기에 한편으로는 소련을 봉쇄하고 다른 한편으로는 핵전쟁을 막아야 하는 두 가지 문제를 놓고 고민했다. 핵전쟁의 위협이 목전에 닥치고 소련의 핵개발이 급속도로 가속화되는 상황에서 미국은 어떤 대안을 내놓을 수 있는가? 소련의 핵 능력이 미국을 초월할 경우 핵전쟁을 막기 위해 양보와 항복을 고려할 것인가, 군비통제를 제안할 것인가, 아니면 제한된 전쟁을 수행할 준비를 해야 하는가? 세계정부를 추구하는 노력은 과연 현실성을 가질 수 있는가?

이러한 상황에서 기존의 정전론이 핵전쟁에 그대로 적용될 수 있는가는 실로 중요한 문제이다. 핵은 윤리적 차원에서 다음과 같은 질문을 야기한다. 파괴력이 큰 핵무기를 소유하는 일은 도덕적으로 정당한가? 만약 그렇다면 이를 사용하겠다고 위협하는 일은 정당한가? 억지에 실패했을 때 핵무기를 사용하는 일은 정당한가? 특히 핵전쟁이 민간인을 포함한 무차별 살상을 불러오고 장기간에 걸친 방사능 오염을 가져온다고 할 때 핵무기 사용이 도덕적으로 정당화될 수 있는가? 핵전쟁이 가져오는 피해가 이를 통해 얻을 수 있는 정치적 이점을 훨씬 능가한다면 결과주의적 관점에서도 핵전쟁은 도덕적으로 정당화될 수 없다.

핵전쟁과 마찬가지로 핵 억지도 도덕적 논란을 불러온다. 핵전쟁이 도덕적 악이라면 이를 사용한다는 위협에 기반한 억지 역시 악이 아닌가? 적의 전투원이 아닌 민간인에 대한 대량살상을 전제로 위협하는 억지는 실제로 핵전쟁이 일어나지 않더라도 그 자체로 도덕적으로 용인될 수 있는가? 억지가 실패하여 핵전쟁으로 이어질 가능성이 있다면 억지를 허용하는 일이 정당한가? 억지의 전제가 되는 핵의 수평적 확산은 도덕적으로 허용될 수 있는가?

핵에 관해서는 다양한 입장이 존재한다. 그 한 극단에는 핵 평화주의가 있고 다른 한편으로는 핵 현실주의가 있다.[44] 핵 평화주의는 평화주의 철학에 기반하고 있는데, 이는 앞에서 살펴보았듯 상대방의 폭력을 폭력 대신 비폭력 · 양보 · 사랑의 논리로 극복하고자 한다. 폭력은 보복을 낳고 결국 폭력의 순환 · 상승으로 이어지므로, 현실주의적 대응논리로는 문제를 해결하지 못한다

---

44) 전재성, 「기독교와 핵」, 윤영관 · 신성호 엮음, 『북핵 문제와 한반도 평화 정착』(한울, 2008) 참조.

는 판단이다. 간디와 킹 목사의 비폭력 저항주의, 톨스토이의 무저항주의 등이 이러한 범주에 들어갈 수 있는 폭력윤리이다. 이러한 평화주의는 의무론적 메타규범이론에 근거하고 있다. 이상주의적 평화주의는 폭력을 가하는 대상이 최소한의 평화주의적 규범을 소유하고 있지 못할 때, 아무런 효용을 가져올 수 없다고 본다. 즉 효용성과 공리성이 거의 없으므로, 결과론적 메타윤리 이론의 관점에서 볼 때 실로 무의미한 행동이라 할 수 있다. 그러나 의무론적 관점에서 보면 상황은 다르다. 의무론은 우선 인간은 어떠한 경우에라도 수단이 아닌 목적으로 다루어져야 하며 개인은 보편타당성이 있는 원칙과 규범에 따라 행동해야 한다고 본다. 하나의 행동이 보편적 규범으로 확립될 때 이러한 행동이 확산되고, 결국 윤리적 타당성이 확장된 세상을 만들어낼 수 있기 때문이다.

의무론적 평화주의는 핵무기의 사용은 물론 억지에 관해서도 매우 엄격한 관점을 가질 수밖에 없다. 앞서 살펴본 바와 같이 핵무기는 대량살상과 무차별성으로 인하여 의무론적 악으로 보일 수밖에 없기 때문이다. 시민사회에서 주장하는 반전 · 반핵운동과 평화운동 역시 이러한 범주에 속한다. 핵 평화주의 입장에서는 핵 억지전략 역시 허용될 수 없다. 무엇보다 핵 억지는 핵보복을 상정하여 핵공격을 막고 있는 만큼, 핵무기 사용을 전제로 하기 때문이다. 핵 억지전략의 결과가 핵전쟁으로 귀결될 가능성이 있는 한, 핵 억지 역시 악이라는 것이 핵 평화주의의 입장이다.

기독교는 가장 철저한 입장에서 핵 평화주의를 내세우고 있다. 니버 시대 이후 출간된 것이기는 하지만, 핵 평화주의의 정리된 형태는 가톨릭사제단이 1983년에 출간한『평화의 도전』이라는 책자를 통하여 제시되었다.[45] 이에 따르면 전쟁과 평화에 관한 기독교의 전통은 예수의 산상수훈에서 요한 바오로 2세에 이르기까지 유구한 역사를 가진다. 평화는 인간의 존엄을 지키고 증진시키기 위해 인간에게 주어진 덕목으로, 기독교는 평화와 신의 초월성, 인간의 존엄성을 가장 중시한다. 따라서 모든 인간은 신의 의도에 두려움과 존경심을 가지고 전쟁과 평화의 문제에 접근해야 한다. 평화는 신의 선물이며, 평화를 위하여 인간이 서로를 용서해야 하는 것은 의무이다. 예수는 신의 용서를 상징하며, 가족과 친구들을 사랑하듯이 원수와 적을 사랑하라는 계명을 가지고 온 것이다.

따라서 기독교 핵 평화주의의 입장에서 보면 핵무기는 물론 폭력을 사용하는 전쟁 자체가 규범에 어긋나는 일이 된다. 그러나 기독교는 정당방위를 위한 폭력 사용이 필요하다고 인정한다. 폭력이 실제로 행해지고 있는 국제정치의 경우, 정부는 모든 평화적 수단을 소진했을 때 정당방위를 위하여 군사력을 사용할 권리를 가진다는 것이다. 그러나 권력 확장을 목적으로 사용될 수는

---

45) National Conference of Catholic Bishops, *The Challenge of Peace: God's Peace and Our Response*(Washington, D.C.: United States Catholic Conference, 1983) 참조.

없으며, 폭력수단의 소유가 모두 합리화되는 것은 아니라는 강력한 제한을 달고 있다.[46]

이처럼 기독교는 기본적으로 평화주의 입장을 고수하지만, 핵전쟁이 아닌 통상전의 경우 불가피한 점 때문에 정전론적 견해를 부분적으로 추가하기도 한다. 『평화의 도전』에 따르면 전쟁은 첫째, 현실로 나타난 확실한 위험이 존재해야 한다는 점, 둘째, 공적 책임이 있는 권위에 의해 수행되어야 한다는 점, 셋째, 분쟁이 일어난 소지가 된 문제가 전쟁을 일으킬 만큼 중요한 것이어야 한다는 점, 넷째, 올바른 의도를 가지고 수행되어야 한다는 점, 다섯째, 모든 평화적 수단이 소진된 이후 최후의 방법으로 사용되어야 한다는 점, 여섯째, 확실히 성공할 가능성이 있을 때만 고려해야 한다는 점, 일곱째, 피해의 정도에 비례해서 수단을 사용해야 한다는 점 등에 따라 그 정당성이 결정된다고 본다.

그러나 이 책은 핵무기 사용이나 대량살상은 어떠한 경우에라도 허용될 수 없다는 입장을 밝힌다. 또한 무차별 살상을 예상한 보복행위도 금지한다. 핵 선제공격도 마찬가지다. 더욱이 통상전력에 대한 보복을 핵으로 하는 일도 금지한다. 제한 핵전쟁 역시 금한다. 그 책임은 전쟁 수행자에게 있는데, "제한적" 핵전쟁이라는 것이 과연 앞에서 말한 금기를 지키면서 가능할지는 대단히 회의적이라는 것이 기독교계의 입장이다. 기독교 핵 평화

---

46) Michael G. Cartwright, "Biblical Argument in International Ethics", Terry Nardin and David R. Mapel 엮음, 앞의 책 참조.

주의는 새로운 핵무기를 실험하고 생산하고 배치하는 노력을 금할 수 있는 협정을 맺을 것을 주장하고, 기존의 핵무기를 감축·해체하는 노력을 장려하며, 포괄적 핵실험 금지조약 체결을 주장한다.

더욱 어려운 문제는 억지에 관한 것이다. 요한 바오로 2세의 입장은 무조건적 억지 반대라기보다는 정전론적 제한에 의한 부분억지 허용이었다. 기독교 핵 평화주의는 다음 세 가지 조건이 충족될 때만 억지전략을 사용하는 것이 옳다고 본다. 첫째, 억지전략은 잠정적·일시적인 정책으로 인정되어야 하며, 장기적 정책이 될 수 없다. 둘째, 다른 국가의 핵 사용을 막는 데 한정되어야 한다. 셋째, 그 자체가 목적이 되어서는 안 되며, 점차적인 군비해체로 나아가는 경로가 되어야 한다.

니버는 핵문제를 다루면서 한편으로는 무정부상태 국제정치에서의 자국 방위, 상대방의 영향력 팽창 방지 등 전략적 목적을 강조하여 무력의 개발·보유가 불가피하다는 점을 인정한다. 그러나 동시에 실제로 폭력을 사용하기보다는 최대한 다른 수단의 억지력을 사용할 것을 권한다. 그리고 이러한 정책의 기반에는 국제정치를 도덕에 의해 운용하려는 정책결정자들의 강력한 의지가 있어야 한다고 본다. 이는 『도덕적 인간과 비도덕적 사회』이후 폭력과 비폭력 강제력에 관한 일관된 생각이다.

니버는 인간의 역사는 기술개발의 역사라 할 수 있다고 전제한다. 문제는 인간이 스스로 개발한 기술의 결과를 책임질 수 있는가이다. 원자력은 인간의 에너지 개발에 혁명적 변화를 가져왔다. 그러나 원자력이 군사적으로 사용될 수 있는 가능성 때문에, 인간의 기술통제력에 대한 의문이 제기된다.

니버는 원자폭탄의 힘이 가공할 만하기 때문에 전면전의 개념과 연결된다고 본다. 그는 제2차 세계대전을 목도하면서 전쟁이 이제 비단 군인들만의 일이 아니라 국가의 산업과 경제, 국민 모두에게 영향을 미치는 전면전이 되었다고 생각한다. 원자폭탄이 개발된 것도 나치보다 먼저 만들어야 하는 필요성 때문이었다. 미국이 먼저 원자폭탄을 개발하여 전쟁을 조속히 끝낼 수 있던 점에서 니버는 원폭개발 필요성을 부정하지 않는다. 그러나 이를 실제로 사용하는 것은 별개의 문제이다. 니버는 미국의 정책결정자들이 원폭의 가공할 위험을 생생하게 보여줌으로써 실제로 이를 사용하지 않으면서 적의 대항의지를 꺾는 노력을 기울이는 일이 중요하다고 강조하고 있다.

그러나 미국이 일본에게 실제로 원폭을 사용하고 많은 민간인을 살상하자, 니버는 이로 인해 미국이 도덕적 우위에 상처를 입었음을 의식하는 모습을 보인다. 또한 원폭의 가공할 위력이 처음에는 전쟁 자체에 대한 다른 국가들의 의지를 꺾을 듯 보이지만 시간이 지나면서 변하리라고 본다. 모든 국가가 핵을 원할 것이며, 특히 소련이 핵을 소유하게 되는 순간 미소뿐만 아니라 구미 국가들 간의 핵경쟁도 가능하다는 점을 간파하고 있다. 핵무기를 관리할 수 있는 초국가적 기구가 존재하지 않는 한, 인간의 기술이 인간의 통제력을 넘어 인간의 역사를 궁지에 몰아넣을 것을 염려해야 한다는 것이다.[47]

니버는 핵을 개발한 미국의 과학자 11인의 제안에 주목한다. 즉 원자폭탄의 선제 사용을 포기하자는 것이다. 이는 핵을 상정한 전쟁에 대비하는 군부의 전략을 약화시킬 것이었다. 니버는 점차 '공포의 균형'과 핵 억지전략이 핵 딜레마를 풀 수 있는 가장 좋은 방법이라고 생각하게 된다. 그리고 1946년 핵 선제공격 포기를 주장한다. 핵전쟁 자체를 포기하는 것은 핵공격을 받게 될 수 있으므로 문제가 있지만, 핵 선제공격 포기는 합당하다고 생각한 것이다.[47]

이후 니버는 1950년대 아이젠하워 행정부가 국방비 절감을 이유로 핵무기에 지나치게 의존하는 상황을 비판한다. 이렇게 되면 국지전을 핵전쟁으로 해결하려는 욕구가 커지게 되고 이는 소련과의 전면 핵대결로 이어질 수 있다는 것이다. 그러면서 그는 한국전쟁에서 국지전을 핵 없이 해결했다는 교훈이 중요하다고 강조한다.[48] 군사적 우위가 아닌 도덕적·경제적·정치적 우위로

---

47) Niebuhr, "The Atomic Bomb", *Christianity and Society*, Fall 1945 : Niebuhr, "The Hydrogen Bomb", *Christianity and Society*, Spring 1950 참조.

48) Niebuhr, "Ike's First Year", *The New Leader* 37, 8, February 1954, 4쪽. 그러나 크레이그는 1960년대 이후 핵무기의 파괴력이 더욱 증가하자 니버가 말년에 이르러 핵의 수단적 사용 전체를 금지하는 경향을 보인다고 논하고 있다. 기독교 현실주의가 제한되나마 핵의 수단적 사용을 용인했던 것과 달리 핵의 전면적 금지와 미소 간의 공존 자체를 목적으로 하는 니버의 현실주의를 그는 핵 현실주의(nuclear realism)라고 명명하고 있다. Campbell Craig, 앞의 글, 687~701쪽 참조. 크레이그는

소련과의 관계를 이끌어나가는 길을 마련하고자 한 것이다.

또한 모겐소 역시 핵전쟁의 점증하는 파괴력을 목도하면서 세계정부에 대한 희망을 피력하게 되었다고 본다. 이는 국제기구의 실효성에 회의를 가지고 있는 모겐소의 정치적 현실주의와 모순되는 부분으로, 핵이 제기한 문제의 어려움을 대변해준다. Campbell Craig, "Hans Morgenthau and the World State Revisited", Michael, C. Williams 엮음, 앞의 책참조.

"니버가 강조하는 점은 현실주의를 추구하면서도 이상의 끈을
놓지 않는 것, 특히 종교적 차원의 책임감을 가지는 것이다.
세력균형이 진행되는 동안 질서를 창출하기 위해
강대국 간 타협과 약소국에 대한 회유가 지속될 수밖에 없다.
이 과정에서 정의보다는 질서가 항상 앞서겠지만
그렇다고 질서 속에서 정의가 계속 부재한 채로 남아
있지는 않으리라고 본다. 니버는 인간의 창조적 자유와
도덕적 결의에 희망을 둔다. 역사를 초월하고 독선에
빠지지 않는 비판정신이 중요하다는 것이다."

전간기와 제2차 세계대전

인류 역사상 보기 힘든 엄청난 수의 사상자를 낸 제1차 세계대전을 겪은 뒤 세계인들은 평화를 갈구했다. 베르사유조약을 통해 새로운 질서를 창출하고 국제연맹을 설립한 뒤 불과 20년 만에 또 다른 세계대전이 일어나리라고는 상상하기 어려웠다. 더구나 1929년 유례없는 경제대공황을 겪고 나서 많은 국가들은 경제문제를 해결하고 새로운 정치경제질서를 만들어내는 데 고심하고 있었다. 이러한 상황에서 1930년대 이탈리아·독일·일본의 파시즘과 나치즘, 군국주의가 새로운 전쟁을 향해 나아가고 있다고 판단하거나, 이를 막기 위해 또 다른 전쟁을 각오해야 한다고 생각하기는 매우 어려웠다.

전간기를 20년간의 위기로 규정하고 이상향주의(utopianism)를 비판한 E.H. 카조차 제2차 세계대전을 정확히 예측하고 이에 대한 올바른 대처방안을 제시했다고 보기 어렵다. 카는 베르사유조약 체결 당시 영국의 외교관으로 재직하면서 독일에 대한 전후처리가 많은 보복규정으로 부당한 측면이 있다는 점을 인식하고 있었고, 슈트레제만 수상 당시부터 시작된 현상변경운동을 비판적인 관점으로만 보지는 않았다. 라인란트 진주 사건도 이해할 만한 일이라는 반응을 보였고, 로카르노조약에 대한 독일의 파기행동 역시 불가피하다는 논평을 한 바 있다. 특히 경제대공황을 거치면서 많은 지식인들은 지난 두 세기 동안 자본주의 국가들이 규정해온 자유주의 정치경제 패러다임에 대해 심각한 회의를 표하기 시작했고, 대안으로 제시된 공산주의 · 파시즘 · 나치즘을 신선한 시각으로 본 것이 사실이다. 카 역시 영국의 자유주의 모델이 약화되고 국가의 새로운 역할이 생성되어야 한다고 생각할 즈음 소련과 독일의 모델을 보고 부분적인 장점에 대해 논의하기도 했다.

무엇보다 현실주의 국제정치 시각을 강조한 카조차 뮌헨협정의 주인공인 체임벌린 수상을 '현실주의'의 한 모델로 보고, 독일의 현상변경 움직임에 대해 유화적으로 대응할 것을 주장했다. 물론 『20년간의 위기』가 1939년에 출간되었기 때문에 동시대의 사건을 분석하는 어려움이 있었다 하더라도, 이는 전간기 유럽안보질서의 문제점과 독일의 발전을 보면서 나치즘에 군사적으로 대응하는 일이 얼마나 어려웠는가를 시사한다.[1]

니버는 1930년대 중반부터 유럽전쟁 · 태평양전쟁 발발까지 현안을 분석하는 많은 글들을 남겼다. 카와 마찬가지로 경제위기로 인한 정치경제문제를 해결하는 방법으로서 사회주의 연구가 필요하다고 느끼고 있었던 그에게, 소련과 독일을 어떻게 볼 것인가는 매우 도전적인 문제였다. 자유주의 정치경제모델이 실패한 듯 보이던 당시, 많은 지식인들이 공산주의와 파시즘에 경도된 것은 이해할 만한 일이었다.

---

1) Jonathan Haslam, *The Vices of Integrity: E.H. Carr 1892~1982* (London: Verso, 1999), 제3장 「유화의 옹호자」 부분은 카가 전간기, 그리고 『20년간의 위기』(*The Twenty Years' Crisis: 1919~1939*)를 저술하는 동안 어떠한 시각을 가지고 있었는지 잘 보여준다.

니버 역시『도덕적 인간과 비도덕적 사회』에서 미국 계급문제 해결의 한 방안으로 마르크스주의에 상당한 호의를 보였고, 소련 여행 이후 소련 모델에 대해 긍정적인 평가를 내리기도 했다. 그러나 국제정치 영역에서는 카보다 훨씬 적극적으로 파시즘과 나치즘의 도발에 대한 대처를 주장했다. 여기에는 국내정치에 대한 분석이 매우 중요한 영향을 미쳤다. 마르크스주의가 인간의 정치적 본성에 대한 정확한 인식을 결여하고 있다고 비판한 점, 따라서 민주주의가 원죄를 가진 인간의 문제를 해결하는 데 그나마 최선의 정치체제라는 점 등에 대한 강조가 뒷받침된 것이다. 니버는 팽창하는 이탈리아와 독일이 만드는 질서가 민주주의를 억압하는 부당한 평화가 되리라는 판단 아래, 필요하면 무력을 사용해서라도 이를 막아야 한다고 주장하게 된다.

유럽전쟁으로 치닫는 와중에 먼저 팽창을 시도한 국가는 이탈리아였다. 1930년대 중반에 일어난 이탈리아의 에티오피아 침공 및 병합 사건에 대한 니버의 반응은 전간기 형성되어가고 있던 그의 국제정치사상의 초기 모습을 보여주는 흥미로운 사례이다. 당시 이탈리아를 통치하고 있던 무솔리니는 경제공황 이후 지중해·아프리카로 팽창정책을 추구하면서 한편으로는 독일, 다른 한편으로는 영국·프랑스와 협력하며 자국의 영향력을 극대화하려 노력하고 있었다. 히틀러가 1933년 1월 정권을 장악한 이후 이탈리아·영국·프랑스 등은 4국 협정을 통하여 독일의 팽창에 대비하려 했으나 결국 의견 불일치로 실패하고, 이후 히틀러는 1933년 10월 국제연맹을 탈퇴하고 만다. 이 와중에 이탈리아는

1934년 에티오피아를 본격 침공하고, 에티오피아는 국제연맹에 평화적 해결을 호소한다.

영국과 프랑스는 독일의 팽창을 막기 위해 이탈리아의 이익을 고려해야 하는 동시에, 국제연맹을 통한 집단안전보장체제를 유지하여 전간기 질서를 유지해야 하는 모순된 입장에 처하게 된다. 이탈리아는 당연히 국제연맹의 중재를 거부했다. 독일에 대해 현실적 균형정책을 추구하고자 개최된 1935년 4월의 스트레사회의에서 결국 이탈리아는 영국과 프랑스의 애매모호한 태도에 반발하여 대독 공동전선에서 이탈하고 만다. 이탈리아는 10월 전격적인 군사작전을 실시해 결국 1936년 5월에 에티오피아를 병합했다. 영국 · 프랑스 등과 협력하여 독일의 팽창을 막을 가능성이 사라진 것이다.

전간기 강대국들은 평화를 유지하기 위해 다양한 대안들을 고민하고 있었다. 1931년 만주사변, 1933년 독일의 국제연맹 탈퇴를 목도하면서 국제연맹의 무력함에 절망하는 한편, 독일에 대한 균형정책도 내부 갈등으로 인해 적극적으로 추진하지 못하는 딜레마에 처해 있었다. 이 와중에 발생한 이탈리아의 에티오피아 침공사태는 강대국들의 전간기 질서 유지 노력에 중대한 전환점이 된다.

니버는 이 사건을 보면서 평화주의적 해결책이 무력할 수밖에 없음을 강조한다. 이탈리아의 침략은 제국주의적 팽창정책이기 때문에 이를 합리화하는 것은 용납할 수 없으며, 무력을 사용해서라도 막아야 한다는 입장을 밝힌다. 반면 1930년대 전반기 전쟁의 기운이 감도는 가운데 평화주의자들은 합리적 설득이나 군비통제, 국제기구의 힘에 전적으로 의존하여 문제를 해결하려는 경향을 보이고 있었다. 이러한 상황에서 적극적 수단을 통한 에티오피아 사태 해결이 불가피함을 강조한 것이다.

　니버가 보기에 국제연맹은 이전의 사태 해결에 무력했는데, 그 이유는 무엇보다 영국과 프랑스 등 강대국들의 이익갈등이었다. 국제연맹을 움직이는 것은 결국 강대국들인데, 에티오피아 사태는 본질적으로 아프리카 식민지를 둘러싼 강대국들 간 경쟁의 연속선상에 놓여 있었던 것이다. 영국은 에티오피아를 발판 삼아 아프리카에 진출하려는 이탈리아를 막는 현실적 전략을 중시했고, 국제연맹은 이러한 전략이 실현되는 공간일 수밖에 없었다. 프랑스는 독일과 전쟁을 치를지도 모르는 위험을 앞두고 현실적 필요에서 영국을 지지하고 있었다. 한편 영국과 프랑스는 가시화되는 독일의 팽창을 막기 위해 이탈리아의 도움이 필요한 상황이었고, 모순된 전략적 이익 속에서 양국은 국제연맹의 집단안전보장·평화유지라는 명분을 적극적으로 동원할 수 없었던 것이다. 국제연맹의 회원국인 에티오피아의 생존은 강대국 권력정치 속에 외면될 수밖에 없었다.

　국제연맹이 무력한 상황에서 석유수출 금지와 같은 경제적 제재가 평화주의자들의 또 다른 대안으로 부상했다. 이탈리아는 경제제재에 대해 폭력으로 대응하겠다는 강경책을 내놓았고 평화주의자들은 평화적 해결을 고집하고 있었다. 니버는 제재의 평화적 성격을 강조하는 평화주의자들의 생각 역시 모순적이라고 본다. 제재가 전쟁으로 이어질 수 있기 때문이다. 과연 전쟁으로 이어질 수 있는 제재가 평화적 수단인가? 제재가 전쟁의 위험성을 앞당긴다면 제재는 정의로운 것인가? 제재가 폭력으로 이어진다면 기독교 평화주의자들은 폭력화되기 이전까지만 제재를 찬성할 것인가? 니버는 이 모두가 불완전한 논리일 뿐이라고 주장한다.[2]

니버가 제시하는 해결책은 제재를 시행하면서 그 정치적 효과에 주목하되 영국과 프랑스의 강력한 대응을 주문하는 것이다. 당시로서는 전쟁이 임박하지 않았기 때문에 전쟁의 불가피성을 주장하지는 않았지만, 전쟁의 가능성을 고려하여 무력충돌을 최대한 지연시키는 가운데 타협의 여지를 모색하는 것이 유일한 해결책이라고 보았다. 에티오피아 사태의 90퍼센트는 아프리카 식민지를 둘러싼 제국주의 경쟁에서 비롯되었다고 보고, 그 뿌리는 제국주의적 성격을 지닌 자본주의 경제체제에 있다고 보았기 때문에, 근본 해결책은 외부로 팽창하는 자본주의 체제를 근본적으로 개혁하는 것이라고 생각했다. 1930년대에 니버가 마르크스주의에 경도되어 있었다는 점을 고려하면 불가피한 결론이었다.[3]

동시에 니버는 나머지 10퍼센트에 해당하는 대안으로 국제연맹을 현실적으로 운영할 것을 주장하고 있다. 만주사변 이후 국제연맹에 대한 반성이 강화되는 가운데 적극적인 국제연맹의 역

[2] Niebuhr, "Pacifism against the Wall", *The American Scholar*, Spring 1936.
[3] Niebuhr, "On the Ethiopian War", *Radical Religion*, Fall 1935 참조.

할을 다시 한 번 강조한 것이다. 그러나 사태는 이탈리아의 에티오피아 병합으로 종결되었고, 그가 주장한 제재와 국제연맹을 통한 해결의 병행은 실현되지 못했다. 근본적으로 자본주의 국가들을 비판하는 세력의 호소 역시 영향력을 갖지 못했다. 니버는 평화주의적 해결책을 비판하는 점에서는 옳았으나, 문제의 뿌리가 되는 제국주의 경쟁에 대해 더 구체적인 대안을 제시하는 데에는 한계를 보였다.

같은 사건을 놓고 현실주의자로 일컬어지는 키신저가 후에 내린 처방도 흥미롭다.[4] 제2차 세계대전이 일어난 이후의 논평이지만, 키신저는 이탈리아의 에티오피아 침공에 대한 영국과 프랑스의 대처가 충분히 현실주의적이지 못했다고 비판했다. 영 · 프는 이탈리아에 대해 아프리카 정책을 용인하고 반독전선에 참가시키든지, 아니면 아프리카 정책을 비판하면서 독일과의 접근을 묵인하든지 양자택일을 해야 했다. 그러나 영 · 프는 이탈리아의 아프리카 정책을 비난하는 동시에 반독전선에 참가시키려는 불가능한 대안을 추구함으로써, 결과적으로는 아프리카 정책에 대한 별다른 대책을 추구하지도 못하고 이탈리아와 독일의 연결을 방치하는 결과를 낳았다는 것이다. 키신저는 만약 대독전선의 일차적 중요성을 영 · 프가 명백히 인식하고 에티오피아 침공을 묵인했다면, 이탈리아는 독일 편에 가담하지 않았을 것이고 제2차 세계대

---

4) Henry A. Kissinger, *Diplomacy*(New York: Simon & Schuster, 1994), 298~300쪽 참조.

전의 발발을 막을 수도 있었다고 본다. 에티오피아를 희생해서 제2차 세계대전을 막을 가능성이 컸다는 것이다.

결국 니버가 이탈리아의 침략정책을 막기 위해서 무력 사용을 고려해야 한다고 내세운 데 반해, 키신저는 더 현실주의적인 외교 논리를 내세운 셈이다. 양자의 분석은 50년의 간격이 있으므로 직접 비교하기는 어렵다. 그러나 양자 모두 세계대전을 막아야 한다는 목적을 위해서는 폭력의 사용이나 에티오피아의 식민지화를 묵인해야 한다는 결과주의 국제정치윤리관을 가지고 있다는 점에서는 공통된다. 다만 니버의 경우, 이탈리아의 팽창을 군사적으로 막고 에티오피아 식민지화를 용인하지 않아야 한다는 실제적 논리와, 이러한 폭력 사용이 기독교적 윤리라는 동기의 순수성을 반드시 보유해야 한다는 윤리적 이중주의라는 점에서 키신저와 구별된다고 할 수 있다.

에티오피아 사태는 결국 제2차 세계대전으로 연결되고 문제는 더 거대한 맥락에서 새로운 모습으로 대두한다. 이후 영국과 프랑스는 이탈리아가 1936년 10월 독일—이탈리아 추축 결정을 통해 독일에 편승하는 모습을 지켜보아야 했고, 국제연맹의 대안을 사실상 포기했으며, 세력균형안을 추구할 수 있는 현실적인 인식과 수단도 결여하고 있었다. 남은 대안은 독일을 설득하고 회유하는 유화정책뿐이었다. 미국의 루스벨트 대통령은 유럽전쟁에 대한 불개입정책을 고수하고 있었고, 결국 영국과 프랑스는 1938년 3월 독일이 오스트리아를 병합한 이후, 체코슬로바키아의 수데텐란트(Sudetenland) 문제를 해결하기 위해 같은 해 9월 뮌헨협정을 맺게 된다.

니버는 히틀러의 야심이 무력에 의해 제지되지 않으면 안 된다는 입장을 분명히 한다. 히틀러는 전쟁목적이 명확하고 이를 제어할 독일 내부기제가 없으며, 전적인 성공과 완전한 포기라는 양자택일의 외교정책을 강화하고 있기 때문이다. 이러한 상황에서 뮌헨협정과 같은 유화정책은 아무런 효과가 없을 것이라고 1938년 12월에 이미 단언하고 있다. 결국 교섭에 의한 평화보다 무력에 의한 저지가 더 중요하다는 것이다. 니버는 히틀러의 정치적 야심이 제어될 수 없다고 보는데, 이는 비단 히틀러뿐 아니라 인간의 기본적인 본성 때문이다.

니버는 유화주의자 또는 평화주의자들이 교섭에 의한 평화가 가능하고 바람직하다고 하는 것은 이들 스스로 인간의 본성에 대해 순진한 이상주의적 견해를 가지고 있기 때문이라고 본다. 히틀러도 인간이고, 인간이 이기적 본성을 가진 존재라는 사실을 인정하면 이상적인 견해를 주장할 수 없으리라는 것이다. 또한 독일 국민들에게 호소하여 평화를 이룩할 수 있지 않겠느냐는 견해에 대해서도 반대한다. 근대의 독재는 독재자와 국민들이 혼연일체가 되고, 지속적인 홍보로 국민들의 마음이 사로잡혀 있기 때문에 이들에 대한 호소 역시 불가능할 것이라고 지적한다.[5] 이

5) Niebuhr, "The Conflict between Nations and Nations and Between Nations and God", *Christianity and Crisis*, August 5, 1946; Niebuhr, "The Will of God and the Van Zeeland Report", *The Christian Century*, December 14, 1938 참조.

후 1941년 히틀러가 유럽전쟁에서 승승장구하고 미국이 참전을 주저하고 있을 무렵에도 평화주의자들은 교섭에 의한 평화가 이룩될 수 있다면 히틀러와의 교섭도 필요하다는 주장을 전개한다. 니버는 히틀러 세력이 악이며 독재이고, 결코 용납할 수 없는 대상이라는 강고한 시각을 가지고 있었다. 그가 보기에 평화주의자들은 평화의 가치를 우선시한 나머지 독재 아래서의 평화, 적의 입장을 모두 인정한 상황에서의 평화를 논하는 것에 다름 아니었다.

니버는 교섭에 의한 평화가 불가능하고 바람직하지도 않다고 하면서 전쟁의 불가피성과 당위성을 주장한다. 기독교 철학을 바탕에 깔고 있으면서 침략 세력을 물리치기 위한 폭력 사용이 불가피함을 주장하는 것이다. 흔히 생각하기에 기독교의 평화주의와 상반되는 이러한 주장을 어떻게 할 수 있었는가? 니버는 모든 인간이 예외 없이 자기중심성이라는 원죄를 가지고 있기 때문에, 이러한 사실을 인정한다면 이상주의적 처방이 헛되다는 것을 너무나 잘 알 수 있으리라고 주장한다. 인간의 원죄에서 비롯된 잘못을 바로잡으려 하지 않고 정의 없는 평화를 추구하는 일은 결국 지속될 수 없음을 주장하고 있는 것이다.

니버는 나치즘으로 귀결된 독일정치의 행로를 분석하면서 다양한 이유를 들고 있는데, 그중에서 종교적 해석이 두드러진다. 니버는 독일이 나치즘을 받아들인 이유로 중산층의 저발전과 기존 토지지배계층의 보수성 잔존, 자유주의의 미약한 발전 수준, 마르크스주의의 사회민주주의화와 현실주의적 인식 부족, 철학적 인식의 발전이 민주적 실용주의로 이어지지 못한 점 등을 든다. 그러나 무엇보다 독일의 중산층이 발전하지 못하면서 계시종교적 직관과, 인간의 원죄를 밝히고 이에 따라 국가를 비롯한 인간 정치집단에 비판적 자세를 견지하는 인식을 체화하지 못한 점을 강조하고 있다. 따라서 독일이 정신사적 건강성을 회복하지 않으면 유럽 전체에 평화와 질서가 오기 어려우리라고 본다.[6]

이러한 맥락에서 니버는 미국의 중립법을 격렬히 반대한다. 미국이 강대국으로서의 책임을 회피하고 유럽을 외면하는 것은 그 자체가 죄라는 논리이다. 인간이든 국가든 자신이 한 일에 대해서도 책임을 져야 하지만, 하지 않고 있는 일들에 대해서도 책임을 져야 한다는 생각이다.

사람이 공동체의 일원으로서 의미를 인식하지 못하고 공동체의 일로부터 자신을 고립시켜 마치 완전히 무관한 개인처럼 행동한다면 이는 부도덕한 일이다. 삶의 상호 의존성을 인식하는 데서 도덕이 생겨나기 때문이다. 도덕적인 사람은 주변 사람과의 관계에서 책임감 있게 행동하는 사람이다. 책임 있는 사람은 공동체가 요구하는 의무가 무엇인가를 알며 이러한 의무가 부과하는 결과를 기꺼이 받아들인다. 국가도 마찬가지다. 무책임한 국가는 부도덕한 국가이다. 책임을 인식하기 시작하

---

6) Niebuhr, "The German Problem", *Christianity and Crisis*, January 10, 1944.

고 이에 따라 행동할 때 도덕성을 획득하는 것이다. 1939년의 중립법은 미국인들의 삶에서 부도덕한 경향의 극치를 보여주는 것으로 이를 인식하고 이에 맞추어 행동해야 한다.[7]

니버는 미국의 책임회피가 부도덕할 뿐 아니라 비기독교적이라고 보았다. 그리고 중립법이 이러한 비기독교성의 정점을 보여준다고 보았다. 민주주의 문명을 지키는 일도 같은 맥락이다. 니버는 미국이 속해 있는 문명을 지켜내기 위해서는 외부의 적에 맞서 싸우려는 의지를 다져야 하고, 이를 통해 내부의 취약성을 극복할 수 있다고 주장한다.

제2차 세계대전에 대한 논평 가운데 파시즘과 나치즘에 대한 강한 저항을 독려하는 부분보다 더욱 인상적인 것은 이러한 저항이 적의 악함에 대한 저항일 뿐 아니라, 자신에게도 그러한 악함이 있음을 함께 인식해야 한다고 주장하는 점이다. 미국이 제2차 세계대전에 참전한 이후 니버는 강력한 전쟁수행의 필요성과 더불어 전쟁 이후 전후처리 과정에서 승전국이 가져야 할 자세에 대해 더 많은 의견을 내놓고 있다.

민주주의 사회는(…) 나치와 마찬가지 죄를 (예를 들어 제국주의) 동맹국도 저지르고 있다는 사실을 인식해야 하며 스스로

7) Niebuhr, "Repeal the Neutrality Act!", *Christianity and Crisis*, October 20, 1941.

를 질책해야 한다. 인도는 필연적으로 자유를 획득하게 될 것이다. 영국이 패배 직전의 상황에 직면하지 않았다면 인도는 상당 기간 독립하기 어려웠을 것이다. 민주주의 세계에서 백인의 오만함과 나치의 인종론은 분명히 유사점이 있다. 영국이 독립한 인도와 협력해야 하는 것은 물론 우리는 중국과 협력해야 하며, 이는 참회의 결실이다. 그리고 이러한 참회는 전쟁으로 인해 가능해진 것이다.[8]

이는 키신저의 분석과 또 다른 흥미로운 대조를 보인다. 키신저는 제2차 세계대전을 막기 위한 세 번의 기회가 있었다고 논한다. 첫 번째는 1935년 스트레사회의로, 이탈리아를 반독전선에 묶어둘 수 있는 외교의 기회였다. 이를 위해서는 에티오피아를 포기하는 대가가 따랐다. 둘째는 1936년 독일이 라인란트에 진주했을 때 이를 무력으로 격퇴하는 방안이었다. 이를 통해 히틀러가 축출되었을 가능성이 높고 이후 독일의 팽창은 방지될 가능성이 높았다. 그러나 전면전을 무릅써야 하는 문제가 있었다. 셋째는 1939년 제2차 세계대전 발발 직전 영국과 프랑스가 폴란드를 포기하고 독일에 넘겨준 후 전면전을 각오하고 독일의 팽창을 막는 방법이었다. 히틀러가 폴란드 합병 이후 팽창을 중단했을지는 알 수 없으나, 더 이상의 팽창은 전 세계의 반발을 가져왔을 것이

8) Niebuhr, "Chastisement unto Repentance or Death", *Christianity and Crisis*, Spring 1942.

므로 승산이 있었다고 키신저는 판단했다.[9]

이 모두는 냉혹한 세력균형을 염두에 두고 세계대전 방지라는 목표를 위해 수단의 도덕성을 상당 부분 양보한 것이다. 결과주의 윤리관이 크게 반영된 셈이다. 니버의 입장에서 이는 "지나치게 일관된 현실주의" 또는 "과도한 현실주의"로 보일 것이다. 니버는 첫 번째와 세 번째 대안은 독립국가의 병합이라는 또 다른 가치를 훼손하기 때문에 그보다는 폭력을 사용하는 두 번째 대안을 선택할 것이다. 물론 세 대안 모두 희생을 감수해야 하지만, 두 번째 대안이 동기의 순수성이라는 점에서 볼 때 정당한 전쟁이 부당한 평화보다 낫다는 원칙에 부합한다는 판단이 가능할 것이다.

전후처리와 세계공동체 논의

제2차 세계대전 중에 전시외교가 진행되면서 연합국 국가들은 전쟁수행 전략을 논의하는 한편 전후 질서를 둘러싼 치열한 물밑 경쟁을 벌이게 된다. 국제연합을 만들어 세계공동체를 지향하는 노력 이면에서 영국처럼 세력균형 원칙에 의거해 각 지역을 퍼센트까지 설정하여 분산하는 전략을 구사하기도 하고, 미국의 루스벨트 대통령처럼 강대국 중심의 협조체제를 추구하기도 하였다. 소련은 최대한 서부로 팽창하여 동구국가들을 세력권 안에 두려

9) Henry A. Kissinger, 앞의 책, 제12장의 논의 참조.

는 노력을 기울였다. 전쟁이 끝난 뒤 미국이 어떠한 세계전략을 수행할 것인가는 전후 질서를 좌우하는 가장 중요한 요인이었다. 제1차 세계대전 이후처럼 고립주의로 회귀할 것인가, 아니면 미국 역사상 최초로 평시동맹을 유지하면서 개입전략을 수행할 것인가? 미국은 전쟁 종식 당시 세계 유일의 핵 보유국가로서 핵 독점력을 가지고 있어 세계를 이끌 책임을 방기하기에는 너무나 막강했다. 더욱이 루스벨트 대통령이 1945년 4월에 사망하고 트루먼 부통령이 대통령직을 계승해 스탈린과 경쟁구도를 형성하면서 미소 간의 관계 설정은 매우 중요한 문제로 등장하였다.

이때부터 니버의 관심은 한편으로는 패권국으로서 미국 외교정책의 방향 설정에, 다른 한편으로는 미소 간 관계 설정과 미국의 세계적 냉전전략 수행에 집중되었다. 강력한 군사력과 경제력을 가지고 제2차 세계대전 이후 패권국의 위치에 올라선 미국은 니버가 보기에 고유의 독특한 세계관 때문에 현명한 지도자로 자리매김하기에 많은 단점을 가지고 있었다. 미국의 합리주의와 자유주의 신학은 빛의 자식들의 전형적인 약점을 가지고 있었고, 순진한 빛의 자식이 세계를 이끌어가야 하는 막중한 임무를 맡게 되었을 때 순수성은 정치세계의 비극으로 이어질 가능성이 있었기 때문이다. 이러한 약점은 인류를 파괴할 수 있는 핵의 시대, 그리고 강대국을 비롯한 전 세계 국가들이 하나의 단위로 묶여 국제정치의 복잡성을 더욱 심화시키고 있는 시대에 반드시 해결해야 할 문제로 여겨졌다.

니버는 또한 미소관계를 설정하는 일에서 소련의 공산주의 체제에 대한 정확한 시각이 필요함을 환기시키고 있다. 소련의 공산주의가 그릇된 이상향주의 또는 유토피아주의에 기초한 체제이고 볼셰비키혁명 이후 독재로 흘렀을 뿐 아니라 주변국들의 주권을 침해한 사실 등을 신랄하게 비판한다. 과거 정치사상을 수립해가면서 자본주의의 계급모순을 비판하고 마르크스주의의 분석적 적실성을 긍정적으로 평가했던 것과는 대조되는 모습이다. 마르크스주의는 자본주의 체제를 비판하는 합리적 분석의 유용성은 있으나 빛의 자식들의 논리이기 때문에 새로운 정치체제를 성립하고 국제정치를 이끌어가는 데에는 많은 한계를 가지고 있다고 본 것이다.

니버가 첫 번째로 당면한 과제는 제2차 세계대전 종전 직후 미국의 세계전략이었다. 냉전이 본격적으로 시작되기 이전, 미국 내에서는 전후의 전략을 놓고 많은 논란이 진행되고 있었다. 니버는 전후 구상에 관한 미국 내 입장을 크게는 이상주의와 현실주의로, 더 구체적으로는 온전한 이상주의와 중도 이상주의, 중도 현실주의와 온전한 현실주의 등 네 가지로 설정하고 있다. 자신의 입장은 온전한 현실주의로 상정한다.

니버는 빛의 자식들인 이상주의자들의 이상에는 동조하지만 이들이 주장하는 대안의 실현가능성에 대해서는 비판적이다. 이상주의자들은 종전 이후 새로운 국제정치가 시작될 것이며 민주주의가 축이 되는 세계질서가 이루어지리라고 예측했다. 국제연합이나 세계정부를 향한 새로운 흐름, 경제적 상호 의존, 민주주의 발전과 식민지 독립 등이 새로운 희망의 근거였다. 반면 현실주의는 새로운 흐름에 주의를 기울이기보다 여전히 변하지 않는 권력정치의 현실을 강조한다. 그리고 제2차 세계대전 이후에도 결국 강대국 간의 세력균형이 세계질서를 좌우할 것이라는 견해를 견지한다.

이러한 상황에서 가장 경계한 것은 미국의 고립주의 회귀 가능성이다. 니버는 미국이 전후 강력한 국력을 가지고 있으면서도 독자적 안보라는 환상 아래 다시 고립주의로 회귀하는 것을 최대한 비판하고 고립주의의 사상적 배경을 드러내려 한다. 그는 미국의 역할이 무엇보다 중요함을 강조하면서 고립주의는 강대국이 책임을 방기하는 도덕적 문제라고 주장한다. 뿐만 아니라 이는 미국의 안보가 예외적이어서 유럽이나 다른 지역들과 별개로 확보될 수 있으리라 생각하는 분석적 오류이기도 하다고 본다.

미국이 막강한 경제력을 기반으로 군사력을 갖추고 있으므로 평시에는 타 지역의 안보에 개입하지 않으나 중요한 사안에만 개입하자는 고립주의 논의 역시 비판한다. 이러한 고립주의는 특히 내재된 제국주의와 상통한다는 점에서 더욱 경계해야 한다. 영국이 유지해온 과거의 제국주의를 비판하고 영국 구식민지들의 독립을 외치면서도, 미국의 비용이 최소화되는 미국 중심의 새로운 질서를 만들고 싶어하는 미국 내 세력이 대두하고 있었기 때문이다. 이는 제국주의의 또 다른 얼굴이며 이럴 경우 다른 국가들은 미국의 주도력을 인정하지 않을 것이다. 미국은 양심과 이익을 조화시켜야 하며 그 길은 강대국의 책임을 떠안고 현실주의적으로 사고하며 정의를 실현하려는 규범적 자세를 새롭

게 하는 것이다.[10]

다음으로 니버는 당시 고립주의와 대척점에 있는 세계주의, 또는 세계공동체에 대해서도 비판적 견해를 가지고 있었다. 그는 세속적 또는 기독교 이상주의자들이 주장하는 국제기구, 세계정부 등의 구상에 대해서 현실주의 관점에서 신중하고 비판적인 자세를 견지했다.[11] 사실 고립주의와 세계공동체 두 가지 대안은 매우 다른 듯 보이지만 미국이 자신의 정책자원을 들여 세계를 관리해나가는 책임을 회피한다는 점에서는 본질상 같다고 볼 수 있다. 모겐소도 전후 미국의 전략 대안들을 논의하면서 고립주의와 세계주의는 동전의 양면으로, 세계주의는 도치된 고립주의(inverted isolationism)라고 평한 바 있다.[12]

니버는 세계공동체에 대해서 비교적 많은 글들을 남기고 있다. 세계공동체는 비단 국제정치의 문제만이 아니며 신학적 관점에서도 매우 중요한 목표이기 때문이다. 세속에서 사랑의 윤리가 실천될 수 있는 가장 근접한 상황은 국가 간 갈등이 최소화되고 질서가 정착된 세계공동체라고 볼 수도 있다. 니버는 사랑의 윤

---

10) Niebuhr, "American Power and World Responsibility", *Christianity and Crisis*, April 5, 1943.

11) Niebuhr, "The San Francisco Conference", *Christianity and Society*, Summer 1945; Niebuhr, "Can We Organize the World?", *Christianity and Crisis*, February 2, 1953.

12) Hans J. Morgenthau, *A New Foreign Policy for the United States* (New York: Praeger Publishers, 1969), 15~18쪽 참조.

리가 불가능한 가능성이라는 역설을 논하는 것과 마찬가지로 향후 세계공동체는 불가능한 가능성이 되리라고 예측하고 있다. 인간의 창조성과 이기성 사이의 관계로 결정될 문제이기 때문이다.[13] 니버에게 세계공동체는 국제정치의 문제일 뿐 아니라 근본적인 신학의 문제이다. 예수의 사랑윤리가 완전하게 실천되고 인간이 삶의 의미를 이웃에 대한 사랑에서 찾을 때, 그 궁극의 범위는 인류공동체가 되기 때문이다.

니버는 세계공동체가 구체적으로 어떠한 모습을 띨 수 있을지에 대해 많은 논의를 하지는 않았지만, 20세기 중엽 당시 세계공동체가 형성될 수 있는 조건이 두 가지 정도 갖추어져간다고 보았다. 첫째는 기술문명의 발전이고, 둘째는 보편도덕과 보편종교의 성립이다. 니버가 목격했던 1940년대 국제정치적 현실은 이미 기술의 발전으로 시공이 압축되어가고 있었다. 지구가 하나의 네트워크로 연결되고 국가 간의 상호 의존이 놀랍게 진전했으며 경제가 이미 지구화되어가는 상황에서, 그는 20세기 후반 세계화의 추세를 목격한다. 더불어 세계공동체의 정신적 기반이 되는 보편도덕과 종교가 성립되고 있다고 보았다. 모든 종교는 민족종교로 시작하지만 점차 보편종교가 되고, 도덕 역시 국가나 한 지역에 한정되어 시작되지만 점차 보편도덕으로 확장되는 경향이 있다. 니버는 기독교 역시 이스라엘 민족의 종교로 시작되었지만 이스

---

13) Niebuhr, *The Children of Light and the Children of Darkness*(New York : Charles Scribner's Sons, 1944), 187쪽.

라엘을 넘어 보편적 사랑의 교리를 갖추어 세계공동체의 기반이 되었다고 보았다. 서구 제국주의를 뒷받침했던 서구 합리주의도 지역적 한계를 넘어 세계적 도덕의 기반을 제공할 수 있는 보편 철학과 도덕의 모습을 갖추게 되었다.[14]

그럼에도 불구하고 니버는 세계공동체의 출현은 상당 기간 어렵다는 점을 강조한다. 상호 의존이 복잡해질수록 이해관계의 충돌도 복잡해지고 국가들은 이를 국가 이익이라는 이기적 관점에서 해결하고자 하기 때문이다.[15] 또한 기술문명과 도덕의 보편성을 특수한 국가의 이익에 종속시키려는 권력욕 때문이다. 강대국은 발전된 기술문명과 도덕을 세계공동체 수립보다는 세계 전체를 장악하려는 제국주의적 목적을 위해 사용하려는 자기중심성을 버리기 어려울 것이다. 빛의 자식들은 기술과 도덕의 발전이 국가들 간의 타협과 협력을 가져오리라고 예상하지만, 니버는 어둠의 자식들의 논리에 따라 세계공동체가 오기 전에 세계적 제국주의의 유혹이 훨씬 더 크게 작동하리라고 본다. 사회계약론을 국제정치 차원에 적용하여 주권국가들이 상위 권위체에 자발적으로 권력을 이양하리라 생각하는 것은 인간의 의지를 과대평가하는 빛의 자식들의 전형적인 실수라고 본다.[16]

『빛의 자식들과 어둠의 자식들』은 세계공동체로 가는 과정에서

---

14) 같은 책, 153~160쪽.
15) Niebuhr, *Moral Man and Immoral Society*(New York: Charles Scribner's Sons, 1932), 85~86쪽.
16) Niebuhr, 앞의 책, 1944, 170쪽.

권력요소를 강조한다는 점에서 카의 『20년간의 위기』와 유사한 논지를 전개하고 있다. 전간기에 국가 간 상호 의존과 국제법 발전 등으로 세계평화가 도래할 것이라는 순진한 이상주의, 그리고 강제력이 있는 권위체를 만들어 국가들로 하여금 국제법을 준수하도록 하는 체계를 만들자는 더 정교화된 이상주의가 득세했지만 결국 제2차 세계대전으로 귀결되었음에 주목하는 것이다.[17] 『도덕적 인간과 비도덕적 사회』에서는 "앞으로 다가올 수세기 동안의 관심은 이상사회를 건설하여 강제력이 사라지고 완전한 평화와 정의가 존재하도록 하는 것이 아니라, 충분한 정도의 정의가 있는 사회를 만들고 비폭력적인 강제력을 사용하여 인간의 공동 목표가 완전한 재난에 빠지지 않도록 하는 것"이라는 견해를 보인다.[18]

니버는 한편 궁극적인 세계공동체는 권력요소에 더해 "역동적인 사회적 과정"(vital social processes)이 필요하다고 본다. 여기에는 상당한 수준의 사회통합, 구성원의 동질성, 공동의 유산과 경험의 힘, 집합적 의식을 가능하게 하는 공동의 적과 같은 공동체의식 등이 포함된다. 공동체에 필요한 정체성의 요소를 강조한 것으로 오늘날의 구성주의 국제정치이론과 상통하는 부분이다. 그러나 이러한 상황이 쉽게 올 수는 없으며 상당 기간 강제력에 의존한 국제 권위가 유지될 수밖에 없다고 본다.

---

17) 같은 책, 162~165쪽.
18) Niebuhr, 앞의 책, 1932, 22쪽.

니버는 이처럼 제2차 세계대전이 종식된 뒤에도 강대국들 간 결탁에 의한 힘의 정치가 지속될 수밖에 없고 약소국은 강대국 중심의 국제정치에 종속되리라고 예측하고 있다. 강대국은 협력보다는 자신의 안보를 최우선시하는 일방주의적 외교정책에 의해 세계를 운용할 것인데, 이는 무정부상태에 대한 두려움보다는 구체적인 적에 대한 두려움이 더 크기 때문이다.

세계공동체의 실현이 어려운 또 하나의 이유로는 소련의 대응을 들고 있다. 세계공동체에 이상주의 처방과 현실주의 처방이 있다고 본다면 이상주의 관점에서 세계평화는 세계정부를 달성하는 일이지만, 소련과 완전한 화해에 도달하는 일은 불가능하다. 세계전쟁을 통한 완전한 승리 역시 핵전쟁 시대에는 불가능하다. 그렇다면 현실주의 관점에서 소련과 점증적인 화해를 도모하며 협상을 벌여야 하는데, 이 역시 쉽지 않은 일이다. 세계정부를 설립한다면 미국의 이상으로 보아 민주적 세계정부를 구성해야 할 것이다. 그 토대가 되는 자유주의 외교정책은 개별국가의 자율성 중시, 인류공동체에 대한 보편주의의 특징을 가진다. 그러나 소련은 체제의 성격상 이를 거부할 것이고, 목표가 전체주의적 공산주의가 아닌 한 소수자의 입장에서 민주주의 과정에 의해 세계정부를 설립하는 데 찬성할 리가 없다고 보았다.

니버는 제2차 세계대전 종식 시점부터 상당 기간 동안 강대국 간 세력균형이 현실적인 대안일 수밖에 없다는 사실을 인정한다. 이론적으로 세력균형은 "관리되는 무정부상태"이다. 결국 정부가 없는 세력균형은 궁극적으로 무정부상태로 귀결되기 때문이다.[19] 그 과정에서 강대국들은 자신들 중심의 질서를 만들어가면서 다른 국가들의 동의를 구하는 식으로 나아갈 것이다.

결국 도달하는 대안은 현실주의 대안이다. 세력균형의 변화를 예의주시하면서도 소련·중국 등 다른 강대국의 도움을 적극적으로 구하고, 영국과의 협력을 축으로 삼으면서 제3세계 약소국들의 발언권도 보장할 수 있는 전후 질서를 만들자는 것이다. 니버는 중도적 입장에 대해서도 찬성하지 않는다. 이상주의자들 가운데도 권력정치의 중요성을 인식하는 중도적 이상주의가 있지만, 권력에 대한 사고가 추상적인 차원에 머물러 있다는 점에서 한계가 있다. 중도적 현실주의는 역사의 새로운 변화를 인식하는 능력이 있어 새로운 국제기구나 상호 의존 흐름에 집중하는 경향을 보인다. 그러나 새로운 세계질서에서 국제기구는 중요한 역할을 하겠지만 강대국 중심의 '제국주의적' 흐름은 지속될 것이다. 니버는 이들 역시 정의의 문제를 심각하게 고려하지 않는다는 점에서 규범적 인식이 부족하다고 평가한다.[20]

현실주의 대안에서 우선 강조하는 점은 영미 간의 파트너십이다. 니버는 미국이 경제적 성공으로 권위를 가지고 있지만 국제 문제에 대한 경험을 결여하고 있다고 본다. 영국의 권위와 미국의 힘이 결합될 필요가 있다는 것이다. 미국의 힘은 압도적으로

---

19) Niebuhr, 앞의 책, 1944, 174쪽.
20) Niebuhr, "Plans for World Reorganization", *Christianity and Crisis*, October 19, 1942.

경제적인 데 비해 영국의 힘은 주로 정치적이다. 영국의 제국주의적 힘 때문에 미국이 권력의 본질에서 이를 경계하는 경향이 있고, 특히 미국의 자유주의자들은 이를 비도덕적이라고 여기기도 한다. 그러나 니버는 힘을 소유하면 반드시 적절한 방법으로 사용해야 하며, 힘을 잘못 사용하는 것은 고립주의를 택하는 일만큼 위험하다고 주장한다. 제국주의적으로 힘을 사용하지 않으려면 지속적인 정치적·도덕적 경계가 필요한데, 이를 위해서는 영국 현실주의와 미국 이상주의의 조합이 필요하다는 것이다.[21] 여기서 니버는 올바르게 추진되는 민주주의 정체가 세계질서를 이끌어갈 수 있는 가장 바람직한 주도 세력이라는 견해를 굳히게 된다. 영미 양국은 민주주의 국가로서 세계를 이끌 수 있는 힘을 가지고 있다는 것이다.

두 번째로 강조하는 것은 영미 양국, 또는 민주주의 국가들이 독단적으로 세계를 이끌어서는 안 된다는 점이다. 영미 양국의 지도력은 나치에 비하면 열 배나 더 정당하겠지만 유럽과 아시아, 그리고 전 세계의 동의를 얻기 위해서는 여전히 조심해야 한다. 전후처리 과정에서 당면과제를 처리할 때 러시아와 중국 두 강대국의 협조를 구해야 하며 가능하면 세계질서를 구축하는 준헌법적 체계를 만들어야 한다. 니버는 미국이 특히 소련과 "직접

---

21) Niebuhr, "British Experience and American Power", *Christianity and Crisis*, Vol. 16, May 14, 1956, 57쪽; Niebuhr, "The Decline of Britain and France", *Christianity and Crisis*, Vol. 17, February 18, 1957, 11쪽 참조.

적이고 친밀한" 관계를 유지해야 하며, 영국이 중재자 역할을 해야 한다고 보았다. 영미가 이끌지만 모든 국가가 세계질서에서 나름대로 정당한 위치를 차지하고 활발히 발언할 수 있는 체제를 만들도록 노력해야 한다는 것이다. 약소국 역시 강대국의 전횡을 막기 위한 내부 견제체제를 만들어내는 일이 중요하다고 보았다.[22]

현실주의 대안을 논하면서 니버가 마지막으로 강조하는 점은 현실주의를 추구하면서도 이상의 끈을 놓지 않는 것, 특히 종교적 차원의 책임감을 가지는 것이다. 현실주의의 대안이 잠정적으로 가장 효과적임을 인정하면서도 동시에 냉소주의나 절망으로 빠지는 것을 경계하고자 한다. 니버는 세력균형이 진행되는 동안 질서를 창출하기 위해 강대국 간 타협과 약소국에 대한 회유가 지속될 수밖에 없음에 주목한다. 이 과정에서 정의보다는 질서의 가치가 항상 앞서겠지만 그렇다고 질서 속에서 정의가 계속 부재한 채로 남아 있지는 않으리라고 본다. 니버는 남북전쟁 기간 링컨의 행적에서 유사점을 이끌어낸다. 당시 링컨은 질서를 회복하기 위해 '노예제의 일시적 유지'(half slave and half free)를 선언했지만 질서가 회복되는 즉시 이러한 어정쩡한 정의는 무너지고 완전한 노예제 폐지로 갈 수밖에 없는 동력이 생겨났던 것이다.[23]

---

22) Niebuhr, "The Possibility of a Durable Peace", *Christianity and Society*, Summer 1943.
23) Niebuhr, 앞의 책, 1944, 181쪽.

니버는 여기서 인간의 창조적 자유와 도덕적 결의에 희망을 둔다. 역사를 초월하고 독선에 빠지지 않는 비판정신이 중요하다고 역설한다. 제2차 세계대전 종전 직전 니버는 미국보다는 영국이 더 건강한 국가라는 생각을 가지고 있었다. 더 통합적인 민주주의를 유지하면서도 세계를 이끈 지도국으로서의 경험과 스스로를 제어하는 신중성을 축적해왔기 때문이다. 이에 비해 미국은 고립주의로 회귀하려는 도덕적 회피주의와 냉소주의, 그리고 여물지 못한 권력의 자만심 사이에서 혼란을 거듭하고 있었다. 그럼에도 불구하고 니버는 미국이 지도국으로서 성숙해야 하고 강대국으로서의 책임을 받아들여야 한다고 주장했다. 개인과 집단의 이기심을 적절히 인정하면서 이용하고, 이를 공동의 이익과 조화시키는 신중성도 가져야 한다고 말했다.

더불어 영미 양국이 스스로 자제하면서 세계질서 구축의 전면에 나설 때 반드시 종교적 자세가 필요하다. 정치적·도덕적 관점으로 지도국의 문제를 경고할 수도 있지만 이는 상대적 관점일 뿐이다. 니버는 전후 나치에 비해 도덕적 우위를 가진 승전국들이 독선에 빠질까 경계했는데, 이는 세속의 도덕으로 이겨내기에 매우 어려운 상황이리라고 보았다. 전쟁을 악에 대한 선의 승리로 보면 스스로를 경계하기 어렵다. 나치가 발흥한 토양이 국제적 무정부상태이고 이에 대한 책임은 승전국도 나눈다는 자세가 필요하다는 것이다. 민주적이고 종교적인 세력, 니버의 관점에서는 기독교적인 국가가 원칙적으로 자기비판에 충실하며 이를 실천할 수 있는 제도를 가지고 있음을 강조한다.[24] 더불어 이들 국

가에 존재하는 통찰력과 도덕심을 겸비한 핵심 집단에 희망을 둔다.[25]

    영미 양국이 세계공동체를 건설하는 지금과 같은 중요하고 전략적인 시점에서 성공하기 위한 유일한 조건은 종교적 차원의 이해를 가지는 것이다. 이는 운명적 과제이며 너무나 큰 책임감을 요구하는 일이기 때문이다. 운명의 의미에 대한 종교적 이해가 있어야만 영미 양국은 자만심과 권력에 대한 갈망을 극복하고 과제를 완수할 수 있을 것이다. 우리는 우리의 정치적 삶에서 이와 같은 타락이 계속 존재하리라고 생각할지도 모른다. 그러나 양국의 교회들이 이스라엘의 예언자들처럼 세계의 국가들에게 계속 촉구할 경우, 세계공동체를 창조적으로 이끌 수 있도록 자만심을 완화시키는 역할을 할 수 있을 것이다.[26]

냉전기의 대소정책

세계공동체를 이루거나 소련을 비롯한 강대국들과의 협력을 통해 미국이 세계질서를 수립해나갈 가능성은 점차 희박해져갔다. 소련은 동유럽을 비롯한 세계 각 지역에 공산주의를 확산해

---

24) 같은 책, 183쪽.
25) Niebuhr, 앞의 책, 1932, 87쪽.
26) Niebuhr, "Anglo-Saxon Destiny and Responsibility", *Christianity and Crisis*, October 4, 1943.

나갔고, 이 과정에서 공산주의 종주국으로서의 국가 이익을 최대한으로 확장하려는 전략을 추진했다. 세계대전 이후 경제적으로 취약하고 국내정치가 혼란스러운 많은 국가들이 공산주의 확장의 대상이 되어가고 있었다.

결국 1947년에 접어들면서 미국은 트루먼독트린을 통해 소련과의 대결정책을 추진하고 이 과정에서 봉쇄정책이 자리 잡게 된다. 냉전의 기원에 대해서는 현재 정통주의·수정주의·후기 수정주의 등 많은 견해들이 있지만, 봉쇄정책이 수립될 당시에는 소련을 어떻게 볼 것인가, 봉쇄정책을 추진한다면 어떻게 추진할 것인가 등이 먼저 해결되어야 할 시급한 과제였다.

니버는 우선 공산주의 세력에 대한 철학적 비판에서 시작하여 소련을 봉쇄할 필요성에 대해 적극적인 논의를 전개한다. 공산주의 비판은 앞에서 살펴본 바와 같이 인간과 사회에 대한 그의 신학적·철학적 입장과 연결되어 있다. 니버는 공산주의의 인간관·사회관·역사관이 근대 합리주의에 기초한 부정확한 것임을 강조한다. 자유주의와 마찬가지로 인간의 원죄성에 주의를 기울이지 않고 계급관계와 제도의 탓으로 역사의 문제를 돌리기 때문이다. 공산주의는 사유재산 제도가 잘못되어 있기 때문에 인간이 타락했다고 보고, 문제 해결의 첨병을 무산계급으로 상정한다. 사유재산 제도와 자본주의의 문제가 국가적·국제적 공동체에 문제를 야기한다는 논리이다. 이는 다시 말해 사유재산 제도가 사라진 이상적인 국제사회가 가능하며 이에 기반한 공산주의적 제국주의 외교정책이 합리화된다는 논리이기도 하다.[27] 이러한 논리는 공산주의 국가들 간의 갈등 소지 자체를 부정한다. 동기가 순수한 국가들 간 관계이기 때문이다. 이는 공산주의적 독재를 합리화하는 논리로도 작용한다.

또한 공산주의는 완전한 정의, 계급이 없는 보편적인 사회가 가능하다고 생각한다. 사유재산 제도를 철폐하면 조화로운 사회가 되고, 궁극적으로 원죄로부터 해방된 인간의 본성을 만들 수 있다고 본다. 이런 점에서 공산주의는 지상에 신의 낙원을 건설한다는 기독교적 비전의 타락한 형태이며, 결국 회개 없이도 신의 왕국이 도달할 수 있다는 약속이다. 공산주의는 순수한 형태에서 세속화된 종교의 계시적 믿음을 제공한다. 신의 왕국이 지상에 이미 도래했으며 소련이 그 역사적 체현이라는 믿음을 주장하는 것이다.

니버는 공산주의의 종교적 성격을 분석하기 위해 『국가와 제국의 구조』(*The Structure of Nations and Empires*)를 저술하고 인류역사의 제국사를 폭넓게 고찰한다. 일관된 주제는 전근대적 제국이나 근대적 제국이나 힘에 의한 지배와 이념에 의한 지배를 결합해왔다는 것이다. 전근대에 존재했던 기독교·이슬람·아시아 제국들 모두 힘에 의한 지배를 추구했지만 이는 제국을 떠받치는 한 축에 불과했으며 다른 축은 보편주의 이념이었다. 중세 유럽의 제국은 기독교에 의해, 중동의 제국은 이슬람에 의해, 중

---

27) Niebuhr, *The Structure of Nations and Empires*(New York : Charles Scribner's Sons, 1959), 240~243쪽.

국제국은 불교와 유교에 의해 지탱되었다. 이들 간에는 많은 차이점이 있음에도 불구하고 공통으로 자신의 특수한 정치권력이 보편적이며 세속주권이 신의 명령 또는 역사이성의 명령으로 주어졌다는 논리를 전개했다.

바로 이러한 점에서 공산주의도 보편주의적 이념을 가진 제국의 연장선상에 있다고 본다. 공산주의가 비종교적·무신론적 성격을 가지고 있다는 차이점은 사실 제국들 간의 공통점에 비하면 그리 중요하지 않다. 오히려 공산주의의 핵심은 자신의 정치적 이념과 권력의지를 신과 같은 궁극적 존재, 역사적 목적과 일치시키는 보편주의적 이념이라는 것이다.[28]

니버는 소련에서 정권을 장악한 지도자들이 이러한 순수한 공산주의적 희망을 여전히 가지고 있는지는 의문이라고 하면서도, 인간의 자기기만은 거대한 것이어서 공산당 지도자들이 자신이 옳다는 확신을 가지고 독재가 합리화될 수 있다고 믿는다고 본다. 공산당의 권력이 나치의 권력과 다른 점이다. 파시즘이 권력정치에 대한 민감성과 이상주의에 대한 냉소주의를 가지고 있었다면, 공산주의는 이론적 기반을 가진 유토피아주의로서 합리적 이상주의의 모습을 띠고 있다. 전자가 어둠의 자식이라면 후자는 빛의 자식인 셈이다.

파시즘의 반발은 공산주의보다 훨씬 비정상적인 것이다. 파

---

28) 같은 책, 122쪽.

시즘 안에 진리가 있다고 믿기는 어렵다. 우리는 자만이 아닌 정의의 이름으로 힘을 모아 파시즘을 붕괴시킬 수 있었다. 그러나 공산주의는 그렇게 쉽게 붕괴되지 않을 것이다. 공산주의 독재가 파시즘과 매우 유사해 보일지는 몰라도 공산주의는 정신적 힘을 도덕적 냉소주의가 아닌 도덕적 유토피아주의에서 끌어오기 때문이다. 공산주의는 서구문명이 제시하는 보편이상의 타락한 형태이기 때문에 공산주의와의 대결은 장기화될 것이며 단순한 군사력 이상의 힘들을 필요로 할 것이다.[29]

소련의 공산주의는 세계 지배를 향한 공산주의의 희망과 러시아 민족주의의 결합이다. 니버는 정치적 종교의 이점을 국경 너머로 확장시키는 이러한 강력한 힘의 중심이 인류역사상 초유의 것이라고 분석하며 그 확장을 봉쇄할 필요성을 주장한다.[30] 봉쇄

---

29) Niebuhr, "Germany and Western Civilization", Hans J. Morgenthau 엮음, *Germany and the Future of Europe*(Chicago: Chicago University Press, 1951), 3쪽 참조.

30) Niebuhr, "The Relevance of the Reformation Doctrine in Our Day", Elmer J.F. Arndt 엮음, *The Heritage of the Reformation*(New York: Richard R. Smith, 1950), 254쪽; "The Communist Party and Russia", *Christianity and Society*, Vol. 9, Spring 1944, 8쪽: "Two Forms of Tyranny", *Christianity and Crisis*, Vol. 8, February 2, 1948, 4쪽; "Hazards and Resources", *Virginia Quarterly Review*, Vol. 25, Spring 1949, 204쪽; "The Conditions of Our Survival", *Virginia Quarterly Review*, Vol. 26, Autumn 1950, 482쪽 참조.

전략이 정착되면서 고민한 문제는 이를 구체적으로 어떻게 추진할 것인가이다. 특히 두 가지 문제에 집중하는데, 하나는 핵문제이고 다른 하나는 봉쇄의 구체적 추진전략이다. 소련이 1949년 핵실험에 성공하면서, 이제 미소 간의 전쟁은 양국 모두를 파괴시킬 수 있는 것으로 폭력 사용에 대한 이전의 논의는 의미가 없어지고 있었다. 일단 전쟁이 발생하면 목적이 달성되기는커녕 양국의 존립 자체가 무의미해지면서 핵무기를 외교정책의 수단으로 사용하기가 어렵게 된 것이다.

니버는 핵 시대 대소 봉쇄정책의 대안들을 검토한다. 첫 번째 대안은 핵 제한전이다. 키신저가 주장한 바와 같이 전쟁 당사국의 사활이 걸리지 않은, 제한된 목적의 제한된 핵전쟁이 하나의 대안으로 논의되고 있었다. 그러나 니버는 두 가지 이유에서 핵 제한전의 대안 가능성을 비판한다. 하나는 제한전의 무대가 유럽이 될 확률이 가장 높고, 유럽 정치현실에 비추어볼 때 제한전이 반드시 확전되지 않으리라는 보장이 없다는 것이다. 다른 하나는 당시 전술핵의 발전 수준으로 보아 그 살상력은 일본에 사용했던 핵의 파괴력을 넘어선다는 것이다. 따라서 비록 제한전이라고는 하지만 그 피해가 엄청날 것이기 때문에 제한전을 실질적으로 고려하는 일은 매우 위험하다고 평가한다.[31]

대소 봉쇄정책의 두 번째 대안은 양보정책이다. 소련이 핵무기를 보유하게 된 이후 수소폭탄을 향한 미소의 경쟁을 보면서, 평

---

31) Niebuhr, 앞의 책, 1959, 279~281쪽.

화주의자들은 핵의 사용 자체를 먼저 포기하고 소련도 이에 따르도록 하자는 제안을 내놓았지만, 니버는 이 역시 비판한다. 도덕적 행동이 상대방을 설득시키지 못할 것이며, 집단을 책임지고 있는 정책결정자의 입장에서는 위험을 무릅쓸 수 없다는 것이다. 또한 핵이 없으면 소련의 유럽 팽창을 막기 어렵다는 점도 이유로 제시된다.

세 번째는 양보정책과 유사하지만 협상을 중심으로 합의에 도달하자는 대안이다. 1950년대 소련의 정치적 · 군사적 우위가 좀 더 뚜렷해지면서 유럽 내에서 소련과의 협상을 통해 안정을 추구하려는 세력이 등장하게 된다. 소련의 우위를 인정하면서 최대한 이득을 얻어내는 협상을 하자는 것이다. 영국의 토인비(Philip Toynbee)의 대소협상론이 그러한 예인데, 이는 핵대결 딜레마의 특성상 협상의 승자와 패자가 정해지더라도 과거와 같이 승자 중심으로 세력다툼을 지속하지는 않을 것이라는 논의이다. 니버는 소련의 자발적 자제와 온건성을 전제한 이와 같은 대안이 비현실적이고 순진한 것이라고 판단한다. 비록 핵무기를 사용하지 않더라도, 군사적 우위를 점하고 있는 세력은 핵 딜레마에도 불구하고 이에 기반한 엄청난 정치적 권력을 행사할 것이기 때문이다.[32]

네 번째는 핵 군축협상이다. 니버는 군축협상으로 핵 딜레마가 해결되리라고 생각하지 않았으며, 1945년 10월 이미 전쟁과 핵폭

---

32) 같은 책, 276~279쪽.

탄이 사라질 수 있으리라는 희망에 회의를 표명했다. 군비통제를 통한 평화의 희망 역시 그리 가능해 보이지 않았다. 우선, 인간이 공포 때문에 핵전쟁을 회피할 것이라고 합리적으로 생각할 수 있지만, 니버는 인간이 그러한 합리적 판단보다 분노와 갈등에 더 많은 영향을 받는다고 생각했다. 따라서 합리적 판단에 의존하는 일은 충분치 않다는 것이다.[33]

군비통제에 회의적인 두 번째 이유로는 신뢰의 부족과 더불어 세력균형 문제가 있다. 군비통제를 포함한 국가 간 모든 제도적 장치는 심층 권력관계의 반영일 뿐, 제도적 장치가 상대적 자율성을 가지고 권력관계를 좌우할 수 없다. 이는 현실주의 제도론의 기본철학과 상통하는 것이다. 미소 간의 군비통제는 양국이 당면한 전반적인 군사적 세력균형 속에서 고려되고 시행된다. 니버는 1950년대 상황에 비추어볼 때 소련이 중동·아시아에서 정치적 우위를 점하고 있었고 대륙 간 탄도미사일에서도 앞서 있었기 때문에 군비통제에 응할 정치적 동기가 약하다고 보았다.[34] 군비통제가 진행될 경우 변화되는 세력균형과 상대적 이익의 균형 속에서 상호간에 평화가 지속되리라는 신뢰가 중요하다. 그러나 이러한 신뢰는 국제정치의 본질상 매우 어려운 것이다. 따라서 니버는 "군비통제는 상호 신뢰의 전제가 되는 것이 아니라 그

---

33) Niebuhr, "History as seen from the Radical Right", *The New Leader* 45, 16, April 1962, 24쪽.
34) Niebuhr, 앞의 책, 1959, 270~271쪽.

결과로 나타나는 것"이라고 말한다.[35] 그러나 군비통제 노력 자체를 무의미하다고 본 것은 아니며, 그에 대한 이상주의적 낙관을 경계한 것이다.

결국 냉전과 핵무기의 결합은 미국의 전략가들에게 큰 딜레마를 안겨주게 된다. 소련을 비롯한 공산주의에 무력으로 대항하는데 명백한 한계가 주어졌다. 무기의 발전이 전쟁을 불가능하게 만든 역설이다. 니버는 앞에서 살펴본 바와 같이 억지를 통한 안정을 주장했지만, 이 역시 아슬아슬한 안정에 불과했다. 만약 어느 국가가 스스로의 도덕적 입장에 대해 철저히 반성하고, 폭력을 소유하고 있으면서도 사용을 억제하고, 도덕적·정치적·경제적 수단으로 강제력 행사를 제한했는데도 갈등이 해소되지 않는다면 어떻게 해야 할까? 니버의 딜레마이다. 결국 국가에게는 폭력을, 그것도 핵을 사용하는 방법 이외의 길이 없을 것이다. 문제는 어떻게 사용하는가, 사용한 이후 처리를 어떻게 하는가로 전환될 것이다. 적대감을 완화시키기 위해서는 핵무기를 사용하지 않는 상호 공존의 중요성을 양측이 깨닫는 방법밖에 없다. 미소가 상호 공멸에 대한 두려움을 공유한다면 핵 선제 사용을 금할 가능성이 있는 셈이다.

핵의 또 다른 딜레마는 합리성의 문제이다. 억지를 옹호한다는 것은 정책결정의 합리성을 믿는다는 것인데, 이는 인간 합리성의

---

35) Niebuhr, "The British Nuclear Arms Proposals", *Christianity and Crisis* 17, 27, May, 1957, 66쪽.

한계를 항상 경계했던 니버의 기본 인식론과 배치되는 측면이 있었다. 인류와 문명이 생존해야 한다는 규범적 입장에서 분석적 일관성을 지키지 못한다는 비판에 노출되기도 했다.[36]

그럼에도 불구하고 니버는 핵 억지를 통해 기본적 안정을 확보하는 동시에 정치적 수단으로 냉전을 수행하면서 민주주의의 승리를 추구하는 방법이 가장 바람직하다는 주장을 전개해나갔다. 핵 억지로 무력충돌을 방지하면서 소련과의 정치적 대결을 위해 장기전을 준비하는 전략이 대안이라고 본 것이다. 가공할 핵무기 경쟁, 그리고 "공포의 균형"으로 미소 두 제국 간에 평화는 아니지만 안정성을 추구하는 것이 우선이다. 니버는 소련과 상당 기간 불가피하게 공존할 수밖에 없다고 생각했다. "우리는 한 세기 또는 그 이상 이상주의 환상에 기반한 가공할 독재와 공존해야 하는 운명을 가지고 있다는 사실을 인식해야 한다. 그리고 우리의 힘과 지혜, 인내심이 부족할 때 핵전쟁의 파괴를 그 값으로 치뤄야 한다는 점도 명심해야 한다."[37] 가장 시급한 과제는 핵무기의 파괴성을 제어하고 냉전의 적대감을 어떻게 완화시킬 수 있는가였다.

제2차 세계대전 이후 니버가 목격한 냉전의 핵심은 정치적 대

---

36) Campbell Craig, "The New Meaning of Modern War in the Thought of Reinhold Niebuhr", *Journal of the History of Ideas*, Vol. 53, No. 4, Oct.~Dec. 1992, 687~701쪽 참조.

37) Niebuhr, "Alternatives to the H-Bomb: A Century of Cold War", *The New Leader* 37, 2, August 1954, 14쪽.

결이었다. 그는 소련이 공산주의라는 새로운 종교를 통해 낙후된 봉건국가에서 핵무기를 생산하는 근대국가로 놀랍게 발돋움했고, 다른 제3세계 국가들에게 하나의 모델이 되었다는 데 주목한다. 따라서 공산주의에 효과적으로 대응하고 자유 진영의 단결과 우월성을 지켜나가는 일도 큰 과제였다. 전후 동구권은 물론 혼란한 서유럽 국가들조차 공산주의 이데올로기에 노출되었고, 많은 제3세계 국가들이 소련의 지원을 받거나 소련 모델에 따른 발전 노선을 택하는 상황이었기 때문이다. 만약 냉전이 쉽게 종식되지 않는다면 이 싸움은 어떠한 요소들에 의해 결정될 것인가?

니버는 정치적 대결의 중요성을 인식하고 미국이 냉전을 수행하는 데 정치전이 얼마나 중요한지를 강조한다. 동시에 미국이 이러한 정치전 수행에 얼마나 서투른지도 지적하면서, 특히 제3세계 비유럽 국가들에 대한 책임을 역설한다. 미국은 민주주의 국가로 세계의 모범이 되고 있다고 자신하지만, 사실 유럽 이외의 지역에서 민주주의는 몸에 맞지 않는 정치체제일 수 있다. 니버는 당장 민주주의를 채택하지는 않지만 시간이 흐름에 따라 미국의 정치체제에 동조할 수 있는 국가들에 대해 점차적인 지원을 하는 일이 중요하다고 강조한다. 다른 정치체제에 대한 참을성과 지속적인 원조가 중요하다는 것이다. 패권국가는 자신의 진영을 유지하는 데서 장기적 시각을 가지고 정치전 수행에 필요한 마음가짐을 가져야 한다고 보았다.[38]

냉전수행에 대한 이상주의적 방법과 현실주의적 방법 간의 갈등을 딜레마의 두 뿔에 비교하면서, 니버는 다음과 같이 결론을 맺는다.

이상주의자는 비공산권에서 평화를 유지하려면 힘으로 압도할 수밖에 없다는 사실을 알아야 한다. 반면 현실주의자는 공산주의를 압도하기 위해 세계의 단합과 도덕적·경제적 건강성을 유지해야 한다는 사실을 알아야 한다. 우리는 군사대비태세를 늦출 수는 없다. 그러나 항상 가장 중요한 목적이 무엇인지를 인식하고 있어야 한다.[39]

결국 니버는 제3의 길로, 도덕적·경제적·정치적 수단으로 소련의 팽창을 막을 것을 주장한다. 봉쇄전략이 가장 바람직한데, 군사적 봉쇄를 우선으로 사용해서는 안 된다. 봉쇄정책에서는 지혜와 상상력, 정의를 실현하려는 의지가 중요하다. 이상주의는 권력의 중요성에 더욱 관심을 기울여야 하고, 현실주의는 권력이 단결과 도덕적·경제적인 건강성에 의해 구성된다는 사실에 주목해야 한다. 군사적 방위태세를 유지해야 하는 것은 물론이지만 군사력은 정치적 목적을 위해 사용해야 한다는 것이다.[40]

38) Niebuhr, "American Hegemony and the Prospects for Peace", *Annals of the American Academy of Political and Social Science*, Vol. 342, 1962, 154~160쪽.

39) Niebuhr, "A Protest Against a Dilemma's Two Horns", *World Politics*, Vol. 2, No. 3, April 1950, 338~344쪽 참조.

소련이 이끌고 있는 동구의 위성국가들을 점차 소련으로부터 이탈하도록 하는 노력도 강조한다. 이들 국가들이 경제적으로 더욱 독립하고 소련에 대한 의존도를 낮추도록 하는 한편, 국제적 독재에 대한 경계심을 높여야 한다는 것이다.[41] 아시아에서 군사적 봉쇄를 해야 한다는 의견에 반대해야 하는 이유이다. 아시아에서 공산주의는 주로 정치적 프로파간다로 확장되고 있다는 데 주목해야 한다는 것이다.

니버는 소련 내부에서 전제주의가 약화될 가능성에 대해서도 좀더 희망적인 태도를 가져야 한다고 주장한다. 냉전이 한창 진행되던 중이었기 때문에 조심스러운 입장을 견지했지만, 영국의 전제주의가 휘그당의 귀족에 의해 약화되어 점차 민주정으로 이행했듯이, 소련도 후에 흐루쇼프 등장에서 보여지듯 당 내부의 변화에 의해 전제정치가 약화될 가능성이 있다고 보았다.

소련 내부의 교육체제 발전도 향후 변화에 중요한 요소가 된다고 지적하고 있다. 고등교육이 활성화되면 민주주의에 대한 인식도 높아지기 때문이다. 물론 전제정치는 테크노크라트(technocrat)들을 관리하는 정치적 기제를 가지고 있기 때문에 낙관하기는 힘들지만, 교육의 변화가 정치의식을 점차 변화시키리라고 조심스럽게 기대하고 있다.[42]

---

40) 같은 곳.
41) Niebuhr, 앞의 책, 1959, 249~250쪽.
42) 같은 책, 281~286쪽.

이러한 정치적 냉전수행 전략은 장기전을 각오한 것이었고, 이러한 점에서 봉쇄전략의 입안자인 G.F. 케넌의 견해와도 일맥상통했다. 또한 기독교 현실주의 사상과 맥을 같이하는 것이기도 했다. 무력으로 공산권을 굴복시키지 못하는 상황에서 소련 내부에서 변화가 일어나기를 기다리며 자유 진영의 민주주의를 튼튼히 하는 것이다. 이는 미소 간의 세력균형과 핵 억지를 기초에 놓고, 미국의 민주주의가 지향해야 하는 초월적 노력과 상대적 정의를 통한 궁극적 사랑의 윤리 등을 강조하며 정치적 봉쇄를 추구하는 전략이었다.

니버와 케넌의 견해는 같은 현실주의자인 키신저와도 흥미로운 대비를 보인다. 키신저는 너무 소극적이고 장기적이라는 점에서 봉쇄정책에 대해 비판적이었다. 미국은 제2차 세계대전 직후부터 1949년까지 핵 독점의 우위를 누리고 있었고 이후에도 전략무기에서 얼마간 우세를 보이고 있었는데, 이러한 기간 동안 군사력의 우위를 기초로 공격적 외교를 했어야 한다고 본다. 외교와 군사력은 밀접한 관련을 가지고 진행되는 것이며 군사력의 우위는 곧 외교협상력의 우위를 보장하는 만큼, 봉쇄를 더 적극적으로 추진했어야 한다는 것이다. 스탈린 역시 미국의 우위를 알고 있었기 때문에 이 기간 동안 대부분 자신의 힘을 과시하면서 이익을 지키려는 모습을 보였다고 분석한다.[43] 키신저의 이러한 접근은 세력균형과 국가 이익이라는 관점에서 타당한 면이 있지

43) Henry A. Kissinger, 앞의 책, 454~472쪽 참조.

만, 니버는 궁극적으로 초월적 도덕을 지향해야 한다는 관점에서 봉쇄에 장기적 · 도덕적 목적을 부여하고 있다.

미국외교의 아이러니

냉전을 수행하는 미국 외교정책에 대한 니버의 비판 가운데 가장 특징적인 대목은 독선에 빠지지 말고 자신의 원죄성을 인식하며 스스로 경계해야 한다는 종교적 관점이다. 모겐소는 이를 보편이념적 외교와 자신의 이데올로기에 따른 십자군적 외교를 경계하라는 내용으로 정리하고 있다. 국가 이익을 정확히 정의하고 사활이 걸린 이익에 자원을 투자해야지, 이념적으로 옳다고 생각하는 정책을 추구하면 자국의 이익도 훼손되고 타국도 이념외교의 오만함을 경계하게 되기 때문이다.

이는 1952년에 출판된 『미국 역사의 아이러니』(*The Irony of American History*)에서 구체화되고 있다. 아이러니 개념을 통해 정치적으로 충분히 현실적이지 못한 순진성, 더 나아가 자신이 옳다고 생각하는 확신이 어떻게 문제를 야기시킬 수 있는지 보여주고자 한다.

아이러니 개념에 관한 논의를 진행하려면 우선 '비극' '페이소스' '아이러니' 세 개념을 구별해야 한다. 비극은 인간이 어쩔 수 없는 상황을 맞이하여 뼈아픈 선택을 해야 할 때 발생한다. 너무나 중요한 두 개의 가치 가운데 하나를 포기해야만 다른 하나를 실현할 수 있기 때문이다. 이런 상황은 정치세계에서 빈번히 발생한다. 예컨대 전쟁에서 수십 명을 죽여 수십만을 구할 수 있다면 어떻게 해야 하는가라는 윤리적 딜레마는 비극을 초래하며, 이러한 비극적 상황에 빠진 인간들의 모습은 동정심을 야기할 수밖에 없다. 비극적 상황에서 운명을 헤쳐나가는 영웅들의 모습은 동정과 더불어 경탄을 자아낸다.

페이소스는 인간이 선택조차 허용하지 않는 막대한 운명과 자연의 힘 앞에 당면할 때 생겨난다. 선택의 여지가 없을 정도로 어려운 상황에 빠지는 일이 다반사이며 이러한 상황은 견디기 힘든 고난을 야기한다. 해결책은 단지 어려움을 견디고 국면이 전환되기만을 기다리는 것뿐이다. 페이소스 속에서 인간은 선택과도 책임과도 무관한 상황에 빠져든다.

아이러니는 상반된 요소들이 공존하여 서로 꼬리를 물고, 전체 상황은 일관성이 결여된 채 진행되는 상황을 지칭한다. 강함과 약함이 엉뚱하게 공존하고, 바보스러움을 통해 지혜가 나타나고, 지혜를 통해 바보스러움이 나타나기도 하며, 순진무구함을 주장하지만 죄를 짓고, 겉으로 보기에 죄를 지은 듯하지만 사실상 순진함을 가지고 있기도 하다. 아이러니는 이러한 점에서 희극적 요소를 내포한다. 니버는 아이러니를 보고 있으면 쓴웃음이 나오는 상황이 발생한다고 설명한다. 그러나 아이러니한 상황 뒤에는 감추어진 의미가 있다는 점에서 희극적 요소와 차이가 난다. 상반된 요소들의 조합은 단지 우연에 의한 것이 아니라 상호간에 밀접한 관련이 있기 때문이고 여기서 아이러니가 발생한다. 하나의 요소가 필연적으로 다른 상반된 요소의 원인이 될 때 아이러니가 생기는 것이다.

아이러니는 인간의 행동에 의해 파생된 것이기 때문에 책임도 함께 발생한다는 점에서 페이소스와 다르다. 반면 비극과 다른 점은 아이러니 상황에서 인간의 선택과 행동은 의식적이라기보다 무의식적으로 이루어지고, 상황의 전환 역시 의도와는 별개로 이루어진다는 점이다. 니버가 아이러니 개념을 강조하는 것은 이 상황이 인간의 본성과 직결되어 있기 때문이다. 앞에서 살펴본 바와 같이 인간은 무한한 자유와 스스로를 초월하고자 하는 고유의 능력을 가진 존재이다. 그러나 인간은 창조하는 동시에 그 스스로 피조물이기 때문에 자신의 초월능력을 과신하게 되면 상황은 급전한다. 강점이라고 믿었던 것이 약점으로 바뀌고 덕이라고 생각했던 것은 악으로 바뀐다. 인간이란 아무리 자신 있는 부분이라도 이를 지나치게 믿고 추구하면 반드시 반대의 효과가 나타난다.[44]

진정 강조하고자 했던 점은 국가의 행위에 나타나는 아이러니한 상황이다. 니버는 미국 외교정책의 위험성과 오류를 지적하기 위해 아이러니 개념을 도입한다. 미국은 너무 빨리 약소국에서 강대국으로, 순진무구한 국가에서 많은 책임을 떠맡는 국가로 발돋움했다. 기독교 이념을 신봉하고 자유주의를 발전시키며 민주주의 제도를 정착시키고, 과학의 발전에 기반한 기술문명을 꽃피

---

44) Niebuhr, *The Irony of American History*(New York: Charles Scribner's Sons, 1952), xxiii~xxiv쪽 참조.

웠다. 부르주아 문화가 만개하여 시장이 발달하고 개인은 자유와 창의성에 기반한 미국문명 발전에 기여했다. 그러면서도 다른 나라와 격리되어 완전한 안보를 누리며 순진무구한 나라로 스스로를 인식하고 발전시켜왔다. 그러다 제2차 세계대전 전후로 갑자기 세계를 이끄는 지도국이 된 것이다. 미국이 발전에 힘이 되었던 덕목과 능력을 계속 추구하는 것은 옳으나, 이를 과신하고 타국과의 관계에서 독선을 보이며 무오성과 제국주의성을 추구한다면 능력과 덕목은 곧 해악으로 바뀌게 된다.

니버는 제2차 세계대전이 끝나고 새로운 세계질서가 자리 잡아가는 가운데 미국이 과거의 성공담에 도취하여 자신의 경험과 국내정치의 발전역사를 기준으로 세계질서를 건설해나가는 상황을 끊임없이 경계했다. 공산주의야말로 유물론적 역사관이 옳다고 주장하고 프롤레타리아 계급이 도덕적 우위를 점하고 있다는 시각 때문에 많은 추종자를 거두었지만, 바로 이러한 덕목이 공산주의 지도자들을 타락시키는 결과를 낳았다. 이 역시 아이러니의 상황이다. 아이러니가 해결되지 못하면 결국 파국으로 치닫고 만다. 니버는 소련을 비롯한 공산국가들이 아이러니에 빠져 이를 반성하고 해결하지 못한 채 문제를 더욱 악화시켰을 뿐이라고 본다.

소련과 대결하는 미국 역시 마찬가지의 문제를 가지고 있다. 니버는 미국이 자유주의·민주주의·기독교 신앙 등 소련과 비교하여 도덕적 우위를 가진다는 점을 확신하면서도, 과신이 파국으로 이어질 수 있음을 거듭 강조한다. 더욱이 제3세계 국가들이 미국의 지도력을 예의주시하는 상황에서 미국식 문화와 리더십이 항상 옳다고 생각하면 반드시 반발을 불러와 지도력이 약화된다는 점을 강조하고 있다.[45]

니버는 아이러니가 쉽게 알기 어렵고, 오직 상황과 그 속에 있는 행위자들에게 공감하는 관찰자들에게만 보인다고 말한다. 정작 역사 속의 행위자들은 실제로 아이러니의 상황 속에 있기 때문에 이를 알아차리기 어렵고, 알아차리더라도 자신의 확신에 기대어 문제를 단숨에 해결하려고 들기 때문이다. 따라서 외교정책과 국제관계를 관찰하는 지식인과 분석가들이 인간 본성과 역사의 흐름에 대한 냉정한 시각을 가지고 행위자들에 대한 비판적 공감을 유지하는 일이 중요하다고 덧붙인다.

결국 역사 속에서 정의를 실현해나가기 위해서는 지도국의 현명한 지도력이 중요하다는 점을 강조하면서, 역사상 과도한 자기 확신으로 역설적 몰락의 길을 걸은 국제정치의 역사를 제시하여 냉전기 미국의 외교정책에 경각심을 주고자 한다. 니버는 미국이 국가 이익에 대한 명료한 생각 없이 무조건 책임감으로 행동해서는 안 되며, 동시에 협소하게 정의된 국가 이익만을 추구해서도 안 된다는 점을 동시에 경고한다. "역사를 볼 때 모든 정치적 정

45) 이러한 상황은 21세기 부시 행정부의 군사주의적 일방주의에 대한 비판과 일맥상통하는 바가 있다. 『미국 역사의 아이러니』최근 판(Chicago : University of Chicago Press, 2008)에 서문을 쓴 바세비치(Andrew J. Bacevich)의 글들과 다른 일련의 논문·강의들은 이러한 점을 잘 보여주고 있다.

의와 질서는 자기이익을 넘어서는 선과 미덕의 여분을 가진 사람 또는 국가에 의해서 성취된다. 그러나 그들 역시 이러한 행동을 가능하게 하는 동기의 한 부분이 이익에서 온다는 사실을 부정할 수 없다. 이러한 사실을 부정한다면 여유분의 덕목도 곧 악으로 변화하게 될 것이기 때문이다." 올바른 지도력은 정의를 향해 나아가려는 도덕적·이익적 동기의 양면을 가지고 이루어지는 것이다.[46]

니버가 보기에 냉전의 주인공은 두 제국이었다. 흥미로운 점은 양 제국 모두 자신이 제국임을 부정하고 상대방이 제국주의의 원인이라고 주장한다는 것이다. 공산주의 진영은 민주자유 진영이 자본주의 체제이기 때문에 본질적으로 제국주의적이라고 본다. 반대로 민주자유 진영은 공산주의 진영이 세속화된 정치종교적 성격을 가지고 있기 때문에 필연적으로 제국주의적이라고 본다. 모두가 반제국주의적 표어로 제국주의를 합리화하고 있는 셈이다.[47]

이러한 상황에서 미국은 자신만이 불의로부터 자유로운 순수성을 가지고 있다는 정의에 대한 확신을 가지게 된다. 미국은 자유주의 사회로 발전했기 때문에 이익추구에 문제가 있다는 생각을 하지 못하는 체제이다. 따라서 인간의 동기 속에 자리 잡은 권력에의 욕망을 보지 못하는데, 이는 아이러니에 빠질 위험성을

---

46) Niebuhr, 앞의 글, 1949, 203쪽.
47) Niebuhr, 앞의 책, 1959, 188~195쪽.

높이는 요인이 된다. 자유주의 사회에서 문제점은 오직 상대적으로 가난한 하부계층만이 제기할 수 있기 때문에, 그만큼 자기 확신의 오류에서 벗어나기가 쉽지 않다는 것이다.

1950년대에 접어들어 니버는 공화당 정부의 냉전정책을 비판하면서 미국의 보수주의를 강하게 비판한다. 미국 보수주의는 미국의 아이러니를 보여주는 또 하나의 예이다. 지도국의 임무를 도외시하고 좁은 의미의 국익을 위해 고립주의 성향을 띠거나, 무오류성에 대한 확신에 근거하여 신중하지 못한 자기중심성을 표출하기 때문이다. 니버의 보수주의 비판은 더 먼 과거에까지 미친다. 제2차 세계대전 이전 미국의 보수주의자들은 고립주의와 중립주의의 허울을 쓰고 개입의 비용을 최소화하기 위해 루스벨트의 개입전략에 반대했다. 그 결과 나치즘의 확산을 막지 못했고, 전후 유럽 회복에 충분히 힘을 쏟지 못했으며, 아시아를 지나치게 중시하는 정책을 추구했다.

니버는 미국 보수주의가 유럽 보수주의의 이점을 계승하지 못했다는 점을 유감스러워 한다. 권력정치에 대한 현실적 이해를 망각한다면 사실 보수주의의 핵심 장점을 놓치게 되기 때문이다. 니버는 영국의 보수주의 전통에 대해 긍정적인 생각을 가지고 있었다. 영국의 보수주의는 공동의 가치와 전통 등에 의지하여 개인의 지나친 이익추구를 막고자 하는 기제를 가지고 있었다. 이에 비해 미국의 보수주의는 유럽의 보수주의 정치철학의 전통을 이어받지 못하고, 오히려 19세기 자유주의의 퇴락한 형태를 띠고 있다고 생각한다. 자산계급의 경제활동을 합리화하고 이를 확대시키는 자유주의의 형해화된 이데올로기로 전락했다고 간주한다. 이러한 한계 때문에 니버는 미국의 보수주의 특히 공화당의 외교정책이 고립주의와 제국주의, 감상주의와 냉소주의의 기묘한 결합으로 나타났다고 보고, 냉전수행에서 보수주의적 문제점을 경계하고 있다.[48)]

덜레스(John Foster Dulles) 비판은 보수주의가 가진 자기중심성의 문제를 지적하는 다른 사례를 보여준다. 니버는 덜레스가 1958년 가을 클리블랜드의 기독교전국위원회(National Council of Churches of Christ)에서 행한 연설에 대해 글을 남기고 있다. 덜레스는 "공산주의는 우리와 같은 정의의 개념을 가지고 있지 않다"라고 언급했는데, 이러한 인식은 지극히 미국 중심적인 시각이라는 것이다. 니버에 따르면 정의의 개념은 민주주의와 공산주의 간에만 차이가 있는 것이 아니다. 미국과 러시아, 미국과 중국의 문화적 차이도 있다. 국내정치에서도 정의란 원칙으로 정해진 것이 아니라 다양한 사회세력 간 힘의 균형으로 도출되는데, 하물며 국제정치에서 원칙적 의미에서의 정의를 논하는 것은 어리석은 일이다. 덜레스는 원칙에 기반한 강고한 미국외교가 중요하다고 했으나, 이는 적이나 동맹 모두에게 자기 확신과 유연성의 결여로 보일 위험성을 내포하고 있었다. 오직 공산주의 때문에 평화와 정의가 실현되지 않는다는 인식은 명확하기는 하지만

---

48) Niebuhr, *Christian Realism and Political Problems*(New York : Charles Scribner's Sons, 1953), 56~58쪽.

너무 단순하기 때문에 적과 동맹 모두를 대하는 일에서 도움이 되지 않음을 알아야 한다는 것이다.[49)]

니버는 이러한 점에서 국제주의와 도덕성의 전통을 견지하고 있는 민주당의 외교정책이 전반적으로 미국의 냉전수행에 더 적합하다고 간주했다. 민주당 외교의 이점은 과거로부터 계승되고 있는데, 윌슨 행정부의 브라이언 국무장관이나 루스벨트 대통령의 경우 완전하지는 않으나 "진정으로 국제주의적"인 전망을 가지고 있다고 평가했다. 윌슨의 경우는 권력적 요소에 대해 정확히 주의를 기울이지 않은 국제주의라는 문제점이 있었지만 루스벨트는 권력요소를 민감하게 인식하고 있다는 점에서 일층 진보했다. 루스벨트가 보수주의로부터 지속적인 비판을 받았다는 사실에서 니버는 민주당이 국제정치현실 속에서도 도덕을 중시하는 경향을 잃지 않은 반면, 보수주의는 고립주의와 무책임성 사이에서 혼란에 빠져 있다고 유추하고 있다.[50)]

미국의 제3세계 정책

니버는 냉전의 정치적 수행을 주장했고 지도국으로서 미국의 도덕적 정당성을 강한 무기라고 생각했기 때문에, 제3세계와 타

---

49) Niebuhr, "The Moral World of Foster Dulles", *New Republic*, Vol. 139, December 1, 1958, 8쪽.
50) Niebuhr, 앞의 책, 1959, 182쪽.

지역 개입에 신중한 자세를 취했다. 특히 다른 지역에 개입하여 군사적으로 소련과 대결한다면 많은 위험이 따른다고 보았다. 미국의 개입이 가능한가를 판단하는 요인으로서 제시하는 것은 그 지역 국가들이 스스로 민주주의를 지지하며 정치적으로 냉전을 수행할 능력과 의사가 있는가, 미국의 군사적 지원이 소련과의 핵전쟁 가능성을 높이지는 않는가, 한 지역에 개입하면 다른 지역에 어려움을 가져오지는 않는가, 미국의 지원에 대해 동맹국들과 국제기구가 지지를 보낼 것인가, 소련·중국 등 다른 강대국들의 정당한 반발을 불러올 소지는 없는가 등이다. 니버는 미국이 도덕적 명분을 가지고 정치적 냉전을 계속 수행해나가기 위해서는 지구적·장기적 관점을 가져야 한다고 보았기 때문에 군사적 수단을 사용한 강경한 냉전정책에 반대하게 된다.

니버의 국제정치학은 기본적으로 미국의 외교정책에 관한 것이기 때문에 제3세계에 대해서 많은 글을 남기고 있지는 않다. 특히 그가 추구했던 정의와 평화, 더욱이 초월적 관점에서의 규범적 외교정책 수행에 관해 제3세계 국가들의 입장에서 충분한 주의를 기울이지 못한 점도 있다.

그럼에도 불구하고 미국의 제3세계 정책에 관해 흥미로운 분석을 하는 몇 개의 사례가 있다. 첫 번째는 1950년의 한국전쟁으로 한국의 입장에서 특히 관심이 가는 부분이다. 니버는 미국의 한국전쟁 참전에 찬성하는 입장을 표명한다. 동맹국들과 국제연합의 동의가 있었으며 한국전쟁이 핵전쟁으로 변화될 가능성이 크지 않다고 보았기 때문이다. 한국이 미국의 이익에 중심적인 역할을 하고 있음을 감안할 때 핵전쟁으로 미국에 치명적인 위협을 주지 않는다면 한국전쟁 개입은 정당하다고 볼 수 있다는 것이다.

그러나 아시아에서 미국의 도덕적 위상을 유지하는 일과 한국전쟁 개입이 장기화되면서 유럽에서 냉전수행이 약화되는 일에 대해서는 경계한다. 이와 관련해 "우리는 군사적 위협을 성공적으로 막아내어 아시아에서 위신을 지켜야 할 것이다. 그러나 군사적 승리를 거두더라도 아시아인들의 마음을 잃어서는 안 될 것이다"라고 논평한다.[51]

인천상륙작전 이후 미국과 유엔군이 승리하면서, 니버는 한국전 수행에 더 적극적인 찬성 입장을 보인다. 그러나 유럽과의 관계에서 맥아더 장군의 확전 경향을 경계하기 시작하고 중국군이 참전하면서 대중국전으로 전쟁의 성격을 변화시키려 하고 핵공격을 고려하는 상황이 되자 종전을 주장한다. 미국에 대한 유럽의 지원을 상실할 수도 있고 더 나아가 유럽에서 공산주의가 확장될 위험도 가시화될 수 있다는 판단 때문이었다. 니버는 중국과의 협상이 필요하다고 보며 종전의 대가로 대만을 넘겨줄 것도 고려해야 한다고 말한다. "아시아에서 전면적인 전쟁이 벌어질 경우 유럽에서 공산주의의 공격이 현실화될 것"이라는 인식 아래 한국전쟁 당시 소련의 유럽 침략 가능성을 최초로 염려하기 시작

51) Niebuhr, "New Light on the Old Struggle", *Christianity and Society* 15-4, Fall 1950.

한다. "소련은 언제라도 유럽을 침공할 수 있으며 지금이 아니면 안 된다는 모험주의를 택할 가능성도 있다"라고 보았기 때문이다. 따라서 최악의 경우 "아시아를 잃어도 자유세계는 생존할 수 있지만, 소련이 유럽의 경제적·기술적 자원을 차지한다면 우리의 안전은 확보될 수 없을 것"이라고 주장한다.[52]

두 번째 사례는 베트남이다. 니버는 1955년 시점에서 디엔비엔푸전투 이후 미국이 과연 프랑스를 군사적으로 지원해야 하는가 질문한다. 니버는 군사력이 마지막 수단이라고 보고 한국전쟁에서처럼 전면전에서는 군사력 사용이 냉전수행에 필요하다고 본다. 그러나 프랑스 제국주의에 대한 지속적인 반발이 남아 있는 상황에서 군사력으로 공산주의적 공세에 대응하는 일은 옳지 않다고 주장하고 있다. 도덕적·정치적 관점에서 정당한 방식으로 공산주의와 싸워가야 하며, 도덕적·정치적 기반이 없는 상황에서는 정치력을 사용해봤자 소용이 없다는 것이다. 또한 인도에 대한 미국의 정책도 비판한다. 인도의 비동맹주의가 공산주의적 동기를 가진 것이 아닌데 미국이 이를 잘 이해하지 못한다는 것이다. 아시아 지역정치의 미묘한 상황을 이해하지 못하고 군사력을 사용하면 결국 실패한 냉전정책이 되리라고 본다.

———

52) Richard Wightman Fox, *Reinhold Niebuhr*(New York: Pantheon Book, 1985), 241쪽. 이러한 니버의 반공산주의 시각은 미국 행정부에도 많은 영향을 미쳤고, 1950년 11월 니버를 국무부 공식 자문위원으로 초빙하는 계기가 되었다. 그러나 FBI가 1930년대 니버의 좌파 경력을 들어 조사를 계속하고, 그 가운데 니버는 다음 해 자문위원직을 떠난다.

미국이 군사력을 사용하려는 유혹을 느끼는 데는 상황의 어려움 탓도 있지만, 그보다 현재까지 미국의 리더십이 주로 경제력과 군사력에 의존해왔기 때문이다. 그러나 권력의 자원으로서 위신(prestige)이 얼마나 중요한지를 배워야 하며, 이를 위한 참을성이 필요하다는 사실을 인식해야 한다. 영국의 경우 이러한 사실을 식민통치를 통해 이미 깨달아 상대적으로 제국주의를 원활히 이루어온 데 반해, 미국은 반제국주의를 기치로 내걸었으나 사실상 제국주의로 비판받고 있었다. 그렇기에 니버는 프랑스가 바오다이(Bao Dai)를 지원하는 상황에서 미국이 프랑스를 군사적으로 지원하는 정책을 추구해서는 안 된다고 주장한다. 정치권력의 진정한 자원은 권위와 정당성이며, 필요한 것은 현명한 통치술(wise statecraft)이다. 영국은 이를 아일랜드와 인도에서 배웠지만 미국은 여전히 더 많은 학습이 필요하다는 것이다.[53]

니버는 1960년대 중반 건강이 악화된 와중에서도 존슨 행정부가 베트남전쟁을 격화하자 이를 더욱 거세게 비판한다. 애초 존슨이 동남아시아에서 확전불가 방침을 내놓았을 때는 민주당을 지지했으나 1950년대에 이어 1960년대 초에도 디엠 정권이 국민들로부터 지지를 확보하지 못하자 취약한 정권을 지지하여 도덕적 위신을 상실하는 것은 옳지 않은 정책이라고 본다. 남베트남 상실이 동남아에서 미국의 전략적 지위를 약화시키는 것은 사실

53) Niebuhr, "The Limits of Military Power", *The New Leader*, May 30, 1955.

이나 디엠 정권이 민주주의를 공고히 하여 나라를 지켜내리라고
예상하지 않는다.

1965년 존슨이 북폭을 격화하면서 니버는 정부 비판을 가속화
한다. 영국조차 찬성하지 않는 미국의 베트남전이 승리할 리 만
무하고 아시아의 공산주의 확장을 무력에 의존해서만 봉쇄하는
것도 옳은 길이 아니라고 주장한다. 니버는 남베트남의 상실이
불가피하다면 받아들여야 하며, 대신 남베트남의 민주주의 인사
들을 태국 등에 수용하여 전열을 정비하는 것이 차선책이라고 본
다. 더불어 도미노가 나타날 수 있는 말레이시아 · 필리핀 등의
국가에 대한 현실적 지원을 강화하는 편이 낫다고 주장한다.[54]

이러한 비판은 모겐소의 베트남전 비판과 일맥상통한다. 베트
남전에 관하여 니버와 공동작업을 한 바 있는 모겐소는 1960년대
의 국제정치상황이 이전의 냉전 때와는 근본적으로 달라졌기 때
문에 베트남전의 의미를 정확히 파악해야 한다고 말한다. 1950년
대를 거치면서 이미 공산권 내부의 갈등이 심화되고 공산주의 전
체의 이익보다는 국가 이익이 중요해진 상황에서, 북베트남의 정
책은 공산주의 확산이라기보다는 제3세계 민족해방전쟁의 일환
으로 보아야 한다는 것이다. 베트남의 공산화가 동남아시아는 물
론 다른 지역까지 도미노식으로 확산되리라는 예상은 그릇된 인
식이라는 게 모겐소의 견해였다. 그는 미디어 활동을 자제했음에

---

54) Richard Wightman Fox, 앞의 책, 284쪽; 베트남전 관련 *The New
Republic*과 니버의 인터뷰, 1966년 1월 29일.

도 베트남전 반대에 관해서는 목소리를 높였는데,[55] 베트남전이 첫째, 미국의 사활적 이익과 관련된 것이 아니며, 둘째, 승전의 가능성이 없고, 셋째, 승전하더라도 도덕적으로 정당화되기 어렵다는 확신을 가지고 있었다.[56]

마지막 사례는 중국과 아시아에 대한 전략이다. 니버는 아시아에 대한 정확한 이해를 바탕으로 정치적 노력을 통해 냉전을 수행해가야 한다는 전반적인 견해를 피력하고 있다. 1949년 중반, 니버는 중국의 공산화를 앞두고 장제스 정부에 대한 지원을 늘리려는 공화당의 의견에 반대를 표명한다. 그는 중국의 공산화가 불가피한 일이 되어가고 있다고 보았다. 장제스 정부가 중국민의 마음을 장악할 힘이 없고, 공산주의 세력이 민족주의와 결합하여 승리하고 있다는 판단 때문이었다. "아시아의 공산주의는 무엇보다 종속되고 약탈되었던 민족들의 민족주의의 표현"이라는 것이다.[57] 중국에 대한 평가를 보면 다음과 같다.

중국에서(…) 사회개혁의 희망뿐 아니라 민족주의의 정신은 공산주의를 독려하는 효과가 있다. 이 운동의 지도자는 공산주의자들임에 틀림없다. 결국 이상주의적이고 민족주의적인 경

---

55) Christoph Frei, *Hans J. Morgenthau: An Intellectual Biography* (Baton Rouge: Louisiana State University Press, 2001), 78쪽 참조.

56) Hans J. Morgenthau, 앞의 책, 129~139쪽 참조.

57) Niebuhr, "Communism and Christianity in Asia", *Christianity and Society* 14:4, Summer 1949, 7~8쪽.

향들은 모두 말살되고 공산주의가 최후의 승리를 거두게 될 것이다(…) 물론 중국 공산주의는 다른 공산주의와 다를 것이고 전체주의적이 아니라고 확신하는 중국의 자유주의자들 · 이상주의자들이 있을 수 있다. 그러나 공산주의 비동조자들을 공산주의 지도자들이 포괄하는 방법은 미국에 대한 공산주의 선전을 가속화하는 일이 될 것이다. 우리는 중국 민족의 독립이라는 정당한 열망에 반하기 어려울 것이다.[58]

니버는 중국 포기가 불가피하다면 아시아에 대한 도덕적 위신을 지키는 편이 옳다고 보았다. 정치적 · 도덕적 정당성 위에서 냉전전략을 장기적으로 시행해가야 한다고 본 것이다. 이러한 고민은 한국전쟁을 둘러싼 고민과 일맥상통한다. 그는 한국전쟁 수행전략에 대한 논평과 더불어 전체적인 아시아전략에 관해서도 고민하는데, 미국의 우월한 군사력을 중심으로 아시아에서 미국의 위상을 강화해야 한다는 공화당의 전략을 신랄히 비판한다. 미국이 아시아 전쟁에서 항상 승리할 수 있는 군사력이 부족한 것은 물론, 정치적 · 도덕적 힘이 부족하다는 점을 아울러 강조한다.

아시아 전체가 도서방어선을 제외하고 공산주의에 경도될 가능성도 있다(…) 우리는 우리가 전능하지 않다는 사실을 수

---

58) Niebuhr, "Editorial Notes", *Christianity and Crisis* 10-1, February 1950, 2쪽.

용해야 한다. 고난 속에서 아시아를 구해낼 도덕적·전략적 자원이 부족하다는 사실도 받아들여야 한다. 우리가 힘과 책임이 있는 곳에서 지켜내려면 힘이 부족한 부분에서는 스스로를 제한하는 것이 나은 선택이다(…) 미국의 문제는 궁극적으로 종교적인 문제이다. 강대국은 때로 자신의 영광과 역사의 신의 영광을 구별하지 못하기 때문이다.[59)]

1950년대를 겪으면서 니버는 적극적으로 자유 진영의 힘을 넓혀나가고 미국이 이를 주도해야 할 필요성에 대해 더욱 강하게 주장한다. 이 10년 사이에 스탈린이 사망하고 동구국가들에서 반소운동이 일어났으며, 중소분쟁이 표면화되었다. 반면 아시아와 아프리카의 많은 나라들은 스스로 경제발전을 하는 과정에서 미국의 경제적·정치적 지원에 많은 기대를 걸게 된다. 니버는 냉전을 수행하는 데 제3세계 국가들에 대한 정확한 지원이 필요하다고 주장한다. 특히 원조정책이 중요하며, 미국과 같은 민주주의 국가에서 국내정치에 얽매여 원조정책을 등한시해서는 안 된다고 경고하고 있다.

그러나 〔미국의 반패권주의 성향이〕 (…)우리가 가진 제국적 힘의 책임을 행사하는 데 주저하게 하는 것이 사실이다. 왜냐하면 우리는 "민족자결주의"라는 기본원칙을 스스로가 위반할

---

59) Niebuhr, "Hybris", *Christianity and Society* 16-2, Spring 1951.

까봐 두려워하기 때문이다. 그러나 반제국주의 슬로건을 중시하는 약소국들이 있는 상황에서도 주저할 여유가 없다. 만약 우리가 후원하는 국가들, 즉 남베트남, 한국, 그리고 사우디아라비아의 사회적 조건들이 공산주의 침투에 취약한 상황이라면 우리는 이를 바로잡을 책임이 있으며, 이들 주권국가들의 존엄에 최소한의 침해를 가해야 한다. 이러한 정책이 효과적일 수 있다면 이러한 상황을 감내해야 한다.[60]

니버는 공산주의 세력의 제3세계 침투를 막기 위해서는 반드시 적극적인 원조정책을 계속해야 한다고 주장한다. 이 과정에서 대상에 대한 정확한 이해에 기반한 원조정책을 주문하는데, 미국이 민주주의를 받아들일 가능성이 있는 비민주정권과 공산주의를 맹목적으로 추종하여 민주화될 수 없는 체제를 명확히 구별하여 지원정책을 사용해야 한다고 말한다. 니버는 이러한 지원이 제3세계 국가들의 주권에 대한 간섭으로 비칠 수도 있다는 점을 인식하고 있다. 특히 미국은 다른 국가들과는 달리 스스로 식민지를 경험하여 반제국주의적 전통을 중시하여왔기 때문에 제3세계 국가들에 대한 지원이 주권간섭으로 비추어질까봐 매우 주저하는 경향을 보인다.

---

60) Reinhold Niebuhr, "American Hegemony and the Prospects for Peace", *Annals of the American Academy of Political and Social Science*, Vol. 342, 1962, 158쪽 참조.

그러나 니버는 제3세계 국가들의 주권이 다소 침해되는 일도 무릅써야 한다고까지 주장한다. 물론 주권개입을 독려하는 것이 아니라 패권의 책임을 강조하는 맥락에서이며, 미국의 반제국주의 결벽증이 가져올 수 있는 위험성을 경고하기 위해서이다.

　결국 미국이 제3세계 국가들의 민족주의를 정확히 이해하는 것이 필수적인데, 니버는 미국이 아직 그럴 능력을 충분히 갖추지 못하고 있다고 본다. 이들 제3세계 국가들은 서구 제국주의 아래서 오랜 시간 고통받아왔기 때문에 미국의 영향력에 대해 의구심을 가지는 것은 이해할 만한 일이었다. 서구 민주주의를 받아들일 수 있는 사회적·경제적 기반이 다져지지 않은 상황에서, 소련이 주도하는 공산주의는 민족자결주의와 결합하여 제3세계인, 특히 아시아인들에게 매력적인 대안이 될 수 있었다. 아시아·아프리카·중동지역에서 상대적으로 성공을 거두고 있는 공산주의 세력에 대해 민주주의 진영이 좌절감을 느끼고 있는 현실에서, 선제 공격의 유혹에 저항하는 것이 중요했다. 현재 상황에 대해 더 유연하고 덜 자기중심적인 자세로 접근할 때 미국이 제3세계 발전과 민주주의 정착에 공헌할 수 있다고 본 것이다.

제7장 근대성의 완성과 극복
니버와 동아시아, 그리고 한국

"동아시아는 과거의 문제가 중층적으로 내재되어 있는
만큼 지구적 변화에 민감하다. 니버는 인간의 본성과
세속의 정치가 근본적으로 죄성을 가지고 있다는 종교적
또는 초월적 성찰이 문화적으로 활성화되고, 이를 담지하는
핵심 집단이 존재해야만 흐름을 바꾸는 움직임이
생겨날 수 있음을 강조한다. 한국은 동아시아에서
철저한 현실주의 관점을 가지고 세력균형에 의한 안정을
도모하면서도, 강대국들의 이기주의와 충돌이 지역 전체의
불안정을 가져올 수 있다는 점을 인식시키는
계시적 역할을 해나가야 할 것이다."

21세기 초 한국 국제정치학의 과제

니버의 기독교 현실주의 국제정치사상은 신학에 뿌리를 두고 있는 만큼 인간의 삶에서부터 복잡한 국제정치 사안에 이르기까지 다루는 폭이 매우 넓다. 개인의 구원이라는 주제에서 출발했지만 개인은 사회 속에서 살아가고 그 사회의 차원은 지역사회를 넘어 국가·국제정치로 확장되는 만큼, 신학의 문제는 곧 국제정치의 문제였다. 개인의 초월과 구원의 문제는 곧 국제정치에서 평화와 정의의 문제로 확장되었으며, 니버는 가능한 한 일관된 사상으로 개인에서 국제정치까지의 논리를 구성하려 했다.

국제정치학이 학문분과로 자리 잡기 이전 대부분의 고전이론가들이 철학·역사학·법학·윤리학 등 다양한 분야를 연구하면서 국제정치학의 발전을 도모했다. 니버는 종교의 영역에서 인간의 가장 근본적인 삶의 의미를 국제정치분석이 항상 되돌아가야 하는 초석으로 삼았다는 점에서 여타 고전이론가들과 다른 통찰력을 보여준다.

니버에게 국제정치연구의 목적은 평화·안정·정의·평등 등 다양한 용어로 표현될 수 있지만, 중심 목표는 그러한 목적들이 개인의 삶에 어떻게 연결되는지를 탐구하는 것이었다. 인간의 삶은 반드시 일관된 의미체계로 연결되어야 허무를 벗어날 수 있기 때문에, 어떠한 인간도 반드시 나름대로의 의미체계를 찾게 마련이라고 보았다. 인간은 스스로의 삶을 객관화하고 유한성을 초월하려는 노력을 기울이게 된다. 기독교가 제시하는 바와 같이 주체를 버리고 신에 대한 사랑으로 자신을 채움으로써 초월의 길로 나아갈 수도 있고, 주체를 무제한 확장함으로써 제국주의적 권력의 길로 나아갈 수도 있다. 전자의 핵심을 가장 명확하게 보여주는 것이 예수의 절대적 사랑윤리이며, 후자의 핵심을 보여주는 것이 권력정치이다. 니버는 모든 인간이 예외 없이 정치의 길로 갈 수밖에 없으며, 인간의 가장 선한 행동도 반드시 악의 요소를 포함한다고 본다. 역사 속에서 원죄를 극복하려는 불가능한 노력을 기울이며 신의 구원을 추구하는 역설이 인간이 도달할 수 있는 삶의 의미이며, 국제정치는 그 역설이 추구되는 장이다.

니버의 기독교 현실주의의 포괄성에서 파생되는 특징은 여러 가지로 나타난다. 첫째, 인간 이성의 한계 인식이다. 인간은 존재론의 측면에서 이성을 가지고 있는 특수한 존재이지만, 초월 욕망에서 비롯된 정치적 욕구는 이성으로 온전히 다스려질 수 없는 근본적인 것이다. 근대 합리주의 정치사상이 논하는 바와 달리 자유주의 또는 마르크스주의 정치적 기제로 인간의 정치적 본성을 길들이는 일은 불가능하다고 보았다. 결국 권력정치는 균형에 의해 안정될 수밖에 없으며, 국내정치나 국제정치에서 "관리된 무정부상태"를 유지하며 가능한 범위 내에서 도덕을 추구하는 일이 중요하다고 강조하고 있다. 이성의 역할에 대한 존재론적 회의주의는 인식론적 회의주의와도 연결된다. 니버는 인간의 정치적 본성이 근대 사회과학의 인과론적 방법으로 온전히 분석될 수 없기 때문에 이에 대한 이해의 방법이 필요하며, 온전히 알려지지 않는 현실을 실천에 의해 극복해나가야 한다고 보았다.

둘째, 분석과 규범 양자를 분리하는 일이 사실상 불가능하다는 인식이다. 분석자는 자신의 가치체계나 관심사에 따라 분석의 주제를 정하고, 결과에 따라 정책에 대한 제언을 하게 된다. 분석과 정 자체가 가치중립적으로 이루어져야 하는 것은 물론 사실이지만, 넓은 의미에서 분석과 규범은 양분될 수 없다는 것이 니버의 생각과 연결될 수 있다. 분석이 규범으로부터 완전히 자유로울 수 있다는 생각이 하나의 규범을 담고 있기 때문에, 분석자의 규범까지도 분석하고 담론의 대상으로 삼아야 할 것이다. 니버는 분석은 물론 실천을 뒷받침하는 규범으로서 자신의 절대적 옳음 또는 독선에 대한 경계를 가장 중요한 덕목으로 삼았다. 인간이 자신의 이성에 근거하여 분석적·규범적으로 완전할 수 있다고 확신하는 것이 결국 자신은 물론 타인에게도 문제를 불러오기 때문이다.

셋째, 20세기 전반을 주된 분석대상으로 삼았지만, 연구의 시대적 배경을 가능한 넓히고자 했다. 따라서 역사적으로나 미래를 예측하는 측면에서 더 장기적인 관점을 가능하게 한다. 경제대공황을 전후로 자유주의 정치경제 모델에 대한 비판이 거세지면서, 19세기 이전의 자유주의와 부르주아 정치사상에 대한 고찰을 강화했다. 국제정치규범에 대한 연구에서도 중세로부터 이어져온 신학적 배경을 연구하면서 중세의 정치질서와 근대의 주권국가 모델을 비교했기 때문에 중세에서 근대로의 거시이행에 대한 연구가 가능했다. 21세기 현재 근대로부터 탈근대 이행이 논의되는 과정에서 니버의 시각은 시사하는 바가 많다.

거듭 강조하듯 니버의 국제정치학은 이후의 신현실주의나 실증주의이론 일반처럼 정교한 분석틀이 갖추어지기 이전의 학문이다. 권력정치의 본질에 기반하여 분석능력을 발전시킨 것은 신현실주의의 공헌이다. 니버는 좁게는 미국, 넓게는 유럽의 입장에서 국제정치를 보았기 때문에 제3세계 국가들에 대한 이해가 상대적으로 부족했다. 제3세계의 민족자결주의 · 탈식민주의에 공감을 표했지만, 연구의 초점은 미국 외교정책이었다. 니버가 미국의 주류 사상을 대표하고 있기 때문에 비서구지역, 백인이 아닌 미국 국민 · 여성 · 비기독교 종교 · 하위계층에 대한 관심이 주변화되어 있다는 비판은 일리가 있다.[1] 신학적으로는 기독교의 입장에 서 있었음에도 불구하고 종교 일반의 관점에서 초월을 서술하고 신화적 이해의 중요성을 강조하는 개방성을 보였으나 불교의 경우에서 볼 수 있듯 타종교의 교리를 이해하는 데 한계를 보였다.

니버가 현대의 국제정치학 연구자들에게 주는 교훈은 무엇인가? 국제정치를 삶의 문제, 개인 실존의 문제와 별개로 보는 기술적 연구는 인간의 본성과 정치의 본질에 대한 사상적 고찰이 부

---

1) 니버에 대한 비판이 시대적으로 어떻게 변화해왔는가에 대해서는 Richard Harries and Stephen Platten 엮음, *Reinhold Niebuhr and Contemporary Politics*(Oxford: Oxford University Press, 2010)에 수록된 Robin W. Lovin, "Reinhold Niebuhr in Historical Perspective"와 Mac McCorkle, "On Recent Political Uses of Reinhold Niebuhr: Toward a New Appreciation of his Legacy" 두 논문을 참조.

족하다. 국제정치가 결국 지구 위 70억이 넘는 인간들 간 정치관계의 네트워크라고 볼 때, 그것이 어떠한 단위와 조직원리로 이루어지는지, 그 변화가 어떻게 일어나는지를 연구해야 한다. 이를 위해서는 국제정치현상을 인과적으로 분석하려는 시각도 필요하지만, 인간에 대한 사상적 고찰과 긴 역사적 안목을 가진 역사사회학적 고찰을 병행해야 할 것이다. 인식론적으로도 실증주의를 넘어서는 이해와 해석의 통찰력이 필요할 것이다.

니버뿐 아니라 다른 고전현실주의자들도 분석이 연구자의 가치나 규범으로부터 자유로울 수 없다는 점을 인정했다. 그들은 오히려 연구자가 주제 선택이나 향후의 비전에 대해 가치중립성을 주장하는 것이 또 다른 가치 주장일 수 있다는 데 주목했다. 따라서 국제정치이론의 패러다임 또는 연구자의 가치까지도 메타이론적으로 분석할 수 있는 넓은 의미의 이론관을 수립할 필요가 있다. 서구 국제정치이론이 광범위한 영향력을 발휘한 20세기의 상황을 생각해볼 때 더욱 그러하다. 니버는 나아가 초월에 기반한 종교적 가치의 중요성을 논했다. 향후 여러 종교들 간의 갈등, 종교와 과학 간의 갈등이 중요한 학문적·실천적 주제로 등장할 것인 만큼, 종교적 가치에 대한 고찰과 국제정치학과의 연계성을 좀더 심도 있게 분석할 필요가 있다.

21세기 초 한국의 국제정치학은 많은 새로운 과제를 안고 있다. 냉전이 종식되고 탈냉전기에 접어든 뒤 세계적으로 새로운 문제들이 우후죽순처럼 나타나고 있으며, 거버넌스나 네트워크와 같은 탈근대적 거시이행의 현상들도 나타나고 있다. 한국의 국제정치학은 국제정치학 일반이 가지고 있는 문제와 더불어 이와 구별되는 독특한 문제들도 가지고 있다.[2] 정책적으로는 중견국의 지위를 지향하는 국가로서 본격적인 독자외교의 과제를 안고 있다. 서구 중심의 시각에서 벗어나 동아시아를 새롭게 인식하고, 우리의 경험을 이론화해야 하는 학문적 과제도 있다.

해결책은 가장 기본적인 문제부터 새롭게 생각을 정리해나가는 것이다. 서구의 경험과 강대국의 규범을 기초로 한 이론들이 정교한 분석틀을 제공해주고 있어 이를 부분적으로 활용할 수는 있겠지만, 장기적으로는 한국 나름의 독자적 연구가 필요하다. 이러한 면에서 니버의 기독교 현실주의는 한국의 과제를 정리하고 해결해나가는 데 많은 시사점을 가지고 있다고 보인다.

한국 국제정치학의 문제는 크게 분석이론의 정립을 위한 근본적 재성찰과 규범적 입장의 정립, 그리고 급변하는 시대상황 속

---

2) 이와 관련하여 호프만은 현재 국제정치이론의 문제를 세 가지로 지적한 바 있다. 첫째, 국제정치이론과 국내정치의 괴리, 둘째, 구조에 비해 행위자들에 대한 관심과 이와 연관된 역사에 대한 관심 감소, 셋째, 분석이론과 윤리이론 간의 괴리 심화이다. 그는 이들이 지구화되는 21세기 국제정치에서 더욱 문제시된다고 본다. 국내정치의 중요성, 국가 이외 행위자의 중요성, 그리고 새로운 규범과 정의의 문제가 부각되기 때문이다. 향후 국제정치이론의 주안점으로는 평화 · 정의 · 거버넌스를 들고 있다. Stanley Hoffmann, "International Relations Theory and its Problems", *French Politics*, Vol. 7, No. 3/4, 2009, 432~436쪽 참조. 박건영 · 전재성, 「국제관계이론의 한국적 수용과 대안적 접근」, 『국제정치논총』 제42집 4호, 2002, 7~26쪽도 참조.

에서 장기적인 변화를 정확하게 파악하여 이론화하는 일 두 가지라고 할 수 있다. 이를 자세히 살펴보면 다음과 같다.

첫째, 국제정치에 대한 올바른 이론관 또는 지식관 정립의 과제이다. 한국이 당면하고 있는 국제정치현실과 이를 이론화하는 지식체계 대부분이 서구로부터 수입된 것이다. 19세기 한국과 동아시아가 편입된 근대 국제정치체제는 16세기경 유럽에서 서서히 형성된 주권국가체제에서 비롯된 것으로, 제국주의를 매개로 동아시아를 흡수했다. 국제정치학 역시 20세기 전간기에 서구에서 체계화된 학문으로 동아시아 국가들은 이를 받아들여 자신들의 현실에 적용해왔다. 20세기 서구 국제정치학이 기반하고 있는 학문관은 실증주의를 축으로 분석과 규범론을 엄격히 구분하는 것이다. 희망적 사고와 현실 분석을 혼동하는 비과학적 분석은 많은 문제를 내포하고 있지만, 거듭 강조하듯 실증주의적 지식이 가치로부터 자유롭다는 가정은 논란의 여지가 많다. 학자가 분석대상을 선택하는 과정과 이를 이론화하는 과정에서 설정하는 가정들은 가치로부터 완전히 자유로울 수 없다.

서구의 국제정치학은 서구국가들이 당면하고 있는 문제의식을 체계화하는 과정에서 발전해왔다. 두 차례의 세계대전을 겪고 난 뒤 평화를 유지해야 할 필요성, 제국주의 체제 이후 비서구국가들을 관리해야 할 필요성, 미국과 같이 세계의 지도국으로서 질서유지를 위한 문제해결이론의 필요성 등 서구국가들에 한정된 독특한 문제의식과 가치관이다. 한국이 서구 국제정치학을 받아들이면서 그에 담긴 가치에 대한 비판적 인식 없이 분석이론을 가치중립적이라고 가정하는 것은 실증주의적 이론관에 내재된 문제이다. 한국이 당면한 국제정치현실을 이론화하기 위해서는 나름의 가치관을 내재한 분석틀을 발전시켜야 한다.

비서구국가들의 국제정치학자들은 자국 또는 자국이 속해 있는 지역의 역사를 이론화하기보다 서구국가들의 이론들, 흔히 주요 패러다임이라고 여겨지는 현실주의·자유주의·구성주의·마르크스주의·비판이론 등 거대이론들을 배워 이를 자국의 현실에 적용하는 것이 상례이다. 그러나 이러한 이론들은 각각 암묵적으로 이론가들의 가치를 내포하고 있다. 분석틀을 차용하는 과정에서 원하든 원하지 않든 채택할 수밖에 없는 가치관이 있고, 동시에 주변화하거나 탈락시키는 가치관이 있다. 실증주의에 기반한 이론관과 전 지구에 걸쳐 객관적으로 적용되는 이론이 존재한다는 가정으로 인해 각각의 현실을 이론화하는 기초적인 작업이 외면되고 있는 것이 한국의 국제정치학이 당면한 문제의 하나이다.

흔히 현실주의는 실증과학적 이론이라고 오해받는다. 특히 모겐소가 현실주의의 여섯 가지 원칙을 논하면서 현실주의를 과학이라고 명명한 이래 현실주의 패러다임에 대한 오해가 있어왔다. 그러나 모겐소뿐 아니라 니버 역시 현실주의 패러다임은 분석과 규범이 분리불가능한 이론체계로서 설명과 규범을 병행해야 한다고 보았다. 모겐소의 경우 국제정치현상을 이해하는 데 문제가 되는 것은 이론의 과잉이라고 생각했고, 니버는 20세기 전반 사회과학이라는 명목 아래 국제정치를 과학화하여 이론적 간결성을 추구하는 흐름을 비판했으며, 이론적 분석이 처방으로 이어진다는 가정이 반드시 옳지는 않다고 보았다. 이러한 점에서 분석과 규범적 처방을 연결하는 방식을 재고해볼 필요가 있다.

국제정치학 지식이 암묵적이든 명시적이든 기저에 놓인 가치와 규범에 영향을 받는다고 할 때, 각 이론들이 딛고 있는 가치들 간의 갈등을 어떻게 해결할 것인가 하는 문제가 있다. 같은 현실을 보더라도 학자들이 깔고 있는 가치관으로 인해 분석대상 설정과 분석방향이 결정된다면, 가치관들 간의 관계를 정립할 수 있는 메타가치론이 설정되지 않는 한 분석의 합의를 이루기가 어렵기 때문이다. 이는 비단 국제정치학뿐 아니라 역사학에서도 논쟁의 대상이 되는 문제이다. 객관적 자료를 통해 합의된 역사적 사실이 있다고 주장하는 객관주의적·실증주의적 역사관도 존재하지만, 역사가의 관심과 가치에 따라 역사적 사실이 다르게 구성된다는 상대주의적 역사관도 무시할 수 없다. 카는 역사적 사실은 역사가가 불러낼 때 사실로 구성된다고 보고, 역사가의 수만큼 많은 수의 역사가 존재할 수밖에 없다고 한다. 카가 제시한 해결책은 역사가들이 가지고 있는 가치들을 솔직히 인정하고 이들 간의 관계를 살펴보는 메타가치관 또는 메타윤리학을 수립해나가는 것이다.

21세기 동아시아 국가들은 제국주의 시기를 거치면서 전통지역질서와 유리되었고, 세력균형체제 속에서 경쟁과 갈등을 겪고 있다. 지역통합과 지구적 거버넌스가 영향을 미치기도 하지만 가장 중요한 가치관은 민족주의이다. 정책결정자나 이론가, 국민들 모두가 국익과 국력의 중요성에 가장 큰 가치를 두는 것이 상례이다. 이러한 상황 속에서 국제정치학 역시 민족주의를 반영할 수밖에 없다. 일례로 중국의 부상으로 인한 동아시아 세력전이 현상을 이론화할 때도 자국의 국가전략에 일치하는 이론적 분석틀을 채택하고 이를 뒷받침하기 위한 경험적 자료들을 축적하는 데 힘을 쏟는다. 중국의 전략을 고려하는 학자들은 중국의 부상이 평화롭게 이루어질 것이고 지역평화와 순조로운 지역질서 관리를 위해 효과적이라는 점을 강조한다. 제1차 세계대전 이전 영국에 도전한 독일과 같은 결과가 재발되지 않을 것이며 이를 뒷받침하는 많은 경험적 조건들이 존재한다는 것을 논증하고자 한다.[3] 미국의 시각에서는 중국의 부상이 세력균형의 변화를 가져오고 부상 국가는 국력성장에 따라 기존 지도국에 도전하며 지역질서를 혼란스럽게 할 가능성이 크다는 사실을 강조한다.[4]

이러한 이론적 대립은 현실을 분석하는 개념과 가정, 분석틀의 차이이기도 하지만, 사실 현실을 보는 가치관을 담고 있다. 자국

---

3) Steve Chan, *China, the US and the Power-Transition Theory: A Critique*(New York: Routledge, 2007) 참조.

4) John Mearsheimer, *The Tragedy of Great Power Politics*(New York: W.W. Norton & Company, 2001) 참조. A.F.K. Organski and Jacek Kugler, *The War Ledger*(Chicago: University of Chicago Press, 1980); Jacek Kugler and Douglas Lemke 엮음, *Parity and War*(Ann Arbor: University of Michigan Press, 1996); Douglas Lemke, *Regions of War and Peace*(Ann Arbor: University of Michigan Press, 2001)도 참조.

의 이익을 강조하는 민족주의뿐 아니라 보편적인 가치들 간의 우선성도 문제이다. 어떤 이론가들은 질서와 평화를 강조하는 반면, 다른 이론가들은 평등과 자율을 강조할 수 있다. 한국 국제정치학의 규범적 가정 역시 국가 이익을 중시하는 민족주의 또는 국익 우선의 가치관이다. 한국이 겪어온 현실을 돌이켜보면 대부분의 이론가들이 현실주의자가 될 수밖에 없는 것은 불가피할 수 있다. 그러나 한국의 국력이 중견국 수준으로 발전하고 있고, 동아시아 민족주의 대립이 아닌 새로운 지역적 가치의 창출이 한국과 같은 상대적 약소국에게 긴요하다는 사실을 인식하여 민족주의를 초월하는 어떠한 가치를 설정할 수 있는가를 고민해야 할 것이다.

현실주의는 이상향주의와 냉소주의 비판이라는 양면성을 가지고 있으므로 도덕과 무관한 이론이라는 오해를 받아온 것이 사실이다. 그러나 니버의 경우에서 보았듯 현실주의 사상가들은 각 이론가들의 규범적 견해를 넘어서는 초월적 가치를 찾고자 많은 사상적 노력을 기울였다. 기존의 이해와는 달리 현실주의에는 권력정치에 대한 분석적 성찰과 이를 극복하려는 도덕적 관심이 종합되어 있다. 한국의 시각에서는 현실주의가 현상유지적 문제해결이론으로 비추어질 경우 실천적 호소력이 떨어질 것이다. 고전현실주의가 가지고 있는 변화에 대한 강한 규범적 관심은 이러한 점에서 함의가 있다.[5] 니버를 비롯한 고전현실주의자들은 오히려 이상주의 패러다임이 기존 강대국의 이익을 정당화하는 이념체계라 보고 현실주의의 핵심을 비판이론적 관점에서 정의하고

자 했다.

둘째, 21세기 변화하는 국제정치현실을 앞서 이론화해야 할 필요성이다. 동아시아는 여전히 국제정치적 근대를 완성해야 하는 문제를 안고 있다. 특히 한국과 중국은 하나의 근대 주권국가를 이룩하지 못한 채 분단 속에서 복잡한 국제정치현실을 맞이하고 있다. 일본은 태평양전쟁 이후 보통국가화 전환이라는 과제를 갖고 있지만, 보통국가화가 다른 국가들의 근대적 주권을 침해할지도 모른다는 과거 제국주의 기억의 정치에 속박되어 있다. 지역의 근대 완성과 유리된 개별적 보통국가화는 어려운 것이 사실이다.

과거의 문제가 중층적으로 내재되어 있는 만큼 지구적 변화에 민감한 지역도 동아시아이다. 중국은 물론 아시아의 국제정치적·경제적 위상이 높아지면서 아시아가 부상하고 있다. 지역에 한정될 수 없는 많은 의제들, 예를 들어 환경·테러·인권·재난 등 인간 안보의 많은 의제들이 지구적 거시변화에 영향을 받고 있다. 국민국가의 권위에 도전하는 시민사회와 개인, 초국가기구들이 왕성하게 활동하는 가운데 지구적 차원의 거버넌스 또는 네트워크 현상이 펼쳐지고 있다.

한국의 국제정치이론은 동아시아 내 한국의 생존과 발전이라

---

5) Robert W. Cox, "Social Forces, States and World Orders: Beyond International Relations Theory", Robert O. Keohane 엮음, *Neorealism and Its Critics*(New York: Columbia University Press, 1986).

는 목적에 집중하여 향후 펼쳐질 국제정치 또는 지구정치의 향방에 상대적으로 관심이 소홀했던 것이 사실이다. 반면 베스트팔렌 체제의 시한을 인식하고 새로운 복합지구정치 속에서 생존전략과 발전전략을 추구하는 국가들은 새로운 이론틀을 제시하고자 노력하고 있다.[6] 한국이 변화되는 국제정치현실에서 새로운 이론틀을 마련하려면 근대 국제정치를 거시적으로 되돌아보고 이론화하는 노력을 기울여야 한다. 서구의 경우 역사사회학·국제 사회론 등의 연구에 힘입어 근대 이행의 국제정치학과 탈근대 이행의 지구정치학을 연구하고 있다. 한국 역시 독특한 상황에 기초한 장기적 이론화 작업을 추구할 필요가 있다.

고전현실주의자들이 이론화 작업을 했던 경험적 배경은 20세기 전반이기 때문에 이를 직접적으로 21세기에 적용하는 것은 불가능하다. 그러나 고전현실주의는 근대 발생에 대해 역사사회학적 관심을 가지고 있었기 때문에 근대 이행과 탈근대 이행이라는 거시적 현상을 분석하는 데 도움을 줄 수 있다. 니버의 경우 중세 유럽질서가 근대 주권국가체제로 변화하는 과정에서 발생한 정

---

6) 전재성, 『동아시아 국제정치: 역사에서 이론으로』(동아시아연구원, 2011); 하영선·김상배 엮음, 『네트워크 지식국가』(을유문화사, 2006); 하영선 외, 『네트워크 세계정치: 은유에서 분석으로』(서울대학교 출판문화원, 2010); 하영선 엮음, 『21세기 신동맹: 냉전에서 복합으로』(동아시아연구원, 2010); 『동아시아 공동체: 신화와 현실』(동아시아연구원, 2008); 김상배 외, 『지식질서와 동아시아』(한울, 2008); 김상배, 『정보혁명과 권력변환: 네트워크 정치학의 시각』(한울, 2010) 등 참조.

치적 · 사회경제적 · 이념적 변화를 추적하는 과정에서 많은 함의를 준다.

이러한 논의는 현대 역사사회학에서 근대 이행을 이론화하는 과정과도 연결되어 있다. 한국의 경우 탈근대 이행기의 다양한 현상을 단순히 현대 국제정치학의 실증이론을 적용하여 설명하는 데 한계를 가질 수 있다. 보다 장기적 관점으로 거시이행을 함께 고려해야 하며, 이러한 경우 고전현실주의의 방법론이 도움이 된다. 21세기의 관점에서 보자면 거버넌스와 네트워크로의 변화 속에서 권력정치현상이 어떻게 실현되는가가 중요한 연구주제일 것이다.

이와 관련하여 탈근대성이 동아시아에 침투하는 경로를 살펴볼 필요가 있다. 근대적 세계에서 인간은 이성에 기반한 과학적 세계관을 가지고 삶의 의미를 찾아왔다. 그러나 합리적 세계관이 삶의 의미나 죽음의 문제를 해결해주지 못하면서, 인간은 근대적 기획을 기초부터 해체하는 한편 새로운 세계관을 찾고자 노력하고 있다. 탈물질주의의 맥락에서 새로운 문화적 가치를 추구하거나, 탈세속화의 측면에서 과거 종교로 회귀하거나, 비서구의 경우 서구의 근대화이론을 부정하고 과거 전근대지역의 독특한 세계관을 부활시키고 있다.[7] 21세기의 테러 역시 국제정치현상으로 볼 수도 있지만, 서구가 주도한 근대적 세계관에 대한 전반적

7) 피터 L. 버거 엮음, 김덕영 · 송재룡 옮김, 『세속화냐 탈세속화냐』(대한기독교서회, 2002) 참조.

인 대항으로 볼 수도 있다.

근대의 세속화현상은 비단 정신사에 한정되었던 것이 아니라 국제정치현실에도 영향을 미쳤다. 1618~48년의 30년 전쟁은 국제정치현실에서 기독교의 영향을 극단적으로 축소하고 세속의 영토군주에게 주권을 부여한 역사적 사건이었다. 과거 주권은 하늘의 권위에 기초한 교회만이 소유할 수 있었던 바, 30년 전쟁과 베스트팔렌조약은 서구 정치질서의 세속화를 의미하는 것이었다. 이후 삶의 의미에 대한 종교적 탐구는 공적 영역에서 추방되어 사적 영역으로 퇴조하게 되었다.[8] 21세기 국제정치의 변화는 서구의 근대 세속화가 서서히 변화되고 있다는 사실을 보여준다.

한국의 국제정치현실은 폭력과 경제력이 막강한 근대 국제정치에 규정되고 있으나, 민주주의 발전과 정보화의 가속화로 시민사회의 영향력이 증대되는 가운데 이념과 문화의 힘이 증가하고 있다. 이른바 소프트 파워라고 불리는 비전통 권력요소들은 문화와 문명 등 다양한 틀 속에서 분석되고 있다. 문명 간 충돌로 새로운 국제정치를 보는 헌팅턴의 사례 역시 이와 관련된다고 볼 수 있다. 앞에서 언급했듯 문명이 반드시 충돌할 것이라는 이론적 명제는 분명 논란의 여지가 있으나 문명의 요소, 특히 문명의 핵심을 규정하는 종교적 요소가 국제정치 영역에 부활하여 힘을

---

8) Daniel Philpott, *Revolutions in Sovereignty*: *How Ideas Shaped Modern International Relations*(Princeton: Princeton University Press, 2001) 참조.

발휘한다는 관측은 옳다고 볼 수 있다.[9]

한국은 향후 동아시아와 지구 전체에서 중요한 추세로 자리 잡
게 될 지구화 속 가치들의 충돌, 근대성의 한계를 의식한 근본적
인 탈근대적 가치체계의 출현, 종교 간 갈등, 종교와 과학 간의 갈
등 또는 융합 등에 준비가 되어 있는가를 스스로 질문해볼 필요
가 있다. 동아시아 국제정치에서 민주화 요소가 힘을 발휘하여
초국가적 시민사회가 형성되어가고 그 와중에 민족주의를 넘어
서는 가치의 발견이 중요해질 경우, 한국이 제시할 수 있는 사상
적 기반이 필요하게 될 것이다. 현재 중국은 공산주의 이념을 넘
어서는 새로운 지도이념이 필요함을 절실히 느끼고 과거 중국이
기반한 종교 가운데 하나로 유교를 부활시키려는 움직임을 보이
고 있다. 일본은 동아시아 공동체 구상을 제시했으나 현실적 지
도력의 문제와 더불어 사상적 기반이 모호한 경향을 보이며 큰
효과를 발휘하지 못하고 있다. 동아시아 국가들 가운데 종교적
융합력이 가장 강하고 다양한 고등종교를 발전시켜온 한국이 탈
근대의 흐름 속에서 어떠한 이념과 사상을 제시할 수 있을지 고
민해보아야 한다.

현실주의는 분석적 유용성을 갖기 위한 노력을 기울여왔기 때
문에 변화하는 상황을 분석하는 데 국가중심주의나 국제구조 차
원에 얽매일 필요는 없다. 현실주의는 인간집단 간 정치현상에
관한 것으로 기본 단위는 국가일 수도 있고 비국가 정치집단일

---

9) 새뮤얼 헌팅턴, 이희재 옮김, 『문명의 충돌』(김영사, 1997) 참조.

수도 있다.[10] 고전현실주의가 근대 국제정치를 넘어선 역사사회학적 관심을 공유한다는 점에서 국가중심주의를 분석의 기초로 삼을 필요는 없는 것이다. 또한 구조주의적 신현실주의와 달리 하나의 차원에 설명을 고정할 필연성은 없다. 이론의 간결성을 위해 하나의 차원에 설명을 고정하는 것은 오히려 규범적 깊이를 저해하므로 설명의 간결성과 규범의 포괄성 간 균형을 추구하는 일이 더욱 중요하다.

현실주의가 물질주의라는 견해 역시 이념과 문화, 가치에 대한 현실주의의 관심에 비추어 정확하지 않은 평가이다.[11] 니버의 경우 국제정치에서 이념과 문화가 차지하는 비중에 주목했다. 냉전현상의 핵심은 미소 초강대국의 물질적 힘의 대결이라기보다 두 이념 간의 대결로서, 해결책 역시 초월적 이념 차원에서 찾아야 한다고 보았다. 이념적 요소는 과거에나 지구화 · 민주화 · 정보화되는 현재에나 그 중요성이 지속되기 때문에 이념적 변수를 어떻게 받아들일 것인가 하는 점은 계속되는 관심거리이다.

---

10) 고전현실주의를 실증주의가 아닌 회의주의 관점에서 보는 논문으로는 Michael Loriaux, "The Realists and Saint Augustine: Skepticism, Psychology and Moral Action in International Thought", *International Studies Quarterly*, Vol. 36, No. 4, 1992, 401~420쪽 참조.

11) Alexander Wendt, *Social Theory of International Politics*(Cambridge: Cambridge University Press, 1999) 참조.

동아시아 내 초월적 관점의 필요성

한 국가의 외교정책이 성공하느냐 실패하느냐는 많은 요소들에 달려 있다. 국가의 이익과 외교정책의 목표를 얼마나 명확한 비전을 가지고 설정하는가, 목표에 부합하는 정책수단을 확보하고 있는가, 실행과정에서 관련 행위자들의 체계가 잘 구성되었는가, 전술적 유연성이 잘 실행되고 있는가, 정책을 바라보는 국내외 행위자들의 지지를 확보하였는가 등 많은 부분을 고려해야 한다. 정책은 흔히 목표 설정에서 실행결과 도출, 그리고 다시 새로운 정책목표로 피드백되는 과정을 하나의 주기로 보기 때문에, 더 장기적으로 정책의 성과를 파악하기는 쉽지 않다. 더구나 하나의 정책이 그 나라의 위신과 평판에 어떠한 영향을 주었는지를 평가하기는 더욱 쉽지 않다.

니버는 미국의 외교정책에 대한 다양한 논평을 하면서 실천하는 현실주의자로 명성을 얻었다. 20대 후반부터 윌슨의 전후처리가 가진 이상주의적 성격을 비판하고, 이후 전간기 미국 외교정책은 물론 국제연맹·유럽국가들의 외교정책이 파시즘을 방어하는 데 무력함을 지적했다. 강제력 사용을 주저하고 국제기구나 국제법에 의해 국제정치를 운영해나가려는 평화주의와 자유주의, 기독교 모더니즘을 비판했다. 냉전이 시작되면서 소련의 공산주의가 가지는 문제점을 지적하고 장기적이고 효과적인 봉쇄정책을 주장했으며, 한국전쟁과 같은 열전에 대한 미국의 참가를 지지하기도 했다.

그러나 현실주의의 이면에 외교정책의 신중함과 온건성이 없다면 이는 권력정치의 산물이 되고 만다. 니버의 논평 가운데 두드러진 대목은 국가를 위협하는 존재에 철저히 맞서되 승리하였을 때의 마음가짐이 더욱 중요하다는 강조이다. 앞에서 언급했듯 니버는 제1차 세계대전에 승리한 월슨 대통령이나, 제2차 세계대전에 승리한 트루먼 대통령, 냉전을 수행한 아이젠하워 · 존슨 대통령에 대해 독선과 자만심을 버리도록 끊임없이 경계하였다. 흔히 승전국은 물론이고 패권국이 되면 자국의 힘과 도덕성에 자신감을 얻게 마련이다. 다른 국가에 비해 효율적인 정치 · 경제체제를 가지고 있음이 증명된 셈이고, 이를 가능하게 한 국가의 도덕성 · 사기 · 국민성에 대해서도 자신감을 가지게 된다. 그리고 이러한 점은 분명 사실이라고 할 수 있다. 문제는 승전국 또는 패권국이 스스로의 옳음에 대해 과신하게 되면 곧 비판의 대상이 될 수밖에 없고 평판을 잃으며, 실제 정책에서 생각지 않은 실패를 거듭하게 된다는 점이다. 니버가 비극이나 페이소스와 달리 강조하는 아이러니의 개념이다. 자신이 믿고 소중히 여겼던 덕목과 가치가 이를 과신하는 순간 스스로를 파멸시키는 독으로 변하는 쏩쓸한 현실이다.

니버는 미국이 유럽국가들과 다른 예외적 국가로 인정받고 자유주의와 부르주아 철학, 합리주의와 칼뱅주의에 근거한 문명을 건설한 점을 긍정적으로 평가했다. 경제발전에 힘입어 제1차 세계대전에 참전하고 이후 세계정치질서를 좌우하는 중요한 국가로 발돋움한 것도 인정했다. 그러나 미국이 자신의 성공담에 취해 국제정치의 논리를 외면하고 있지는 않은가, 자신의 덕목이 성공의 밑거름이라 여겨 과신하고 외교정책에서 지나치게 자신을 주장하고 있지는 않은가 하는 것이 니버의 질문이다. 니버는 미국의 과도한 자부심·자기주장·독선을 여러 곳에서 목격하고 이를 비판하는 일을 중요한 임무로 삼았다. 유럽 동맹국에 대한 정책, 소련에 대한 봉쇄, 제3세계 국가들에 대한 간섭에서 미국이 때때로 신중성과 겸손함을 잃었다고 본 것이다.

냉전 종식 이후 미국이 주도하는 자유민주주의·시장자본주의 체제가 평화로운 탈냉전 시대를 이끌 것이라고 예측하였지만, 결과는 9·11 테러와 미국 패권의 점진적 쇠퇴였다. 부시 행정부는 이른바 신보수주의 또는 네오콘 세력을 기반 삼아 일방주의적 군사주의로 21세기를 미국의 세기로 만들려고 했으나, 안보의 위기, 미국 위신의 위기, 그리고 2008년 경제위기까지 삼중의 위기를 맞이하는 결과를 초래했다. 스스로 절대적 옳음을 확신하고 자신의 덕목을 극대화시키려는 인식과 정책은 약함과 쇠퇴를 초래할 수밖에 없다는 니버의 아이러니가 21세기 초에 그대로 재현된 셈이다.

오바마 미국 대통령은 자신에 대한 니버의 영향을 공개적으로 언급하며 니버의 중요성을 보여주기도 했다. 그는 니버의 철학을 "세상에는 심각한 악과 고난, 고통이 존재하며 우리는 이를 극복할 수 있다는 믿음을 가지고 겸손하고 신중해야 한다는 설득력 있는 사상"이라고 보고, "냉소주의나 비관주의에 빠지지 말고 (…) 순진한 이상주의와 과도한 현실주의 모두를 경계"하는 것이 중요하다고 언급했다.[12] 이는 21세기 초 미국이 당면하고 있는 외교정책 문제 해결에 대한 방향 제시와 직결되어 있다.

미국의 최근 국제정치이론은 실천적 차원에서 자국의 외교정책이 빠질 수 있는 함정을 경고하는 데 한계를 보였다. 고전현실주의가 쇠퇴한 이후 미국의 국제정치이론은 한편으로는 실증주의적 이론관을 갖게 되어 분석과 가치를 구별하는 경향을 띠게 된다. 미국의 전략적 관심을 강하게 반영하는 문제해결이론(problem-solving theory)이 주축이 되어 외교정책을 규범적으로 반성할 수 있는 공간이 줄어든 것이 사실이다. 그 결과 분석이론의 발전도 중요하지만 국제정치규범이론이 중요하다는 반성이 미국의 국제정치학계에서도 새롭게 일어나고 있다.

인간의 이성에 대한 근대적 믿음이 여전히 군건한 가운데 서구의 합리주의와 근대화론을 더 이상 신뢰하지 않는 비서구지역의 반발이 거세다. 미국은 이러한 가치관의 다양화 앞에서 당혹감을 느끼고 있다. 각 지역은 자신들이 간직해온 문명과 종교 · 가치를 주장하며 21세기 새로운 국제질서를 만들려 하고 있다. 전근대의 부활(rise of premodernity)에 의해 탈근대를 선점하려는 많은 노력들이 펼쳐지고 있다. 세속주의와 자유주의를 통해 삶의 의미를 발견하지 못한 개인들은 물질적 욕구를 넘어서 정신적 욕구를 채우려 한다. 심리학자 매슬로(Abraham H. Maslow)의 '욕구사

---

12) David Brooks, "Obama, Gospel, and Verse", *New York Times*, April 26, 2007.

다리론'이 보여주는 것처럼 인류사회는 안전 욕구 · 생리적 욕구 · 인정 욕구 · 사랑의 욕구를 충족시켜왔으며 이제는 자기실현과 궁극적 의미에 대한 욕구를 향해 나아가는 단계이다. 한쪽은 과학을 신봉하여 과학의 발전을 통해, 다른 한쪽은 기존 종교를 발전시켜 의미를 발견하려 하고 있다.

니버는 독선에서 비롯되는 아이러니를 막을 수 있는 유일한 방법이 종교적 성찰이라고 보았다. 국제정치에서 유례없는 성공을 거둔 국가들이 스스로를 반성할 수 있는 유일한 길은 절대적인 기준을 설정하는 것이고, 그 기준에 비추어 완전한 성공과 선함이 있을 수 없음을 깨닫지 않는 한 실천의 지혜, 또는 프루던스가 생겨나기 매우 어렵다는 것이다. 인간의 가장 완전한 선함 속에도 반드시 악함이 있을 수밖에 없다는 원죄관은 그 사실성 여부와 상관없이 도덕적 실용성을 가지고 있다. 그는 이러한 사실을 끊임없이 일깨우는 지식인과 교회의 역할을 강조했으며 계시종교가 가지는 가치를 중시했다.

동아시아와 한국의 관점에서 니버가 주는 함의는 한편으로는 구미에서의 니버 연구 부활과 일맥상통하는 바가 있고, 다른 한편으로는 간접적으로 도출해야 하는 부분도 있다. 세계화되어가는 시대 속에서 서구와 문제의식을 공유하는 부분이 있는가 하면, 유럽에서 발생한 근대국제체제를 외부로부터 받아들여 여전히 동아시아만의 고유한 문제를 안고 있기 때문이다.

니버의 실천적 관심을 고려하며 우리가 던질 수 있는 첫 번째 질문은 21세기 현재 동아시아인의 삶의 의미를 밝히는 데 종교가 어떤 공헌을 할 수 있는가 하는 점이다. 동아시아 국가들은 근대 편입 이전 유교·불교·도교·무속신앙 등 다양한 종교를 가지고 있었으며, 이러한 종교는 사적 영역에서 유지되는 한편 국가의 정책으로 강화되기도 하였다. 시대와 왕조별로 다양한 종교들이 본래의 목적 및 정치적 목적에 따라 채택되기도, 탄압되기도 했다. 그러나 종교 자체가 공적 영역에서 쇠퇴하여 세속화되었다고 볼 수는 없다.

동아시아 왕조들은 불교 또는 유교를 공식 이념으로 채택하여 국내 및 지역의 정치질서를 세우는 데 활용했다. 이로 인해 인간의 사적 삶, 개인적 관계, 지방사회, 지역질서와 국가의 이념에 이르기까지 일관된 의미체계가 존재했다. 물론 유교의 경우 초월적 관점보다는 내재적 관점이 압도적이었으나, 초월성을 내재적 초월성과 외재적 초월성으로 세분할 경우, 유교는 내재적 초월성의 측면도 가지고 있었다고 할 수 있다. 중요한 것은 지역질서의 운용과정과 개인의 삶이 일관된 의미체계를 구성할 수 있는 역사적 진화과정이 지속되어왔다는 점이다.

그러나 제국주의를 매개로 서구의 합리주의가 유입된 이후 동아시아 국가들은 공적 영역에서 급속히 세속화되었다. 서구의 강력한 군사력·경제력과 대결하고 이후 이를 받아들이는 과정에서 기존의 정치질서를 뒷받침한 종교와 의미체계가 급속히 사라지고 그 자리에 서구의 합리주의가 자리 잡았다. 동아시아인들이 과학과 합리주의의 영향을 받아 자연스럽게 세계관을 변화시킨 부분도 있지만, 제국주의 침탈과정에서 근대국가로 변용해야 하는 현실적 필요성이 더 컸고, 이는 강제적인 세속화과정을 촉진시켰다. 공적 영역에서는 물론 사적 영역에서도 세속화가 진행되어 기존의 종교적 의미체계가 약화되었다.

니버가 던지는 가장 근본적인 질문은 인간이 합리주의 · 자유주의적 관점에서 삶의 의미를 발견하고, 개인 · 사회 · 국제정치를 일관되게 엮어주는 의미체계를 구성할 수 있는가라고 할 수 있다. 니버는 인간이 무한한 자유와 스스로를 초월하려는 의지를 가진 특수한 존재이기 때문에 이성에 한정하는 인간본성론으로는 삶의 의미를 발견할 수 없다고 전제한다. 기독교라는 특정 종교에 기반하여 논의를 진행하기는 하지만, 훨씬 보편적인 관점에서 초월론을 제시하고자 한다. 니버는 「창세기」와 예수의 가르침을 논하면서 「창세기」의 신화적 성격, 그리고 예수의 가르침의 보편윤리적 성격을 강조한다. 인간이 자기초월을 위한 의지를 예수의 궁극적 명령인 사랑을 통해 극복하는 것이 삶의 의미의 핵심임을 전달하는 것이다. 그리고 사랑의 실천이 불가능한 가능성이 될 수밖에 없는 역설을 제시하고, 이러한 절대명제가 인간사회에서 어떻게 상대적 정의로 실현될 수 있는가를 논하고 있다.

이와 관련해 21세기 동아시아인들이 당면한 정신사적 과제 역시 합리주의적 자유주의, 세속주의적 근대주의에 기반하여 계속 삶의 의미를 찾아갈 수 있는가이다. 한국을 비롯한 많은 국가들은 서구의 근대화론을 받아들여 발전의 지표로 삼거나 마르크스주의를 받아들여 공산주의 사회를 건설해왔다. 니버에 따르면 이 둘은 모두 빛의 자식들로서, 이성과 과학의 발전으로 이상사회를 건설하고 삶의 의미를 충족시킬 수 있다고 본다. 동아시아인들은 아직 충분한 경제성장이 이루어지지 않은 상태에서 사회의 합리성과 민주주의 발전에 힘을 쏟고 있고, 탈근대의 탈물질주의적 욕구가 사회의 주된 흐름이 되기에 이른 감이 있다. 그러나 한국과 일본, 대만과 같이 경제발전이 급속히 이루어지고 민주주의를 통해 사회발전이 가속화되는 국가에서 정신적 안정과 삶의 의미에 대한 문화적 욕구가 점증하는 것이 사실이다. 이렇게 볼 때 동아시아는 탈근대 이행과정에 접어들고 있다고 할 수 있다.

니버는 자유주의나 마르크스주의 같은 근대적 합리주의 자체가 하나의 이성종교이자 세속종교이며, 서구의 경험에서 볼 때 합리주의라는 종교로 사회가 건강하게 유지될 수 없다고 보았다. 앞에서 살펴본 바와 같이 인간이 지니고 있는 공동체적 또는 낭만적 성격이 두드러지면 국가와 민족이 종교화되어 극한의 경우 파시즘으로 빠지게 된다. 순수한 합리주의가 지배할 경우, 인간은 이성에 의해 질서와 평화를 유지할 수 있다고 보지만 사실 자기중심주의·이기심·권력욕으로 인하여 타협적이고 다원주의적인 민주정치를 실현하기 어렵게 된다. 국제정치에서 국가를 향한 인간들의 충성심은 그 자체로는 칭찬할 만하지만, 이를 제어할 다른 초월적 기제가 없을 경우 결국 국가 간 세력균형이 팽배하고 평화와 정의에 이르는 다른 길은 존재하지 않게 된다고 주장했다.

동아시아 국가들은 서구의 근대화가 초래한 문제점들을 이제 막 겪기 시작하고 있다. 한국·일본·대만과 같이 민주화·근대화된 국가들은 민주주의 사회의 갈등을 해결하기 위한 다양한 방법을 찾고 있지만, 각 세력들의 이익 충돌을 원천적으로 해결할 수 있는 초월적 기제가 없다. 또한 그 필요성을 인식할 수 있는 철학적 반성도 이루어지지 못하고 있다. 민주주의를 정당화하는 올바른 논리구조가 있는가도 문젯거리이다.

중국과 북한 등 사회주의를 채택하고 있는 나라들은 정도의 차이가 있지만 사회주의 원리에 따라 이상사회를 건설한다는 명분을 가지고 있다. 그러나 이러한 명분과 인간의 정치적 본성에서 비롯된 현실주의적 갈등 사이에는 모순이 존재한다. 중국은 세계화 추세 속에서 개혁·개방을 실시하여 사회주의라는 경성 유토피아주의를 사실상 상당 부분 포기했고, 북한은 사회주의 이상이 달성되기는커녕 독재의 늪에 빠져 있다.

반드시 기독교적 관점에서 초월성을 구성할 필요는 없지만, 자유주의나 마르크스주의의 합리적 내재주의를 고집할 경우 현재 동아시아인들이 겪고 있는 딜레마가 과연 해결될 수 있을지 고민할 필요가 있다. 합리주의가 공동체를 지향하는 낭만주의적 인간관을 말살시키지 못하는 것은 동아시아에서도 마찬가지다. 니버는 인간의 본성을 헬레니즘과 헤브라이즘, 낭만주의 등으로 구별하여 논의하면서 낭만주의의 중요성을 논한 바 있다. 인간은 개인주의적인 합리주의에 의해 정치적 행위를 해나가는 데 한계를 느끼기 때문이다. 유교와 공동체주의의 전통이 강한 동아시아에서는 자유주의적 질서가 정착되는 데 많은 어려움이 있어왔다. 좀더 다원주의적인 자유주의와 공동체주의적 자유주의 간의 갈등도 있지만, 국제정치에서 민족주의가 동아시아 질서의 핵심 이념으로 자리 잡고 있음은 부정할 수 없는 사실이다. 국경을 넘어서는 시민사회 연결, 또는 국가를 넘어서는 지역시민의 덕목 등이 자리 잡지 못하고 있는 동아시아에서 민족주의는 때때로 평화와 안정을 위협하는 강한 힘이다.

니버는 국제정치에서 세력균형이 필연적 결과라는 점을 인정하고, 이를 자유주의적 방법으로 해결할 수 없다는 현실주의 입장을 강하게 피력한 바 있다. 개인의 합리성과 공감력은 집단을 넘어서서 존재하지 않기 때문에 국가의 이익과 힘을 조정하는 기제로 세력균형을 극복하기가 매우 어렵다는 것이다. 물론 현대의 자유주의나 구성주의 국제정치이론이 주장하는 시장과 민주주의, 집단 협력 정체성 등의 힘이 있다. 니버도 이를 부분적으로 논한 바 있으나, 그보다 자본주의 시장의 계급 편향성, 국가를 넘어서기 힘든 시민들의 충성심, 그리고 여전히 한계가 있는 집단 정체성의 기초들에 주목하고 세력균형의 현실을 어떻게 극복할 것인지 고민했다. 그가 내린 결론은 초월적 관점에서 비롯된 절대적 윤리명제를 제한된 범위에서나마 세속의 상대적 정의로 정착시키는 것이다. 그리고 이러한 정의를 실천한 국가의 행동을 겸손함과 자기반성, 신중성에서 찾을 것을 권고했다.

동아시아 국가들이 초월적 관점을 갖고 있지 않은 상황에서 민족주의와 국가 이익에 근거한 세력균형논리를 과연 극복할 수 있을 것인가? 세력균형이 불가피함을 인식하면서도 이를 넘어서야 한다는 가치관, 의무감과 비전을 소유할 수 있을 것인가? 동아시아인들은 근대 편입 이전 보유하고 있던 초월적 세계관을 부정하고, 사적 영역에서의 종교로만 초월성을 간직하고 있다. 서구의 세속주의를 받아들여 초월적 관점이 비과학적 또는 비합리적이라 생각하고, 현재 세계적 추세로 지적·연구되고 있는 탈세속화의 관점을 이해하기 어려운 것도 사실이다. 그러나 서구국가들이 이미 경험한 바 있는 세속화된 국제정치의 모순들을 니버의 관점에서 이해한다면, 이를 극복할 수 있는 사상적 원천을 새롭게 점검해보는 일도 꼭 필요하다.

동아시아 국가들은 현재 다자제도·지역주의·지역적 차원의 공동 가치와 정체성을 결여한 가운데 세력균형과 전이를 동시적으로 경험하고 있다. 근대체제로 편입된 이후 힘에 의한 생존과 발전이 동아시아 국제정치철학의 기본으로 자리 잡았고, 자국의 이익과 세력을 확장하는 일이 무엇보다 중요한 자력구제 수단이 되었다. 전통적인 민족을 기반으로 국민국가를 완성하지 못하고 분단되어 있는 한국과 중국 두 나라는 통일을 위해 국력을 키우는 데 전력을 기울이는 중이다. 일본은 보통국가화의 과제를 놓고 고심하고 있으며, 보통국가화가 주변국에 위협이 된다는 정체성의 정치가 해결되지 않고 있음도 언급했다. 근대적 국제정치의 시작이 상대방의 주권을 인정하고 그 존재와 독립적 활동을 승인하는 규범적 합의이고 보면, 동아시아의 단위들은 통일과 보통국가화라는 과제를 놓고 여전히 상호 주권성 인정이라는 기초 과제조차 실현하지 못하고 있는 상황이라 할 수 있다.

주권적 과제들, 예를 들어 영토분쟁·통일·보통국가의 군사적 조건 등은 누구도 양보할 수 없는 제로섬 게임의 대상들이다. 이는 자신의 절대적 옳음에 기초한 과제이기에 타협의 여지를 남기지 않고, 주로 폭력에 의해서 해결되어왔다. 유럽에서도 국민국가형성은 전쟁을 축으로 한 과정이었기에 틸리(Charles Tilly)와 같은 역사사회학자는 "전쟁이 국민국가를 만들고, 국민국가가 전쟁을 만든다"라고 언급하였다. 그러나 현재 동아시아는 주권적 과제들을 폭력에 의해 해결할 수 없으며, 그래서도 안 된다. 자신의 주권적 이익과 권리만을 주장하면 반드시 타국의 이익과 권리를 침해하기 때문에 유럽 근대 초기와는 다른 방법으로 근대성의 완성과 극복을 추구해야 한다.

불완전한 근대성과 세력균형의 현실을 더욱 복잡하게 하는 것은 세력전이현상이다. 중국의 부상은 물론 한국의 성장, 일본의 보통국가화, 러시아의 강대국 재부상, 그리고 미·중 간의 패권경쟁 등 동아시아는 역동적인 변화의 과정에 있다. 각국은 생존·지속적 발전을 추구하는 방어적 목적과 더불어 변화하는 동아시아 국제정치에서 더 많은 힘과 영향력을 가지고자 하며, 이를 통해 불완전한 근대성과 세력균형의 문제를 자국에 유리한 방향으로 해결하려 하고 있다. 현재 동아시아 다양한 영역에서 생겨나고 있는 다자제도들에서도 자국의 영향력을 최대한 강화하려는 모습이 보인다. 진정한 지역주의와 다자주의를 향한 철학과 정책이 미약한 것이다.

주권적 이익과 권리를 일방적으로 주장하거나, 발전하는 국력에 힘입어 자국의 이익을 일방적으로 관철하려는 노력은 타국의 이익과 권리를 침해하고 균형정책을 불러올 수밖에 없다. 힘으로 단기적인 성공을 거둘 수는 있어도 장기적으로는 위신과 평판이 무너지고 타국의 동의를 얻기 어렵게 된다.

니버는 국가들이 이익과 힘을 추구할 수밖에 없는 근대 국제정치의 구조적 한계를 인정하면서도 이를 초월하는 정신적 근원으로 기독교의 인간관과 정치관을 주장했다. 세력균형에 의해 기본적 안정을 추구하지만, 사랑의 보편윤리를 세력균형과 접합시킬 새로운 논리를 끊임없이 찾아나가야 한다고 말했다. 자국의 절대적 옳음을 주장하면 장기적으로 국익을 해칠 뿐 아니라, 전체의 평화와 질서를 붕괴시키는 결과를 가져오게 된다. 니버는 이를 해결할 수 있는 방법으로 국제정치의 아이러니를 초월적 관점에서 끊임없이 일깨우는 계시적 주체의 역할을 강조했다. 아이러니 속에 빠져 있는 행위자들은 스스로의 이익과 옳음을 더욱 확신하고 문제를 극복하려 할 뿐, 전체를 바라보고 신중함을 회복하기가 매우 힘들다. 따라서 시민사회의 도덕적 주체들, 지식인, 초월적 관점을 가진 종교인들의 역할이 매우 중요하다.

동아시아처럼 국가와 민족이 가장 중요한 가치가 될 수밖에 없는 구조적 한계를 가진 지역에서 계시적 역할을 자임하는 핵심 집단의 힘은 제한될 수밖에 없다. 모든 국가는 자국이 주체가 되는 통일과 발전을 주장하고, 영토·자원 등의 주권적 이익을 양보하지 않으며, 자국의 부상과 발전을 가속화하여 영향력을 확산하려 하고, 발전의 원동력이 되는 가치와 문화를 표준으로 삼고 싶어하며, 다자주의 제도를 창출하려는 흐름 속에서도 자국의 이익이 극대화되는 제도를 실현시키고자 경쟁하고 있다. 이러한 경쟁이 지속된다면 결국 힘의 요소가 전체 흐름을 결정할 것이다. 그 흐름 속에 상호간 불신과 경쟁, 안보딜레마와 같은 구조적 문제가 심화될 것이다.

니버의 관찰처럼 이러한 흐름은 제어하기가 매우 힘들다. 세속적이든 종교적이든 합리주의·자유주의 등은 문제의 근원이 구조와 제도에 있다고 보기 때문에 이를 합리적으로 해결하려 한다. 또한 사회과학이 발전하여 문제의 근원을 밝혀내고 제도를 정비하면 불신과 경쟁을 완화할 수 있다고 본다. 물론 이러한 노력이 도움이 될 수 있다. 그러나 니버는 오직 인간의 본성과 세속의 정치가 근본적으로 죄성을 가지고 있다는 종교적 또는 초월적 성찰이 문화적으로 활성화되고, 이를 담지하는 핵심 집단이 존재해야만 흐름을 바꾸는 움직임이 생겨날 수 있음을 강조한다. 동아시아 국가들이 세력균형과 전이의 흐름 속에서 니버가 말한 아이러니를 극복하고 새로운 국제정치를 창출할 수 있는가는 앞으로의 커다란 과제로 남을 것이다.

기독교 현실주의와 한국의 외교전략

니버의 기독교 현실주의는 윤리적 이중주의라는 복잡한 내부구조를 가지고 있다. 니버는 인간이 개인적 또는 사회적 차원에서 개인과 사회의 구원을 위해 반드시 지켜나가야 할 명백한 윤리 원칙을 제시한다. 그것은 절대적 사랑이다. 인간은 무한한 자유를 가지고 자신을 초월하여 삶의 의미를 발견하려 노력하지만, 이러한 노력은 너무나 쉽게 주체를 초월하기보다는 확장하는 자기중심주의 · 자기애로 흐르고 만다. 자신을 초월하고자 하는 욕망을 넘어서지 못해 결국 욕망의 확장에 이르는 것이다. 자신의 확장은 개인적으로는 주변 사람, 사회적으로는 다른 사회 또는 국가에 대한 제국주의적 확장 욕망으로 나타난다. 이를 극복하는 유일한 방법은 신에 대한 사랑, 자신을 희생하는 절대적 사랑을 실현하는 것이다. 그 과정에서 스스로 무한해지려는 욕망을 갖거나 대가를 바라는 사랑을 해서는 안 되는 역설이 존재한다. 자신을 버림으로써 얻는 것인데, 얻는 것을 전제한 버림은 무의미하기 때문이다.

오직 절대적 사랑이라는 윤리적 절대명제를 강한 동기로 가지고 있을 때만 인간세상에서 상대적 정의를 추구할 수 있는 자격이 생긴다. 세속에서의 정의란 절대적으로 옳은 선택으로 이루어지는 것이 아니라 항상 상대적 선택으로 이루어진다. 악과 선 간의 선택이 아니라, 선한 것들 간의 상대적 선택이다. 그래서 비극과 페이소스가 존재하는 것이다. 니버는 정치세계에서 강제력의 불가피성을 논할 뿐 아니라, 강제력 사용에 관한 절대적 기준 또한 없음을 주장한다. 강제력이 수단으로 사용되어 추구하고자 하는 목적이 실현될 때 각 사안별로 강제력의 도덕성이 결정된다는 입장이다. 이는 흔히 윤리적 결과주의로 오해되기 쉽다. 가장 효용이 많은 결과가 추출되면 수단의 도덕성이 합리화되기 때문이다. 그러나 니버가 말하는 결과 대비 수단의 도덕성이란 오직 그 결과를 추구하는 동기가 절대적 윤리명제에 부합할 때뿐이다. 자기애나 자신의 이익, 권력을 확장하기 위한 동기로 결과를 설정하면 수단은 이에 따라 부도덕해진다.

니버가 평화주의를 강하게 반대한 까닭은 평화주의가 정치세계를 너무 순진하게 보았기 때문이다. 세속적 평화주의가 설득과 타협으로, 종교적 평화주의가 사랑이나 희생·양보로 평화를 추구한 것은 세속의 정치논리를 너무 쉽게 보았기 때문이다. 인간의 본성을 오해하고 인간이 어쩔 수 없이 소유하는 원죄를 무시했기 때문에 동기가 옳았더라도 해결책을 너무 쉽게 생각한 것이다. 니버는 동기의 불순 못지않게 수단의 도덕성을 쉽게 확보하려는 이상주의를 비판한다. 부정의는 폭력을 포함한 강제력으로 제어할 수밖에 없으며, 이로 비롯되는 비극은 인간의 원죄에 기인한 것이다.

니버가 기독교적 절대명제를 내세우기 때문에 적을 사랑하라는 기독교 윤리와 폭력을 수단으로 사용할 수밖에 없는 불가피성 간 모순을 지적할 수 있음을 앞에서 살펴보았다. 그러나 니버는 적을 개인적으로 미워하거나 증오하는 감정과 적의 악한 행위를 징벌하여 정의를 세우는 정치적 행위를 명확히 구분했다. 정의를 세우는 과정은 적에 대한 감정적 대응과는 무관하며, 적 역시 개인적 차원에서 무력하여 집단을 따라 죄를 저지르는 만큼 적에 대한 응징은 적 개인의 구원과도 연결된다는 생각이다.

니버의 정의는 구체적으로 민주주의·평등·자유·질서와 같은 가치를 내포한다. 동아시아의 경우 초월적 관점이 확보되지 않으면 동아시아 국제정치에서의 정의를 개념화하기가 매우 어려워진다. 기독교든 아니든 초월적 관점에서 윤리적 절대명제를 세우려는 노력을 하지 않으면 국제정치에서 정의란 오직 힘으로 결정되기 때문이다. 이것이야말로 윤리적 결과주의이며 상대주의이다. 니버가 어둠의 자식들의 행위라고 비판했던 힘에 의한 정의이다.

근대 국제정치에 편입되기 이전 동아시아는 공통의 문화와 문명을 바탕으로 지역질서에서의 정의 개념을 가지고 있었다. 물론 그 정의가 절대적으로 옳다고 보기는 어렵지만 세속의 윤리근거를 넘어선 초월적 윤리근거를 추구하는 가운데 세워진 개념이라고 볼 수 있다. 유교적 지역질서를 예로 들더라도 우주의 원리인 성(性)을 실현하는 각 단계의 윤리규범이 지역질서로 확장된 것이다. 사대자소(事大字小)의 원리는 단지 강대국의 지배원리가 아니라, 큰 나라와 작은 나라가 상호 윤리규범을 가지고 지역질서를 추구해온 원리이다. 그러던 것이 근대체제 편입 이후 제국주의를 거치면서 근대적 세력균형의 논리로 변화되었다. 지역질서에서 정의를 뒷받침할 수 있는 절대적 윤리근거가 사라진 상황에서 세력균형으로 지역질서를 유지하는 것은 위험한 일이다.

세력균형을 유지하면서도 공통의 초월적 규범으로 이를 변화시키려 노력하는 일이 중요함은 물론이다. 그러나 정의에 반하는 세력을 대하는 일은 더욱 어렵다. 니버는 전간기 파시즘을 비판하면서 파시즘이 정의의 구체적 근거가 되는 윤리를 전혀 내재하지 못했고 스스로를 비판할 수 있는 기제를 갖지 못한 체제라고 주장했다. 민주주의는 절대적으로 옳은 정치제도일 수는 없으나 인간의 본성을 정확히 이해한다면 현재로서는 상대적 정의를 실현할 수 있는 최선의 정치체제라고 생각했다.

한국은 동아시아의 중견국으로서 지역의 세력균형과 전이가 불안정 또는 군사력 충돌로 이어지지 않도록 많은 노력을 기울이고 있다. 그러나 세계의 강대국들이 몰려 있는 지역 특성상 중견국으로서 평화를 보장하는 핵심 세력으로 기능하는 데 많은 한계를 가지고 있다. 한국은 동아시아에서 철저한 현실주의 관점을 가지고 세력균형에 의한 안정을 도모하면서도, 강대국들의 이기주의와 충돌이 지역 전체의 불안정을 가져올 수 있다는 점을 인식시키는 계시적 역할을 해나가야 할 것이다. 다행히 한국의 경제적·문화적 발전으로 지구적 위상이 높아지고 있으며, 21세기 국제정치에서 지식·이념·가치의 새로운 권력장이 과거에 비해 상대적으로 중요해짐에 따라 한국의 소프트 파워가 지역의 안정에 영향을 미칠 수 있는 경로가 강화되고 있다. 한국의 독자적인 외교 대전략 수립에 필요한 이론적 요소들을 생각하는 데 니버의 세력균형론과 윤리관이 시사점을 줄 수 있다.

한국의 대외전략에 딜레마를 가져오는 큰 고민 가운데 하나는 북한이다. 북한이 민주주의를 결여한 독재체제이자 평등·자유·인권의 가치를 희생시키는 정치체제라는 데에는 의심의 여지가 없다. 문제는 북한을 대하는 한국의 윤리적 기반이다. 남남갈등은 정치세력 간의 힘싸움이기도 하지만 가치의 대립이기도 하다. 민족의 가치를 앞세우면 북한 정권과의 타협을 강조하게 된다. 이러한 타협은 합리적 대화 또는 포용이 북한을 변화시키리라는 생각에 기초하고 있다. 그러나 니버는 정치세력 간 관계에서 강제력이 포함되지 않으면 변화가 불가능하다고 본다.

반면 북한을 독재세력으로 보고 북한체제의 붕괴만이 한반도 평화를 가져올 것이라는 견해 또한 취약한 윤리적 기반을 가지고 있다. 한국의 자유민주주의와 시장경제가 우월한 체제라는 자신감을 보이지만, 이 역시 상대적 정의를 실현할 뿐 절대적으로 옳은 체제는 아니라는 반성이 결여되어 있기 때문이다. 북한이 한국의 체제를 자본주의적 불평등체제, 미국종속체제라고 비판하는 논리가 부분적으로 자리 잡는 현상도 이와 관련되어 있다.

문제의 핵심은 남남갈등의 양 세력 모두가 초월적 관점에 기반한 절대적 윤리명제를 제시하지 못한다는 데 있다. 초월적 관점은 종교적일 수도 철학적일 수도 있지만, 한반도의 모든 구성원이 동의할 수 있는 윤리명제를 기반으로 한 정치적 노력만이 전체를 설득할 수 있다. 그리고 그러한 초월적 관점은 우선 자신의 불완전성, 기독교적으로는 죄성을 반성하는 토대 위에서만 가능하다. 니버의 관점에서 보면 북한의 주체철학은 물론 한국의 주체성을 앞세우는 철학 역시 자기중심주의의 표현들일 뿐이다.

거듭 강조하듯 니버의 기독교 현실주의는 기독교 관점의 윤리적 절대명제를 토대로 할 때만 성립하며, 현실주의 관점에서는 폭력을 포함한 강제력 사용이 정당화된다. 핵무기가 발명된 이후로는 공존을 전제로 한 폭력의 사용만이 정당화된다. 남북관계에서 민족주의 · 민주주의 · 평화 · 통일 · 안정 등 한국 내 갈등하는 다양한 상대적 정의의 가치들이 절대적 윤리규범을 향해 심화될 때 강제력 사용이 정의로울 수 있다. 북한이 강제력이라는 수단 없이 변화되리라고 믿는 것이 순진한 이상주의인 만큼, 윤리적 토대 없이 강제력만으로 북한을 변화시키자는 것은 힘의 논리일 뿐이다. 한국의 대북정책이 윤리적 토대를 상실한다면 한국 내 여론 수렴, 북한 주민들에 대한 진정한 설득, 그리고 주변국들의 정책적 지지 등이 모두 어려워질 것이다. 스스로 초월적 가치를 끊임없이 고민하고 이를 열린 국내 정치체제에서 수용하며 대외 전략을 통해 실현해나갈 때 한국의 외교정책이 좀더 많은 성과를 거두게 될 것이다.

참고문헌

1차 문헌

1) 니버의 단행본들

Niebuhr, Reinhold, *Does Civilization Need religion?: A Study in the Social Resources and Limitations of Religion in Modern Life*, New York: The Macmillan Company, 1927.

_____, *Leaves from the Notebook of a Tamed Cynic*, New York: Willett, Clark and Company, 1929.

_____, *Moral Man and Immoral Society: A Study in Ethics and Politics*, New York, Charles Scribner's Sons, 1932.

_____, *The Contribution of Religion to Social Work*, New York: Columbia University Press, 1932.

_____, *Reflections on the End of an Era*, New York: Charles Scribner's Sons, 1934.

_____, *An Interpretation of Christian Ethics*, New York: Harper and Brothers, 1935.

_____, *Beyond Tragedy: Essays on the Christian Interpretation of History*, New York: Charles Scribner's Sons, 1937.

_____, *Christianity and Power Politics*, New York: Charles Scribner's Sons, 1940.

_____, *The Children of Light and the Children of Darkness: A*

Vindication of Democracy and a Critique of Its Traditional Defense, New York: Charles Scribner's Sons, 1944.

_____, *Discerning the Signs of the Times: Sermons for Today and Tomorrow*, New York: Charles Scribner's Sons, 1946.

_____, *The Nature and Destiny of Man, Volume I: Human Nature*, New York: Charles Scribner's Sons, 1941.

_____, *The Nature and Destiny of Man, Volume II: Human Destiny*, New York: Charles Scribner's Sons, 1943.

_____, *Faith and History: A Comparison of Christian and Modern Views of History*, New York: Charles Scribner's Sons, 1949.

_____, *The Irony of American History*, New York: Charles Scribner's Sons, 1952.

_____, *Christian Realism and Political Problems*, New York: Charles Scribner's Sons, 1953.

_____, *The Self and the Dramas of History*, New York: Charles Scribner's Sons, 1955.

_____, *Pious and Secular America*, New York: Charles Scribner's Sons, 1958.

_____, *The Structure of Nations and Empires: A Study of the Recurring Patterns and Problems of the Political Order in Relation to the Unique Problems of the Nuclear Age*, New York: Charles Scribner's Sons, 1959.

_____, with Alan Heimert, *A Nation So Conceived: Reflections on the History of America from Its Early Visions to Its Present Power*, New York: Charles Scribner's Sons, 1963.

_____, *Man's Nature and His Communities: Essays on the Dynamics and Enigmas of Man's Personal and Social Existence*, New York: Charles Scribner's Sons, 1965.

_____, with Paul E. Sigmund, *The Democratic Experience: Past and Prospects*, New York: Frederick A. Praeger, 1969.

2) 니버의 논문들

Niebuhr, Reinhold, "How Philanthropic is Henry Ford?", *The Christian Century*, December 9, 1926.

_____, "Ford's Five-Day Week Shrinks", *The Christian Century*, June 9, 1927.

_____, "The Spirit of Life", *Addresses and Proceedings, The National Education Association of the United States*, New York: NEA, 1930.

_____, "On the Ethiopian War", *Radical Religion*, Fall 1935.

_____, "Pacifism against the Wall", *The American Scholar*, Spring 1936.

_____, "The Blindness of Liberalism", *Radical Religion*, Vol. 1, Autumn 1936.

_____, "The National Preaching Mission", *Radical Religion*, Vol. 2, Spring 1937.

_____, "The Will of God and the Van Zeeland Report", *The Christian Century*, December 14, 1938.

_____, "Repeal the Neutrality Act!", *Christianity and Crisis*, October 20, 1941.

_____, "Chastisement unto Repentance or Death", *Christianity and Crisis*, Spring 1942.

_____, "Love Your Enemies", *Christianity and Society*, Autumn 1942.

_____, "Plans for World Reorganization", *Christianity and Crisis*, October 19, 1942.

_____, "American Power and World Responsibility", *Christianity and Crisis*, April 5, 1943.

_____, "The Bombing of Germany", *Christianity and Society*, Summer 1943.

_____, "The Possibility of a Durable Peace", *Christianity and Society*, Summer 1943.

_____, "Anglo-Saxon Destiny and Responsibility", *Christianity and Crisis*, October 4, 1943.

_____, "The Communist Party and Russia", *Christianity and Society* 9, Spring 1944.

_____, "The German Problem", *Christianity and Society*, January 10, 1944.

_____, "The Contribution of Religion to Cultural Unity", *Hazen Pamphlet*, No. 13, 1945.

_____, "The San Francisco Conference", *Christianity and Society*, Summer 1945.

_____, "The Atomic Bomb", *Christianity and Society*, Fall 1945.

_____, "The Conflict between Nations and Nations and Between Nations and God", *Christianity and Crisis*, August 5, 1946.

_____, "Two Forms of Utopianism", *Christianity and Society*, Vol. 12, Autumn 1947.

_____, "Two Forms of Tyranny", *Christianity and Crisis* 8, February 2, 1948.

_____, "Hazards and Resources", *Virginia Quarterly Review* 24, Spring 1949.

_____, "Communism and Christianity in Asia", *Christianity and Society* 14-4, Summer 1949.

_____, "Editorial Notes", *Christianity and Crisis* 10-1, February 1950.

_____, "A Protest against a Dilemma's Two Horns", *World Politics* 2-3, April 1950.

_____, "The Hydrogen Bomb", *Christianity and Society*, Spring 1950.

_____, "New Light on the Old Struggle", *Christianity and Society* 15-4, Fall 1950.

_____, "The Conditions of Our Survival", *Virginia Quarterly Review* 26, Autumn 1950.

_____, "The Relevance of the Reformation Doctrine in Our Day", in Elmer J.F. Arndt(ed.), *The Heritage of the Reformation*, New York: Richard R. Smith, 1950.

376

_____, "Hybrids", *Christianity and Society* 16-2, Spring 1951.

_____, "Germany and Western Civilization", in Hans Morgenthau(ed.), *Germany and the Future of Europe*, Chicago: University of Chicago Press, 1951.

_____, "Christianity and Humanism", *Messanger*, vol. 17, September 9, 1952.

_____, "Why is Barth Silent on Hungary?", *The Christian Century*, January 23, 1953.

_____, "Can We Organize the World?", *Christianity and Crisis*, February 2, 1953.

_____, "The Commitment of the Self and the Freedom of the Mind", *Religion and Freedom of Thought*, in Perry Miller, Robert L. Calhoun, Nathan M. Pusey, and Reinhold Niebuhr(eds.), New York: Doubleday, 1954.

_____, "Ike's First Year", *The New Leader* 37, February 8, 1954.

_____, "Alternatives to the H-Bomb: A Century of Cold War", *The New Leader* 37, August 2, 1954.

_____, "The Limits of Military Power", *The New Leader*, May 30, 1955.

_____, "British Experience and American Power", *Christianity and Crisis* 16, May 14, 1956.

_____, "Intellectual Autobiography of Reinhold Niebuhr", in Charles W. Kegley and Robert W. Bretall(eds.), *Reinhold Niebuhr: His Religious, Social, and Political Thought*, New York: Macmillan, 1956.

_____, "The Decline of Britain and France", *Christianity and Crisis* 17, February 18, 1957.

_____, "The British Nuclear Arms Proposals", *Christianity and Crisis* 17, May 27, 1957.

_____, "The Moral World of Foster Dulles", *New Republic* 139, December 1, 1958.

_____, "American Hegemony and the Prospects for Peace", *Annals of* the *American Academy of Political and Social Science* 342, 1962.

_____, "History as Seen from the Radical Right", *The New Leader* 45, April 16, 1962.

2차 문헌

1) 국내 연구서 및 단행본들

고범서, 『라인홀드 니버의 생애와 사상』, 대화문화아카데미, 2007.

고재식, 「Reinhold Niebuhr의 공산주의 이해에 대한 연구」, 『기독교사상』 10월호, 1985.

곽연수, 「Reinhold Niebuhr의 사회윤리이론에 관한 연구」, 『국민윤리연구』 제17집, 1984.

권진호, 「펠라기우스와 어거스틴의 은총론 연구 — 데메트리아에게 보낸 편지를 중심으로」, 『한국교회사학회지』 제25집, 2009.

김상배 외, 『지식질서와 동아시아』, 한울, 2008.

_____, 『정보혁명과 권력변환: 네트워크 정치학의 시각』, 한울, 2010.

김석수, 「칸트의 초월철학과 범주의 역사성」, 『칸트연구』 제12집, 2003.

김영복, 「발터 라우센부쉬의 사회복음과 라인홀드 니버의 정치현실주의에 관한 비교적 고찰 —죄와 구원의 교리를 중심으로」, 『대학과 선교』 제11집, 2006.

김종순, 「라인홀드 니버의 권리정치에 관한 연구」, 『신학과 세계』 제2집, 1976.

노정선, 「맑스주의와 기독교사상: 맑스주의와 니버의 기독교 윤리사상 — 분단신학에 대한 분석의 입장에서」, 숭실대학교 기독교사회연구소 엮음, 『맑스주의와 기독교사상 — 기독교와 한국사회 1』, 1991.

노재봉, 『사상과 실천』, 녹두, 1985.

남태욱, 『라인홀드 니버와 사회정의』, 국제교육문화원, 2006.

문병도, 「유가사상에 있어서 초월성과 내재성의 문제: 모종삼, 홀—에임스의 담론과 관련하여」, 『동양철학연구』 제39집, 2004.

문영석, 「미국 사회의 근본주의와 종교권력」, 『종교연구』 제54집, 2007.

박건영 · 전재성, 「국제관계이론의 한국적 수용과 대안적 접근」, 『국제정치논총』 제42집 4호, 2002.

박도현, 『정의로운 전쟁과 평화주의: 니버와 요더를 넘어선 제3의 길』, 예영커뮤니케이션, 2010.

박의경, 「로마제국과 아우구스티누스: 기독교와 정치질서 그리고 평화」, 『세계지역연구논총』 제27집 3호, 2010.

송재룡, 「종교사회학: 포스트모더니티와 종교: 포스트모던적 조건에서의 사회학적 종교 이해를 위한 일고찰」, 1997년 한국사회학회 전기사회학회 발표 논문.

이상원, 『라인홀드 니버: 정의를 추구한 현실주의 윤리학자』, 살림, 2006.

이우찬, 「라인홀드 니버의 그리스도의 사랑과 사회정의의 실현」, 『한국전문대학기독교교육학회 논문집』 제3집, 1999.

이장형, 『라인홀드 니버의 사회윤리 구상과 인간이해』, 선학사, 2002.

장종철, 「라인홀드 니버와 국제정치에서의 권력의 사용에 대한 소고」, 『신학과 세계』 제46집, 2003.

전재성, 「E.H. 카의 비판적 현실주의 국제정치이론」, 『한국정치학회보』 제33집 3호, 1999.

_____, 「한스 모겐소(Hans Morgenthau)의 고전적 현실주의 국제정치이론: 메타이론적 검토와 실천지(prudence)의 의미」, 『국제 · 지역연구』 제8권 2호, 1999.

_____, 「기독교와 핵」, 윤영관 · 신성호 엮음, 『북핵 문제와 한반도 평화정착』, 한울, 2008.

_____, 「유럽의 국제정치적 근대 출현에 관한 이론적 연구」, 『국제정치논총』 제49집 5호, 2009.

_____, 「종교의 부활과 근대 국제질서의 변환」, 김상배 엮음, 『소프트 파워와 21세기 권력: 네트워크 권력론의 모색』, 한울, 2009.

_____, 「구성주의 국제정치이론에 대한 탈근대론과 현실주의의 비판 고찰」, 『국제정치논총』 제50집 2호, 2010.

_____, 『동아시아 국제정치: 역사에서 이론으로』, 동아시아연구원, 2011.

하영선 엮음, 『동아시아 공동체: 신화와 현실』, 동아시아연구원, 2008.

_____, 『21세기 신동맹: 냉전에서 복합으로』, 동아시아연구원, 2010.

하영선 · 김상배 엮음, 『네트워크 지식국가』, 을유문화사, 2006.

하영선 외, 『네트워크 세계정치: 은유에서 분석으로』, 서울대학교 출판문화원, 2010.

홍철, 「20세기 미국 근본주의 운동의 역사적 고찰: 미국 장로교를 중심으로」, 『역사신학논총』 제13집, 2007.

2) 국내 번역서들

새뮤얼 헌팅턴, 이희재 옮김, 『문명의 충돌』, 김영사, 1997.

_____, 형선호 옮김, 『새무얼 헌팅턴의 미국』, 김영사, 2004.

제임스 C. 리빙스턴, 김귀탁 옮김, 『현대기독교사상사 상 · 하』, 은성, 1993.

프레드 펠드먼, 박은진 · 장동익 옮김, 『기초윤리학』, 철학과 현실사, 1999.

피터 L. 버거 엮음, 김덕영 · 송재룡 옮김, 『세속화냐 탈세속화냐』, 대한기독교서회, 2002.

3) 해외 문헌들

Adney, Bernard T., *Just War, Political Realism, and Faith*, Metuchen, New Jersey: The American Theological Library Association, 1988.

Amstutz, Mark M., *International Ethics: Concepts, Theories, and Cases in Global Politics*, New York: Rowman & Littlefiled Publishers, Inc., 1999.

Barkin, Samuel J., "Realist Constructivism and Realist-Contructivisms", *International Studies Review* 6, 2004.

_____, *Realist Constructivism: Rethinking International Relations Theory*, Cambridge: Cambridge University Press, 2010.

Bell, Duncan A., Paul K. MacDonald, and Bradley A. Thayer, "Correspondence: Start the Evolution without Us", *International Security* 26-1, Summer 2001.

Bell, Duncan(ed.), *Political Thought and International Relations: Variations on a Realist Theme*, Oxford: Oxford University Press, 2008.

Bingham, June, *Courage to Change: An Introduction to the Life and*

Thought of Reinhold Niebuhr, New York: Charles Scribner's Sons, 1961.

Booth, Ken, *Realism and World Politics*, New York: Routledge, 2011.

Boyd, Craig A., "Was Thomas Aquinas a Sociobiologist? Thomistic Natural Law, Rational Goods, and Sociobiology", *Zygon: Journal of Religion and Science* 39-3, September 2004.

Brooks, David, "Obama, Gospel, and Verse", *New York Times*, April 26, 2007.

Brown, Charles C.(ed.), *A Reinhold Niebuhr Reader*, Philadelphia: Trinity Press International, 1992.

Brown, Charles C., *Niebuhr and His Age: Reinhold Niebuhr's Prophetic Role in the Twentieth Century*, Philadelphia: Trinity Press International, 1992.

_____, *Niebuhr and His Age: Reinhold Niebuhr's Prophetic Role and Legacy*, Harrisburg, Pennsylvania: Trinity Press International, 2002.

_____, *Niebuhr and His Age: Reinhold Niebuhr's Prophetic Role for Today*, Harrisburg, PA: Trinity Press International, 2003.

Brown, Robert McAfee(ed.), *The Essential Reinhold Niebuhr: Selected Essays and Addresses*, New Haven: Yale University Press, 1986.

Carr, Edward Hallett, *The Twenty Years' Crisis 1919-1939*, New York: Harper & Row, 1964[1939].

_____, *What Is History?*, London: Macmillan, 1961.

Cartwright, Michael G., "Biblical Argument in International Ethics", in Terry Nardin and David R. Mapel(eds.), *Traditions of International Ethics*, Cambridge: Cambridge University Press, 1992.

Casanova, José, *Public Religions in the Modern World*, Chicago: University of Chicago Press, 1994.

Chrystal, William G.(ed.), *Young Reinhold Niebuhr: His Early Writings, 1911~1931*, St. Louis: Eden Publishing House, 1977.

Chan, Steve, *China, the US and the Power-Transition Theory: A Critique*,

New York: Routledge, 2007.

Chun, Chaesung, "Why Is There No Non-Western International Relations Theory?: Reflections on and from Korea", in Amitav Acharya and Barry Buzan(eds.), *Non-Western International Relations Theory: Perspectives on and beyond Asia*, New York: Routledge, 2009.

Cicero, Marcus Tullius, translated by Harry G. Edinger, *De Officiis/On Duties*, New York: Bobbs-Merrill Co., 1974.

Clinton, David(ed.), *The Realist Tradition and Contemporary International Relations*, Baton Rouge: Louisiana State University Press, 2007.

Coll, Alberto R., "Normative Prudence as a Tradition of Statecraft", *Ethics & International Affairs* 5-1, March 1991.

Cox, Robert W., "Social Forces, States and World Orders: Beyond International Relations Theory", in Robert O. Keohane(ed.), *Neorealism and Its Critics*, New York: Columbia University Press, 1986.

Craig, Campbell, "The New Meaning of Modern War in the Thought of Reinhold Niebuhr", *Journal of History of Ideas* 53-4, 1992.

Crawford, R.M.A. and D.S. Jarvis(eds.), *International Relations-Still an American Social Science? Toward Diversity in International Thought*, Albany: State University of New York Press, 2001.

Crouter, Richard, *Reinhold Niebuhr: On Politics, Religion, and Christian Faith*, Oxford: Oxford University Press, 2010.

David, Harry R. and Robert C. Good(eds.), *Reinhold Niebuhr on Politics: His Political Philosophy and Its Application to Our Age as Expressed in His Writings*, New York: Charles Scribner's Sons, 1960.

Dawkins, Richard, *The Selfish Gene*, New York: Oxford University Press, 1989.

Diggins, John Patrick, "Power and Suspicion: The Perspectives of Reinhold Niebuhr", *Ethics & International Affairs* 6-1, 1992.

Donaldson, Thomas, "Kant's Global Rationalism", in Terry Nardin and David R. Mapel(eds.), *Traditions of International Ethics*, Cambridge: Cambridge University Press, 1992.

Ellis, Anthony, "Utilitarianism and International Ethics", in Terry Nardin and David R. Mapel(eds.), *Traditions of International Ethics*, Cambridge: Cambridge University Press, 1992.

Fox, Jonathan and Shmuel Sandler, *Bringing Religion into International Relations*, New York: Palgrave, 2006.

Fox, Richard Wightman, "Reinhold Neibuhr and the Emergence of the Liberal Faith, 1930~1945", *The Review of Politics* 38-2, April 1976.

_____, *Reinhold Niebuhr: A Biography*, New York: Pantheon Book, 1985.

Frei, Christoph, *Hans J. Morgenthau: An Intellectual Biography*, Baton Rouge: Louisiana State University Press, 2001.

Freyberg-Inan, Annette, *What Moves Man: The Realist Theory of International Relations and Its Judgement of Human Nature*, Albany: State University of New York Press, 2004.

_____, "Rational Paranoia and Enlightened Machismo: The Strange Psychological Foundations of Realism", *Journal of International Relations and Development* 9-3, 2006.

Friedrichs, Jörg, *European Approaches to International Relations Theory: A House with Many Mansions*, New York: Routledge, 2004.

Gillespie, Michael Allen, *The Theological Origins of Modernity*, Chicago: University of Chicago Press, 2008.

Gilpin, Robert, "The Richness of the Tradition of Political Realism", *International Organization* 38-2, 1984.

_____, "No One Loves a Political Realist", *Security Studies* 5-3, 1996.

Gentile, Emilio and Keith Botsford, *The Sacralization of Politics in Fascist Italy*, Cambridge: Harvard University Press, 1996.

Graham, Stephen A., "What Would Jesus Do about Terrorism? Christian

Realism vs. Christian Pacifism", *Encounter* 65-4, 2004.

Guilhot, Nicolas, *The Invention of International Relations Theory: Realism, the Rockfeller Foundation, and the 1954 Conference on Theory*, New York: Columbia University Press, 2010.

Hall, Rodney Bruce, "Human Nature as Behaviour and Action in Economics and International Relations Theory", *Journal of International Relations and Development* 9-3, 2006.

Halliwell, Martin, *Constant Dialogue: Reinhold Niebuhr and American Intellectual Experience*, Lanham, MD: Rowman & Littlefield Publishers, Inc., 2005.

Harries, Richard and Stephen Platten(eds.), *Reinhold Niebuhr and Contemporary Politics*, Oxford: Oxford University Press, 2010.

Haslam, Jonathan, *The Vices of Integrity: E.H. Carr 1892~1982*, London: Verso, 1999.

Hass, Mark L., "Reinhold Niebuhr's 'Christian Pragmatism': A principled Alternative to Consequentialism", *The Review of Politics* 61-4, Autumn 1999.

Hobden, Stephen, *International Relations and Historical Sociology: Breaking Down Boundaries*, New York: Routledge, 1998.

Hobden, Stephen and John M. Hobson, *Historical Sociology of International Relations*, Cambridge: Cambridge University Press, 2002.

Hoffman, Stanley, "An American Social Science: International Relations", *Daedalus* 106-3, Summer 1977.

_____, "International Relations Theory and Its Problems", *French Politics* 7-3/4, 2009.

Hooker, William, *Carl Schmitt's international thought: Order and Orientation*, Cambridge: Cambridge University Press, 2009.

Hopf, Ted, "The Logic of Habit in International Relations", *European Journal of International Relations* 16-4, 2010.

Hume, David, *A Treatise of Human Nature*, Oxford: Clarendon Press, 1978.

Hurd, Elizabeth Shakman, *The Politics of Secularism in International Relations*, Princeton: Princeton University Press, 2008.

Jütersonke, Oliver, *Morgenthau, Law and Realism*, Cambridge: Cambridge University Press, 2010.

Kissinger, Henry A., *Diplomacy*, New York: Simon & Schuster, 1994.

Koontz, Theodore J., "Christian Nonviolence: An Interpretation", in John A. Coleman, S.J.(ed.), *Christian Political Ethics*, Princeton: Princeton University, 2008.

Krasner, Stephen D., *Sovereignty: Organized Hypocrisy*, Princeton, New Jersey: Princeton University Press, 1999.

Kugler, Jacek and Douglas Lemke(eds.), *Parity and War*, Ann Arbor: University of Michigan Press, 1996.

Lebow, Richard Ned, *A Cultural Theory of International Relations*, Cambridge: Cambridge University Press, 2009.

Lefever, Ernst W.(ed.), *The World Crisis and American Responsibility*, New York: Association Press, 1958.

Lemke, Douglas, *Regions of War and Peace*, Ann Arbor: University of Michigan Press, 2001.

Lieven, Anatol and John Hulsman, *Ethical Realism: A Vision for America's Role in the World*, New York: Pantheon Books, 2006.

Loriaux, Michael, "The Realists and Saint Augustine: Skepticism, Psychology and Moral Action in International Thought", *International Studies Quarterly* 36, 1992.

Lovin, Robin W., "Reinhold Niebuhr in Historical Perspective", in Richard Harries and Stephen Platten(eds.), *Reinhold Niebuhr and Contemporary Politics*, Oxford: Oxford University Press, 2010.

Lyotard, Jean-François, *The Postmodern Condition*, Minnesota: University of Minnesota Press, 1984.

McCann, Dennis P., "The Case for Christian Realism: Rethinking Reinhold Niebuhr", *Christian Century* 112, 7-14, June 1995.

McCorkle, Mac, "On Recent Political Uses of Reinhold Niebuhr: Toward a New Appreciation of His Legacy", Richard Harries and Stephen Platten(eds.), *Reinhold Niebuhr and Contemporary Politics*, Oxford: Oxford University Press, 2010.

McGrath, Alister E., *Christian Theology: An Introduction*, West Sussex: Wiley-Blackwell, 2011.

McKeogh, Colm, *The Political Realism of Reinhold Niebuhr: A Pragmatic Approach to Just War*, London: MacMillan Press Ltd., 1997.

Mearsheimer, John, *The Tragedy of Great Power Politics*, New York: W.W. Norton & Company, 2001.

Morgenthau, Hans J., "The Limitations of Science and the Problem of Social Planning", *Ethics* 54-3, 1944.

_____, *Scientific man vs. power politics*, Chicago: The University of Chicago press, 1946.

_____, *Politics among Nations: The Struggle for Power and Peace*, New York: A.A. Knopf, 1948.

_____, "The Political Science of E. H. Carr", *World Politics* 1-1, 1948.

_____, *A New Foreign Policy for the United States*, New York: Praeger Publishers, 1969.

_____, *Politics in the Twentieth Century*, Chicago: Chicago University Press, 1971.

Murray Alastair, *Reconstructing Realism*, Edinburgh: University of Keele Press, 1996.

Murray, John Courtney, S.J., *We Hold These Truths: Catholic Reflections on the American Proposition*, Lanham: A Sheed & Ward Book, 1988.

Nardin, Terry, "Ethical Traditions in International Affairs", in Terry Nardin and David R. Mapel(eds.), *Traditions of International Ethics*, Cambridge: Cambridge University Press, 1992.

National Conference of Catholic Bishops, *The Challenge of Peace: God's Peace and Our Response*, Washington D.C.: United States Catholic Conference, 1983.

Niebuhr, Ursula M.(ed.), *Justice and Mercy: Prayers and Sermons by Reinhold Niebuhr*, New York: Harper & Row, 1974.

Neuhaus, Richard John(ed.), *Reinhold Niebuhr Today*, Grand Rapids, MI: Eedermans, 1989.

Nye, Jr., Joseph S., *Nuclear Ethics*, New York: Free Press, 1982.

Organski, A.F.K. and Jacek Kugler, *The War Ledger*, Chicago: University of Chicago Press, 1980.

Patterson, Eric D., *The Christian Realists: Reassessing the Contributions of Niebuhr and His Contemporaries*, Washington D.C.: University Press of America, 2003.

_____. *Christianity and Power Politics Today: Christian Realism and Contemporary Political Dilemmas*, New York: Palgrave Macmillan, 2008.

Pavlischek, Keith, "Reinhold Niebuhr, Christian Realism and Just War theory: A Critique", in Eric D. Patterson(ed.), *Christianity and Power Politics Today: Christian Realism and Contemporary Political Dilemmas*, New York: Palgrave Macmillan, 2008.

Petio, Fabio and Pavlos Hatzopoulos(eds.), *Religion in International Relations*, New York: Palgrave, 2003.

Pettman, Ralph, *Reason, Culture, Religion: The Metaphysics of World Politics*, New York: Palgrave, 2004.

Philpott, Daniel, *Revolutions in Sovereignty: How Ideas Shaped Modern International Relations*, Princeton: Princeton University Press, 2001.

Pope, Stephen, *Human Evolution and Christian Ethics*, New York: Cambridge University Press, 2007.

Rasmunssen, Larry, *Reinhold Niebuhr: Theologian of Public Life*, Minneapolis: Fortress Press, 1991.

Reeves, Julie, *Culture and International Relations: Narratives, Natives, and Tourists*, New York: Routledge, 2004.

Rice, Daniel F., *Reinhold Niebuhr and John Dewey: An American Odyssey*, Albany: State University of New York Press, 1993.

Rice, Daniel F.(ed.), *Reinhold Niebuhr Revisited: Engagements with an American Original*, Grand Rapids, Michigan: William B. Eerdmans Publishing Company, 2009.

Robertson, D.B.(ed.), *Love and Justice: Selections from the Shorter Writings of Reinhold Niebuhr*, Philadelphia: Westminster Press, 1957.

_____, *Essays in Applied Christianity*, New York: Meridian Books, 1959.

Robertson, Roland, "Global Millennialism: A Postmortem on Secularization", in Peter Beyer and Lori Beaman(eds.), *Religion, Globalization and Culture*, Leiden: Brill, 2007.

Rolston, Holmes, *Genes, Genesis, and God: Value and Their Origins in Natural and Human History*, New York: Cambridge University Press, 1999.

Rosen, Stephen Peter, *War and Human Nature*, Princeton, NJ: Princeton University Press, 2005.

Rosenthal, Joel, *Righteous Realists*, Baton Rouge, LA: University of Louisiana Press, 1991.

Ross, Andrew A.G., "Coming in from the Cold: Constructivism and Emotions", *European Journal of International Relations* 12-2, 2006.

Sagarin, Raphael D. and Terence Taylor(eds.), *Natural Security: A Darwinian Appproach to a Dangerous World*, Berkeley and LA: University of California Press, 2008.

Schuett, Robert, *Political Realism, Freud, and Human Nature in International Relations*, New York: Palgrave Macmillan, 2010.

Shimko, K.L., "Realism, Neoliberalism, and American Liberalism", *Review of Politics* 54, 1992.

Smith, Michael J., *The Realist Tradition from Weber to Kissinger*, Baton Rouge, LA: University of Louisiana Press, 1986.

Smith, Steve, "The Forty Years' Detour: The Resurgence of Normative Theory in International Relations", *Millennium* 21-3, 1992.

Stone, Ronald H.(ed.), *Faith and Politics: A Commentary on Religious, Social and Political Thoughts in a Technological Age*, New York: George Braziller, 1968.

Stone, Ronald H., *Professor Reinhold Niebuhr: A Mentor to the Twentieth Century*, Louisville, Kentucky: Westminster/John Knox Press, 1992.

Taylor, Mark C., *After God*, Chicago: The University of Chicago Press, 2007.

Thayer, Bradley A., "Bringing in Darwin: Evolutionary Theory, Realism, and International Politics", *International Security* 25-2, Fall 2000.

_____, *Darwin and International Relations: On the Evolutionary Origins of War and Ethnic Conflict*, Lexington: University of Kentucky Press, 2004.

Thomas, George M., "The Cultural and Religious Character of World Society", in Peter Beyer, and Lori Beaman(eds.), *Religion, Globalization and Culture*, Leiden: Brill, 2007.

Thomas, Scott M., *The Global Resurgence of Religion and the Transformation of International Relations*, New York: Palgrave, 2005.

Tjalve, Vibeke Schou, *Realist Strategies of Republican Peace: Niebuhr, Morgenthau, and the Politics of Patriotic Dissent*, New York: Palgrave Macmillan History of International Thought, 2008.

Vallis, Andrew(ed.), *Ethics in International Affairs*, New York: Rowman & Littlefield Publishers, Inc., 2000.

Waltz, Kenneth N., *Man, the State and War: A Theoretical Analysis*, New York: Columbia University Press, 1959.

_____, *Theory of International Politics*, Reading, M.A.: Addison-Wesley, 1979.

Walzer, Michael, *Just and Unjust Wars: A Moral Argument with Historical Illustrations*, New York: Basic Books, 2006.

Wapner, Paul and Lester Edwin J. Ruiz, *Principled World Politics: The Challenge of Normative International Relations*, New York: Rowman & Littlefield Publishers, Inc., 2000.

Wendt, Alexander, *Social Theory of International Politics*, Cambridge: Cambridge University press, 1999.

Westerlund, David(ed.), *Questioning the Secular State*, C. Hurst & Co. Publishers Ltd., 1995.

Wilber, Ken, *A Theory of Everything: An Integral Vision for Business, Politics, Science and Spirituality*, Boston: Shambhala, 2001.

Williams, Michael C., *The Realist Tradition and the Limits of International Relations*, Cambridge: Cambridge University Press, 2005.

_____, "Morgenthau Now: Neoconservatism, National Greatness, and Realism", in Michael C. Williams(ed.), *Realism Reconsidered: The Legacy of Hans Morgenthau in International Relations*, Oxford: Oxford University Press, 2008.

Wilson, Edward O., *Sociobiology*, Cambridge: Harvard University Press, 1975.

_____, *Consilience: The Unity of Knowledge*, New York: Alfred A. Knopf, Inc., 1998.

찾아보기

전재성 全在晟

서울대학교 외교학과를 졸업하고 미국 노스웨스턴대학교에서 「Classical Realists as Skeptics: E.H. Carr, Hans Morgenthau, and Reinhold Niebuhr」로 정치학 박사학위를 받았다. 숙명여자대학교 조교수를 거쳐 지금은 서울대 사회과학대학 정치외교학부 외교학전공 교수로 재직하고 있다. 서울대 국제문제연구소 편집위원, 서울대 통일평화연구소 부원장, 동아시아연구원 안보연구센터 소장, 국제정치학회 이사, 아태정책연구원 이사, 외교부와 통일부 정책자문회의 위원, 일본 게이오대학교 방문교수 등을 지냈다.

지은 책으로는 『동아시아 국제정치: 역사에서 이론으로』가 있고, 그 밖에 한길사에서 펴낸 『국가의 품격』을 비롯해 『북방정책』 『한국 기업과 사회의 경쟁력』 『인터넷 권력의 해부』 『북한체제의 형성과 한반도 국제정치』 등 다수의 공저가 있다. 주요 논문으로는 「구성주의 국제정치이론에 대한 탈근대론과 현실주의의 비판 고찰」 「강대국의 부상과 대응국의 전략 연구」 등이 있다.